眾裏尋她

眾裏尋她

公義在香港

陳文敏 著

香港大學出版社

香港大學出版社
香港薄扶林道香港大學
https://hkupress.hku.hk

© 2021 香港大學出版社

ISBN 978-988-8528-69-1（平裝）

10 9 8 7 6 5 4 3

香港印刷

目錄

序言（中文版）

　　這本書的英文版在2018年出版以後，感謝不少朋友的錯愛，獲得不少好評。不少朋友指出，儘管我已盡量用淺白的文字，但對不少讀者而言，要以英文理解法律原則仍會是一項挑戰，亦可能令一般普羅讀者望而卻步。兩年來，不斷有朋友鼓勵我將這本書翻譯成中文，梁定邦資深大律師每次見到我的時候，總會問我翻譯的進展如何，而當中最積極的是好朋友吳靄儀博士。這本書和她的《拱心石下》同時出版，一本關於法庭公義，一本關於三代的立法議會，兩本書均為這個時代留下印記。為鼓勵大家，我們相約她將她的《拱心石下》翻譯成英文，讓國際社會明白九七前後立法議會的改變，我則將此書譯為中文，讓一般市民可以更深入了解法治公義的原則和價值。一年下來，她見我的翻譯工作沒有什麼進展，便主動給我翻譯了四章（第17、18、19及27章），以作鞭策。有朋友若此，夫復何求？於是，唯有立實心腸，全力以赴。剛好連續兩度從海外回來，需要在家中自我隔離，正好可以全神貫注於翻譯工作。

　　由於是自己做翻譯，不用受到原著的限制，於是翻譯是以意譯為主，不用拘泥於原文，當中有不少篇章作了刪改。英文原文有些地方比較簡潔，在翻譯的時候便多加解釋，亦有在個別章節作了補充。原著的第14章，涉及一些頗為學術性和技術性的法律問題，在翻譯時便乾脆換了新的一章，講述一宗關於代客探監的案件，從中看到僵化的官僚制度如何扼殺一項有意義的社會服務。吳靄儀給我翻譯的四章，我亦作出了不少改動，感激之餘，任何手民之誤，絕對是自己的責任。

　　這裏亦再一次感謝香港大學出版社對我的容忍和耐性，以及所有支持這本書的朋友和讀者。

陳文敏

香港大學

2020年11月

序言（英文版）

何謂公義？公義是否可以達致？千百年來，這都是一些法學家和哲學家不斷探討的問題。這方面的學術著作多不勝數，但沒有任何理論可以告訴我們，在某宗案件中究竟何謂公義或公義是否獲得伸張。最後，公義或許只是存在於一般人的心中，就如法律上「一個合理的人」（a reasonable man）這個概念，它是真實存在但卻難以界定；同樣地，公義並不是一些可以抽象界定的東西，但在具體情況下大部分人卻對此會有共識。

我一直想寫一本書，透過個案分析去探討這些問題。作為一位學者兼律師，我有幸可以遊走於學術和執業這兩個互相關連但又完全分割的世界。這本書的意念是受到羅拔臣（Geoffrey Robertson）所著的《公義的遊戲》（*The Justice Game*）一書的啟發，羅拔臣是著名的御用大律師，專注於人權自由的案件。書中他分享親身經歷的案件的經驗和體驗，探討在這些案件中公義是否得到伸張。無可置疑，公義是我們法律制度的基本價值，我們會竭盡所能保證公義得到實踐，但若以為在每一宗個案中，公義都必然得到實踐，這是過分浪漫甚至是自欺欺人的想法。有些時候，我們的法律制度的確令我們失望，但承認和面對它的缺點正是完善這個制度的第一步。

我亦受到前輩余叔韶兩本書的啟發，分別是《與法有緣》和《法訟趣聞：雪廠街九號的故事》。書中他同樣敍述了很多他曾接辦的刑事案件，從中解釋我們的法律制度如何運作（或如何沒有運作）。余叔韶是我非常尊敬的前輩，他是法律界的傳奇人物，亦是一位非常有原則的人士。我初出道的時候他已經退休，但慶幸我們有機會相遇，而他出席我獲委任為資深大律師的典禮的時候，我更深感榮幸。那時候他已經絕少出席公眾場合，而他對資深大律師的名銜亦有很強烈的意見。余叔韶在書中提及的案件均引人入勝，但它們卻同時深化我的體會：香港是一個相對富裕的社會，但公眾對法律知識的貧乏幾乎令人震驚。於是，我決定寫一本關於我們法律制度的書籍，除刑事案件外，我會更集中於司法覆核的案件，讓普羅大眾覺得法律是有趣的，亦不是

高不可攀的，但同時不失當中法律論據的精髓和背後的精神，以探討公義的涵義。

這本書並無意圖覆蓋公義整個領域，亦非提出完整的學術理論，這些案件只是提供一個縮影和片段，而非作全面的探討。我選擇這些案件，因為這些案件讓我們反思一些常常遇到的法律問題，例如律師如何替認罪的犯人辯護（第9、11、12及13章）？在第13章，看來有罪的被告獲無罪釋放，但第11章，看似無辜的被告則被判有罪。第9章及第12章的被告均準備承認責任，但一個獲釋，另一個則被判有罪。這些案件可有達致公義？法律是否只為有權有勢的人服務（第9章及第10章）？公義的大門是否常開，還是可以受到限制（第18章及第19章）？我們是否在任何情況下都必須守法（第27章）？

自由並非免費，而是要付出一定的代價，問題是為了保障這些自由和權利，我們願意付出什麼代價？沒有人會懷疑我們應該保護環境，但我們是否願意為堅持一個完整的環評報告而付出更昂貴的造橋費用，或為保護珍貴的海港而付出發展的代價（第4章及第5章）？或當談到法律面前人人平等的時候，我們對海外家庭傭工是否持有雙重標準（第7章）？同樣地，很少人會質疑行政程序必須公平的要求，但我們是否願意規定所有決策者必須為他的決定提供理由，若我們不願意，那是為什麼（第17章）？律師代表的權利當然重要，但若律師代表被認為會影響到紀律聆訊或行政程序的效率時又如何（第15章及第16章）？我們如何平衡行政效率和程序公平（第14、15、16及17章）？在大學課堂內安寧和冷靜的環境下，很少人會懷疑人權的價值，但當身處在現實環境中，面對不同的利益衝突時，又或當處身在道德爭議當中，面對情緒高漲的感性時刻，我們是否還會義無反顧地認同人權的重要性？當為了保護人權而要求我們放棄一些既得利益，我們對人權的執着才會受到真正的考驗，例如我們是否願意將居留權伸延至一些被視為與當地人競爭社會福利和工作機會的人士？或認同來港的新移民應該同樣享有社會福利的權利（第6章及第7章）？我們常常聽到，人權不是絕對的，但在保護人權和保障國家安全或防止罪行之間應該如何作出平衡（第8章）？提出國家安全的指稱是很容易的，但當這是作為限制人權的藉口時，是否應該提出更確鑿的證據，而這些證據是否應該受到法院的審視？當國家安全的理據要保密時，法院又如何在保障人權和保護國家安全之間作出平衡？國家安全是否只是問題的開始，而非解決問題的答案（第20、24、25及26章）？濫用自由和權利是否就是推翻這些權利和自由的理據（第19、20及21章）？

即使是基本價值，亦可以是互相衝突的。生命的權利當然需要珍惜，但強迫母親同意醫生為剛誕下患有先天性嚴重殘疾的孩子進行手術，並將終身

照顧孩子的責任強加於父母身上，缺乏資源幫助父母面對這些困難時，這樣對父母又是否公平呢（第29章）？這不但涉及我們願意付出什麼代價這問題，還涉及由誰付出這代價。在這情況下，怎樣才算伸張公義？對誰公義？

　　書中有數章談到法律專業和專業操守（第1、2、3及28章）。法律專業受人敬重，主要是因為律師堅守很高的專業道德標準和對公平公義的執着。有時候，律師要為一些不受公眾歡迎的理由作出辯護（第3、4、6及7章），而令人欣慰的是每當這種情況出現的時候，很多律師均願意挺身而出，無畏無懼（第3章）。有些時候，公平的審訊程序並不保證公平的結果（第23章）。書中亦有數章闡述在一些不太尊重人權的地方的個人親身經驗（第22、23及26章）。

　　法律往往涉及一些價值取向，有時候，我們未必同意最後的選擇，尤其是當案件會有超過一個可能和合理的選擇（第29章及第30章）。有時候，我們慶幸我們只是律師而非法官，不需要作出艱難的決定。亦有些時候，這些價值取向並不明顯，只能在細讀判詞才能在字裏行間發現這些價值取向，本書亦嘗試探討當中的一些價值取向（第4、5、6、7、14、20、21、29及30章）。這些案件橫跨三十年，有些是眾所周知的案件，有些則是涉及普通市民的案件。這裏記錄的不是冷冰冰的法庭彙篇，而是有血有肉的真實故事。在有些案件中公義得到實踐，在另一些案件中，我們的法律制度沒有伸張公義；也有一些時候，案件存在多方面的公義。即使能達致公義，亦往往可能要付出沉重的個人代價（第4章）。有時候，這個制度令我們失望，有些案件展示我們的政府如何運作，以及在現實中何謂透明和問責（第4、14、15、17、22及23章）。透過這些真實個案，這本書希望能令讀者對我們的司法制度及它的實際運作有一個更好的理解，從而令讀者反思法律和律師的角色以及公義和法治的涵義。

　　這本書的構想醞釀了好一段時間，但總因為有其他工作而被迫放下，直至2015年的風暴塵埃落定後，在我的好朋友港大文學院的 Douglas Kerr 教授和何漪漣教授的鼓勵下，終於開始執筆，我特別要感謝他們對我的啟發和友誼，尤其是 Douglas，他不厭其煩地審視這書的每一章節，提出很多寶貴的意見，甚至這本書的英文名稱。當然，書中有任何錯誤，絕對只是自己的責任。我要感謝很多港大同事和朋友對我一直的支持和鼓勵，並對書中不同的章節提出非常有建設性的建議，包括黃天慧、溫文灝、陳秀慧、梁達強、Alan Tsang、梁定邦資深大律師、吳靄儀博士、徐嘉慎、謝澤權、鄧偉棕、馮成章和劉修華醫生，還有本書不具名的審閱者所提出的建議。書中闡述不少我有參與或代表的案件，我亦藉此感謝我的當事人、律政司署和事務律師

同意我發表他們的故事。我盡可能依賴公開的資料，同時感謝保護海港協會和徐嘉慎律師容許我在書中翻印一些屬於他們的圖片及地圖，以及香港大學出版社對這本書的支持，尤其是韓佳和何舜慈兩位在出版過程中給予的無限協助和忍耐。書中使用性別的用詞盡量以中性為主，若有使用特別性別的用詞，這是無損對性別平等的尊重。一般而言，男性的用詞包括女性，反之亦然。

　　對我和我的家人而言，這兩年是充滿挑戰的時刻。我特別感謝我的太太蔡家玲和我的女兒陳靖欣對我的無條件支持。她們一直默默給我鼓勵和支持，容忍我在寫作的時候忘卻其他的事情，並對書中不同的章節提出寶貴的意見和感想，我謹以此書獻給她們。

陳文敏

香港大學

2017 年 12 月

作者簡介

陳文敏，現任香港大學法律學院公法講座教授，前港大法律學院院長（2002–2014），專長於憲法、行政法及人權法，為香港唯一的名譽資深大律師，並為多宗重要案例的代表大律師。曾獲選為香港十大傑出青年，也曾獲得人權新聞獎。出任院長期間，作出多項改革，引入雙學位，籌建新大樓，成立法律義務服務計劃，並帶領法律學院躋身全球首二十名之列。

中英文著作皆甚豐，書籍三十多種，學術文章二百餘篇。學術著作有 *Law of the Hong Kong Constitution*、*Hong Kong's Constitutional Debates*、*Immigration Law and Policy in Hong Kong*、《香港法概論》等。散文隨筆見於：《正道、法治：寫在黎明之前》；《正道、大學：寫在風雨之後》；《翰林隨筆》；《法政敏言》；《走在公義路上》等。歷任劍橋大學、賓夕凡尼亞大學及蘇黎世大學客席教授，現為倫敦大學學院（University College London）客席教授。2019 年獲大學教育資助委員會選為人文學及社會科學傑出學者。2020 年以《正道、大學：寫在風雨之後》一書獲香港書獎。

陳文敏教授亦曾出任多項公職，這些機構包括大律師公會執委會、中央政策組、消費者委員會、廣播事務管理局、人體器官移植委員會、行政上訴委員會、法律改革委員會私隱專責小組、香港紅十字會等。自 2003 年起每周在《明報》撰寫「法政隨筆」專欄，針對時弊，發表評論。

圖一：1998–1999 學年完結前，「法律制度」一科其中一個導修小組的同學送給我的致謝咭的一部分。翠河是 1990–1994 年破紀錄連續三年馬季贏得頭馬的三連貫馬王。

簡稱索引

法官

CJ   Chief Justice（終審法院首席法官，並為司法機關之首）

CJHC   Chief Judge of the High Court（高等法院首席法官，高等法院包括上訴法庭及原訟法庭）

DJ   District Judge（地方法院法官）

J   Justice（高等法院原訟法庭法官）

JA   Justice of Appeal（上訴法庭法官）

NPJ   Non-Permanent Judge of the Court of Final Appeal（終審法院非常任法官，包括海外法官及一些本地退休法官）

PJ   Permanent Judge of the Court of Final Appeal（終審法院常任法官）

VP   Vice President of the Court of Appeal（上訴法庭副庭長）

法院

CA   Court of Appeal（上訴法院）

CFA   Court of Final Appeal（終審法院）

CFI   Court of First Instance（原訟法院）

DCt   District Court（地方法院）

律師

QC   Queen's Counsel（御用大律師；香港回歸前的御用大律師，回歸後改稱為資深大律師）

SC   Senior Counsel（資深大律師）

法律彙編（Law Reports）

在普通法制度內，法院每一宗判案的理據均成為普通法的來源。法院愈高級，其判詞愈重要。因此，公開發布判詞便成為普通法的重要環節。法院每天都在判案，除了本地的判案，其他普通法地區的判例亦具參考價值。判例的數量有如浩瀚大海，而且每天增加，在還沒有互聯網的時候，要尋找所須的判例非常困難，法律彙編因此應運而生。它們收錄了不同法院較重要的判例，編纂成典，並就每宗判案編寫撮要及關鍵詞句，讓人們易於搜尋。這些法律彙編，種類繁多，有由法院認可，亦有由民間編纂；有按法院編纂，也有按判例性質編纂。例如在香港，HKCFAR、HKLRD、HKLR、HKCLR 屬法院認可，HKC 及 HKPLR 則由商業機構出版。HKCFAR 收錄終審法院的判詞，HKLTR 則收錄土地審裁處的判詞；HKCLR 只收錄刑事案件，HKPLR 則只收錄公法案件。至於沒有或未被收錄的判詞（unreported judgments），會以法庭案件的編號作索引存檔，這些編號以案件性質及入稟年份作分類，如HCA213/2011 是高等法院民事案件，案件入稟狀在 2011 年提出，但判詞可能在幾年後才出現，故此過往尋找這些判詞相當困難。近年法院把案例上載至互聯網，並按相關法院及判詞年份編號（如 [2021] HKCFA 42），便於搜尋及引用。但一些年份較遠的判例沒有上網，只能在法律彙編尋找。香港法律彙編收錄最舊的案件約在 1850 年代，而英國收錄的案件則可追溯至十四世紀。由於種類繁多，這裏只列出在本書內提及的法律彙編和案件分類。

AC	Appeal Cases（收錄英國樞密院、上議院法庭及 2005 年後英國最高法院的判詞）
EHRR	European Human Rights Reports（收錄歐洲人權法庭的判詞）
HKC	Hong Kong Cases
HKCFAR	Hong Kong Court of Final Appeal Reports
HKCLR	Hong Kong Criminal Law Reports
HKEC	Hong Kong Electronic Cases
HKLR	Hong Kong Law Reports
HKLRD	Hong Kong Law Reports and Digests
HKPLR	Hong Kong Public Law Reports
QB	Queen's Bench（收錄英國高等法院民事判詞）
WLR	Weekly Law Reports（收錄英國各級法院的判詞）

案件編號

CACV	Court of Appeal Civil Appeal
Civ App No	Civil Appeal Number
Crim App No	Criminal Appeal Number
DCCC	District Court Criminal Case
HCA	High Court Action
HCAL	High Court Constitutional and Administrative Law List
Mag App No	Magistrates' Appeal Number
UKPC	Privy Council (UK) (英國樞密院上訴委員會的判詞〔稱為意見〕；因為形式上是向女皇提出的意見，最後由女皇定奪，但實際上這些意見已是終局判決，女皇不會否決或作任何修改)

I.

加入法律專業

1. 春花秋月：遊走於翰林與社稷之間

從童年到選擇修讀法律

像許多1960年代成長的朋友一樣，我在公屋長大，父母都是1950年代後期來到香港的大陸移民。我的外祖父是知識分子，受過良好教育，能操一口流利的英語。以他這樣的背景，加上還是小地主，在土改和文革時期自然被劃為「黑五類」，飽受迫害，不但土地和財產遭沒收，還曾數次在家人面前給模擬處決。我的父母皆為知青，為逃避內地的動亂來到香港。故此，他們那一代對政權的不信任是絕對可以理解的。

1960年代至1970年代的香港，生活非常簡單。那時候，沒有電腦、沒有互聯網、沒有手機。收聽電台廣播節目是一般人的消遣娛樂，卡式錄音機是非常時尚的玩意，電視機簡直是奢侈品，免費電視節目在1970年代初才出現。小學的時候，我非常喜歡名為《大丈夫日記》的晚間廣播節目。這是一個非常受歡迎的廣播劇，每晚八時左右播出，講述一對夫婦的日常生活。丈夫由一位叫林彬的播音員飾演。在1967年的暴動事件中，林彬因為公開斥責暴力而遭殺害。自己哭了，那段日子還歷歷在目，這是我第一次接觸到生死的事情。

今天不少父母希望自己的孩子修讀法律，但在1970年代，這並非一個受歡迎的選擇，部分原因是源於殖民地教育，很少中學生對法律有任何認識；另一部分的原因則是我們那一代的家長普遍認為法律離不開政治，而政治是被視為骯髒和卑劣的。四十多年後，即使在不少受過高深教育的人士心目中，法律和政治仍然需要劃清界線，法律是一個受到尊重的專業，政治則避之則吉。我的朋友湯家驊資深大律師（Ronny Tong SC）曾有一句名言，至今仍被人津津樂道：在他出任大律師公會主席時，他說大律師公會只應就法律而非政治問題作出評論。幾個月後，就人大常委會作出解釋推翻終審法院在

居港權案的判決，[1] 他成為反對人大釋法最激烈的批評者之一。後來他參選成為立法會議員，之後覺今是而昨非，另覓他途，並獲委任為行政會議成員。畢竟，政治乃眾人之事，沒有好或壞，而是由參與的人決定它的性質。只要有人的地方，便有政治，有誰可以說在工作崗位上、在家庭內，甚至在上帝神聖的教會內、或是知識分子匯聚的大學殿堂內，沒有政治？就如生命中很多其他事物一樣，我們還是要面對政治，並和它打交道。

我第一次接觸法律是在中學時參與一個義工計劃，接觸到一些被判羈留在教導所的青少年罪犯，他們大多來自破碎家庭，被激烈和單一的教育制度所淘汰。那個年代，在公開考試中成績優異是社會向上流動的主要途徑。他們學業成績跟不上，無心向學，家庭環境複雜；有些家居狹窄，有些終日嘈吵，有些父母終日為口奔馳，沒有時間亦不知怎樣教導或關心他們。對他們而言，將來是暗淡的。於是他們終日在街上或球場流連，受街頭的自由和刺激所吸引，有些誤交損友，開始觸犯一些輕微罪行，並被拘捕和定罪。由於是年少初犯，不少被判入教導所。有些家人對他們感到羞恥，離棄他們，或只懂對他們責罵。他們在教導所或勞教中心的日子不會太長，服刑期滿後，迎接他們的是一切如舊的環境：追不上的學業，缺乏溫暖的家庭，暗淡的前途，一切都沒有改變，除了多了「監躉」的稱號，一個令他們被社會遺棄的標籤。這個不太愉快的經驗，令我放棄從事社會工作的夢想。當時我覺得社會工作者能改變的事情實在太少了。與此同時，我對法律開始感到興趣，修讀法律是出於好奇多於想成為律師，因為，說實在的，我當時對這個專業幾乎是一無所知的。

法律的嚴謹分析和縝密的邏輯推敲，對培養思考和判斷，提供極佳的訓練。我享受研究和修讀法律的日子，卻不知道自己是否喜歡從事法律這個專業，在修讀本科期間的幾個暑假，我分別在兩間律師事務所和一間大律師事務所當暑期見習生。兩間律師事務所給我提供完全不同的經驗。一間規模較小，氣氛非常融洽，同事十分友善；另一間讓我親身體驗刑事案件真實的一面。反之，大律師的生涯深深吸引着我，但卻擔心自己會否力有不逮。經過四年的學習，我覺得自己仍然未準備投身法律界，為何要因十九歲時作了一個修讀法律的決定，便將自己束縛於法律行業？我決定要多看一點世界，於是在畢業後負笈英倫，在倫敦政治經濟學院（London School of Economics and Political Science）修讀碩士。

---

1. *Ng Ka Ling v Director of Immigration* (1999) 2 HKCFAR 4，並見第3章。

　　在倫敦，我決定修讀在香港沒有機會接觸得到但卻和香港的未來有關的學科。那時候，中英關於香港前途的談判剛剛開展，香港的前途充滿不確定的因素。於是，我選擇專注於人權法。我記得在申請獎學金的面試時，一再被問到為何要選擇完全不切實際的科目如人權法，而不選擇較實用的科目如知識產權法。在某程度上而言，人權法在當時香港並不實際，香港大學亦根本沒有教授這一門學科。但又有誰人可以預料，1989年6月4日晚上，不少香港人目睹天安門鎮壓的畫面而對香港前途完全失去信心，為恢復市民的信心，政府在1991年通過《人權法案》，人權法在一夜之間成為非常重要和實用的科目？我常常告誡我的學生在選科時應跟從自己的興趣，什麼科目是實際很視乎將來的際遇，在這個急速改變的社會，知識的半衰期日益縮短，真正重要的是思考能力、分析能力、解決問題和溝通的能力。

在倫敦的日子

　　我在倫敦度過滿足和豐盛的一年，倫敦政治經濟學院以不跟從潮流和權威而聞名，這裏沒有廣闊的校園或青蔥的草地，卻有多位諾貝爾獎得主。它吸引了很多對建制持批判態度的頂尖學者，我有幸遇到不少啟蒙老師，包括我的導師羅莎琳・希金斯（Rosalyn Higgins QC）教授和已過身的彼得・達菲（Peter Duffy QC）教授。他們兩位都是頂尖的教授兼御用大律師，希金斯教授其後更成為聯合國國際法庭的首席法官，達菲教授則是國際特赦協會的主席。希金斯教授對我的影響尤其深遠，她教學認真，一問一答之間往往給學生帶來不少啟發和思考；她學識淵博，隨手旁徵博引；工作時高度集中，說話簡單直接和坦率，為人善良和有耐心，卻不會容忍廢話。她集教學、研究及執業於一身，是少數的學者成為名譽御用大律師（academic silk）。達菲教授則引領我認識歐洲人權法庭的工作。我們其後成為好朋友，他是《歐洲人權公約案例彙編》（*European Reports of Human Rights*）的主編，我曾協助他在這方面的編輯工作，後來亦曾應他邀請出任國際特赦協會的審訊觀察員及其他國際活動。

　　倫敦政治經濟學院的碩士課程要求我們修讀四門學科，我同時旁聽另外四門學科，其中一科是社會規劃（social planning）。這科和法律無關，內容包括如何進行大規模的社會規劃，例如國家衛生系統、興建希斯路機場第三跑道、或國家人力資源規劃等。該科的負責老師是霍華德・格倫萊斯特（Howard Glennester）教授，他是另一位非常具啟發性和經常打破常規的教授。我的其中一位同學是當時已在修讀第二個碩士學位的王葛鳴，她後來在香港

出任多項公職，為香港作出不少貢獻。我亦有嘗試旁聽知識產權法，唯一的
理由是希望一睹聞名遐邇的威廉・康沃爾（Bill Cornish）教授，他是這方面的
世界權威，後來去了牛津大學任教。他個子修長，溫文有禮，但語音單調，
令我想起在香港大學的一位老師，後來成為我的同事的彼得・衛斯理・史密
斯（Peter Wesley-Smith）教授，一位學識淵博又願意引領後輩的學者。康沃爾
教授是偉大的學者，但無疑因我資質有限，和這一科並無緣分，旁聽了兩堂
便決定放棄了。

倫敦是一座令人嚮往的城市。這一年的生活，擴闊了我在多方面的視
野。倫敦也是一個生活指數相當高的城市，要依賴不太充裕的獎學金生活是
一種挑戰。我得每星期小心計劃我的支出，並規限自己每星期不能花費多於
二十五英鎊，但交通費已用去了五英鎊。若那星期我想有一天可以吃得好一
點，或購買一本較昂貴的舊書，那便得節衣縮食好幾個星期！幸而倫敦有很
多免費的博物館、展覽和文化活動，當然還有美麗的公園。倫敦的音樂劇票
價是頗昂貴的，但如果你願意花數小時輪候有特別折扣的退票，那是絕對可
能以非常合理的價錢欣賞到世界級的表演。我便曾花四小時排隊輪候，然後
以一英鎊的價錢觀賞著名音樂劇《貓》（Cats）及由名歌星伊萊茵・佩琪（Elaine
Paige）主唱的經典主題曲《記憶》（"Memory"）。

倫敦寧靜和富有啟發性的環境亦讓我作出很多的反思，我一直在問自己
我在追求什麼？我已決定不會當事務律師，大律師是一個非常吸引的選擇。
我同時知道自己希望尋找一份以人為本的工作，例如教師或社工，大律師則
稱不上是以人為本的工作。在倫敦這一年，我學會了尊重學問，亦發現自己
深受研究工作吸引。香港採納了英國的司法制度，將植根於英國文化和語言
的法律制度移植到華人社會，本身便是極之吸引的研究課題，而在來臨中的
日子，還可預見香港和內地的法律制度的相互影響。我們在很多地方緊緊
跟隨英國的法律，有時對本地的特殊情況未加以足夠的考慮；香港亦有很多
具意義的法律領域，但過往從沒有人作出研究。我在倫敦貪婪地不斷閱讀，
並盡量緊貼中英就香港前途的談判。倫敦提供一個令人心境平和的環境，
讓人可以專注和集中，而奇怪地，也可以說是可惜的，同樣是國際都會的香
港，便總無法提供令人心境平靜的環境。最後，我認為香港的法律教育需要
有本地的教授，隨着香港的未來變得非常不確定，法治在香港會變得舉足輕
重，維護法治的最佳支柱便是透過法律教育去培養年輕的法律學生。那時候，

陳弘毅是法律學院唯一的中國人講師（後來成為教授）。[2] 我深信教學不只限於課堂之內，更重要的是在課堂以外和學生的交流，以及老師的所言所行和所代表的價值。基於這些原因，我決定投身學術界，但我覺得，如果我希望能夠啟發我的學生，我需要更多的人生經驗。從倫敦回港後，我決定先成為大律師。事實上，我之後從沒有離開大律師的專業。

律師行業

讓我轉移至另一個題目，談一談律師這個行業。大律師或稱訟務律師（barrister）是一個非常具挑戰性和要求很高的專業，它有悠久的歷史、令人着迷的傳統和一系列的核心價值，當然也有頑固保守的一面。Barrister 一詞被翻譯成為「大律師」，令人產生一個錯覺，以為大律師是較高級的。有些事務律師（solicitor）被問到他們何時會晉升為大律師，這令事務律師感到尷尬，亦對「大律師」這個翻譯有些微言。比較客觀的翻譯是訟務律師，這會突出訟務律師和事務律師的主要分別，兩者只是法律界的兩個分支，沒有高低從屬，雖然不排除有些大律師認為他們是比較優秀的，但這是出於偏見，因為兩個分支當中，各有優秀的成員，也有一些較普通的成員。簡單而言，大律師的工作主要分三方面，第一是代表當事人出席聆訊，大律師在各級法院均有發言權；第二是草擬與訴訟有關的文件；第三是提供書面法律意見。在法庭上，從他們的服飾可以很容易分辨出律師和大律師。公開聆訊時，大律師會帶馬尾假髮，他們的黑袍也有別於事務律師，在左邊肩膀處有一個三角型的袋子，傳說是讓事務律師放進酬金！從執業的角度而言，所有大律師都是個體戶，必須獨資經營。不少大律師會攜手組成大律師事務所，但這只是說他們共同分擔一些公共營運支出，例如秘書、會議室等，卻不會分享利潤或責任。每一間大律師事務所內的大律師依然是各自獨立經營，不受其他大律師的指揮或命令。因此，在同一間大律師事務所內，不同的大律師代表同一件案件的不同訴訟方，甚至一位大律師代表原告，而另一位大律師代表被告，這種情況絕對可能發生。當然，在這種情況下，事務所會採取特別措施，令代表一方的大律師不能接觸到另外一方的文件。

---

2. 香港大學法律系於 1969 年成立，當時為社會科學學院的其中一個學系，1984 年才成為獨立的法律學院。在本書中，「法律學院」一詞包括在港大不同時期的學系和學院。直至 1987 年香港城市大學設立法律學院，港大法律學院仍是香港唯一的法律學院。聯同香港中文大學法律學院，本港現時共有三所法律學院。

　　事務律師（solicitor）是任何法律服務的第一站，他們提供各式各樣的法律服務，例如商務、公司上市、知識產權、船務、婚姻、訴訟、財產等等。從這個角度而言，事務律師可被視為全科律師，雖然這理解並不完全正確，因為有不少事務律師也只是專注於某些領域，提供高度專業化的法律服務。訴訟方面，事務律師可以代表當事人出庭，這稱之為出庭發言權（right of audience），但這發言權只限於地方法院或以下級別的法院，除非他們通過考核，獲得較高級法院出庭發言權（higher right of audience）的資格。較高級法院的發言權方面，大律師和事務律師曾就此爭拗多年。直至 2010 年之前，大律師仍然壟斷較高級法院的發言權。這個考核是一個折衷的妥協方案。我在港大的同事，也是臨床法律教育服務計劃主任張達明，便是第一批通過考核獲得在較高級法院的刑事案件中的出庭發言權，這容許他在刑事案件中代表當事人出庭至終審法院。

　　大律師的認許（admission）涉及一項法庭程序，申請人得透過動議向法院提出申請，啟動相關的司法程序。大律師是論資排輩的行業，排名先後取決於法院認許的先後，若是同一天獲法院認許，則取決於他們動議的案件編號。申請人獲法院認許後便成為大律師，這程序又稱為「Call to the Bar」。「The Bar」有兩重意思，第一重意思是指在舊式法院內一條木圍欄，分隔公眾席和法官。只有大律師才可以來到圍欄前向法院作出陳詞，「傳召至這欄前」便代表申請人被認許為大律師。第二重意思是泛指大律師，所以這句片語亦代表加入成為大律師行列的意思。大律師行業中表現出色者可以被任命為資深大律師，或在九七年之前被稱為御用大律師。傳統上資深大律師可以在上述法庭木欄的範圍內向法官作出陳詞，故成為資深大律師的程序又稱為「Call to the Inner Bar」，意指在圍欄之內，「Inner Bar」亦成為資深大律師的代號。所有非資深大律師又稱為初級大律師（Junior），但這並不恰當，因為有些初級大律師其實擁有非常豐富的經驗，他們當中又可以泛稱為資深的初級大律師（senior-junior）和初級的初級大律師（junior-junior）！另一個分別是他們所穿着的黑袍：資深大律師的黑袍是絲質的，而非資深大律師的黑袍則是棉質的。故此，資深大律師有時又被稱為「the silk」，成為資深大律師的程序便稱為「take silk」。在律師團隊中，資深大律師會是領軍，並會代表在庭上發言，故他們又被稱為「leader」或「leading counsel」。一般而言，要成為資深大律師，最少要有十五年以上的經驗，而且任命並不取決於年資，而是取決於表現。十六世紀的法蘭培根爵士（Sir Francis Bacon）是首位被任命的御用大律師。時至今天，大約有百分之十的大律師為資深大律師。1997 年以前，御用大律師由皇室任命。1997 年後，則改由首席法官任命。首席法官李國能（Andrew

Li CJ）優化了這個申請程序，每年12月開始申請，首席法官會諮詢資深法官及兩個律師會主席的意見，大律師公會主席則會諮詢所有資深大律師對申請人的意見。並非所有大律師均會作出申請，每年亦有不少不成功的申請。當一個大律師成為資深大律師後，他的排名會超越所有其他非資深大律師。因此，以往有個傳統，申請成為大律師者，會發信給所有比他資深的非資深大律師，讓他們知道有這個申請及有機會提出反對，這是一種禮貌性質的禮儀，也是考驗申請者對其申請的信心。我覺得這是一個優良的傳統，不過今天已經沒有人跟從了。資深大律師同時是大律師專業中的領袖人物，他們有責任維護法治和法律界的傳統價值，同時肩負扶掖後進、維護公義的社會責任。不少資深大律師也是出色的社會領袖，出任不同的公職，並提供重要和義務性的社會服務。

大律師的專業仍然保留很多有趣的傳統。每年1月的法律開幕年度典禮上，資深大律師會穿着傳統禮儀的服飾，帶上長身假髮，穿上膝蓋馬褲、漆皮扣鞋和燕尾禮服，披上絲袍，手持白手套，浩浩蕩蕩地跟隨法官參與典禮巡遊。這些服飾是莫札特時代流行的禮服，有些人認為不合時宜，另一些人則認為他們象徵着正義的莊嚴。回歸前，大律師公會曾舉行全體會員大會，大會以壓倒性票數支持保留假髮和服飾。大律師另一個傳統是見面的時候大家不會互相握手。法院內，大律師會稱呼對方為「我那位有學養的朋友」（my learned friend）；當我認為對方在胡說八道時，我會說「僅以至誠的敬意」（with my greatest respect）！不少大律師會將他們的假髮放在一個橢圓形或圓形的鐵罐內，上面刻有他們英文名字的縮寫，然後將鐵罐和黑袍放進一個繡有他們英文名字縮寫的棉緞袋子以方便攜帶。棉緞袋子分紅色和藍色，資深大律師使用紅色，其他大律師用藍色，但當一位資深大律師在某宗案件中認為非資深大律師在案中表現卓越，便可以向非資深大律師贈予紅袋，以資鼓勵。

在其他領域，大律師可能也需要與時並進。這是一個人數相當小的專業，2020年只有千多名大律師，事務律師則超過八千名。大律師仍然採取學徒制，學徒需要跟隨一個或以上最少有五年經驗的大律師實習一年。直至2019年之前，學徒是沒有任何酬勞的。一年的實習期過後，學徒便得自行開業，或加入一間大律師事務所，並要肩負一定的開支，這阻礙了一些有才華的年輕人加入大律師的行列，尤其是近年一些大型律師事務所向這些年輕人提供非常具吸引力的報酬和有系統的訓練及海外實習的機會。2018年底，大律師公會終於通過修改，讓學徒在實習期間每月可以獲得一筆不少於一定數額的生活津貼。另一需要檢討的領域是宣傳推廣方面，不少大律師認為，他們的聲譽是透過口碑建立的，無須容許宣傳。大律師公會對宣傳和市場推廣

均有嚴格限制，這些限制比英國的相關限制還要嚴格。現代商業世界的許多良好做法似乎和大律師無關，儘管近年大律師公會已努力嘗試貼近現代商業方面的發展，但在這方面的限制仍相對落後。相比之下，律師事務所在這方面比較進取，對大律師行業招攬新血方面帶來很大的挑戰。

投身翰林

　　我相當幸運，在大律師行業有非常順利的開始；我也十分享受我的工作，留在執業大律師行列的吸引力越來越大，但我也知道最終我還是希望晉身學術界。這並不是一個容易的抉擇，因為身邊所有的人，包括我的師傅，均不斷叫我重新考慮。人生在不同的時間總要作出不同的選擇，而每一個選擇同時意味着要放棄一些東西。那時候，學院和執業之間可謂涇渭分明，或者更準確地說，執業律師和學院學者之間有很清楚的界線。不少執業律師認為學者的研究過於理論，只集中於一些對真實世界完全無關的問題，而學院學者則認為執業律師只着重實務而忽略富挑戰性的思考問題。這當中其實存在很多的誤解，而這種誤解至今仍在某程度上存在，例如學院中認為學術性的研究比實務性的研究優勝。其實，研究便是研究，只有好壞之分，沒有什麼學術性或實務性之間誰屬優劣的分別。在倫敦，我便深深體會到這一點，尤其是像希金斯教授和達菲教授，兩位都是學者兼御用大律師。學院和實務之間應該有一個更健康的關係，若我能在學院研究時仍然繼續實務的工作，或許可以促進學者和執業律師之間的了解和合作。

　　我加入大學，但同時以兼職形式繼續參與訴訟實務的工作，令我不會和法律的實踐脫節。執業的經驗其實豐富和深化了我的研究工作，亦令我在教學和著作方面多了實務的角度。而作為大律師，尤其是當自己經驗較豐富的時候，我更有難能可貴和令人興奮的機會，將我在課堂所教授和研究的理念，尤其是就法律應該如何發展方面，應用到法律實踐方面，令教學研究和專業執業能夠互補長短，從而推展和完善法治的工作。可惜，大學至今對專業執業仍然保持一種相對懷疑的態度。

　　1980年代初期，我和陳弘毅是法律學院僅有的兩位本地學者。除了大學的薪酬與執業之間有很大的距離之外，大學提供的服務條件亦令不少有志之士望而卻步。大學的服務條件跟隨公務員制度，我們是以本地僱員的服務條件受聘。本地僱員和海外僱員的服務條件的最大差別在於房屋及度假旅費的福利，海外僱員有資格入住大學宿舍，大約二千呎的豪宅俯覽海港，以及每年返回原居地的旅費津貼。本地僱員如我那時與父母同住在沙田，便只能獲

得每個月三百多元的交通津貼，僅僅足以支付過海隧道的費用，即使我和海外僱員屬同一職級，肩負同樣的職責和工作，亦沒資格入住大學員工宿舍。再者，不是每位從海外回來的僱員都可以享有海外僱員的服務條件。若果他在香港、大陸、澳門或台灣出生，不論他在海外居住多久，仍然只會獲本地僱員服務條件聘用。這項限制，基本上是說中國人只能獲較差的本地服務條件聘用，這令到不少本地優秀的人才不願加入大學。我並不介意因為海外僱員離鄉別井，我們便需要提供房屋和一些交通津貼，但這卻不是歧視本地僱員的理由，這種同工不同酬的歧視對待，直至1990年初才被廢除，而且這個決定獲得不少外籍同事的支持。

1980年代中期，隨着《基本法》的草擬工作開展，出現了大量法律和憲制的問題，這些問題受到社會廣泛的關注和討論，作為能夠以中文書寫和表述的兩位本地學者之一，我有幸有很多機會參與一些非常有趣的工作，為社會盡一點綿力。在法律和憲制問題上，我和陳弘毅是兩位接受最多訪問的學者，這可能不是因為我們的專長，而是因為我們能夠以本地的語言去表達一些複雜的法律概念。我們兩人在法律學院修讀時相差一年，但對憲制問題的看法卻往往南轅北轍。陳弘毅是一位非常出色的學者，崇尚和諧而非對抗，他的觀點比較接近中央政府，因而被認為是「親中派」，這對他其實不太公平，而我則被視為受到西方自由主義和傳統「污染」的學者。在很多憲制論壇上，媒體往往喜歡把我們兩人描繪成自由與保守的對弈。1997年前，我獲委任為中央政策組的成員，向將要離開的港英政府出謀獻策；陳弘毅則在1997年後獲委任為基本法委員會委員，就多項涉及《基本法》的問題向新政權提供意見。儘管在很多問題上我們的意見南轅北轍，但我非常尊重陳弘毅這位同事和朋友。我會要求學生聆聽我們兩人的意見，明白雙方不同的見解後才獨立作出決定。我們兩人同在港大法律學院任教超過三十年，而法律學院能夠容下兩種完全不同的見解，正好反映一間優秀的大學和法律學院所應有的氣度。可惜，這種海納百川的態度在今天的社會上已漸漸消失。

學術文章還是普及法律？

那時候，我和陳弘毅常常面對這個問題：我們應該多寫學術文章，還是多在公眾媒體發表評論？我們正處於一個重要的歷史和憲政時刻，憲法正以史無前例的規模和速度發生變化。在傳媒發表的意見往往會有即時的影響，甚至左右憲制發展的方向。相比之下，在學術刊物發表的分析，出版的時候可能已經事過境遷，閱讀這些學術文章的人數亦寥寥可數。當然，最理想

是兩者兼顧，但人生苦短，時間有限，要兩者兼顧又談何容易？我們兩人一方面不斷在學術期刊發表學術文章，一方面在媒體以中英雙語針對時弊去表達我們的看法，這些評論亦同時推廣普及法律教育和在法律上使用中文的進程。直至1989年，香港所有的法例皆是以英文草擬，所有判詞也是以英文書寫，法院的程序亦是以英語進行。我們的法律制度假定任何人皆認識法律，對法律的無知不能構成答辯的理由。但當所有的法律是以一種對百分之九十的居民而言為外來語言所寫成和頒布的，而中文的法律刊物絕無僅有時，這個推定便顯得相當諷刺！雖然當時台灣有不少中文法律文獻，但台灣實行歐陸法制，所用的詞彙和香港的日常用語有頗大分別，內地亦然。我曾經應國際紅十字會要求主持一個工作小組，將四個日內瓦戰爭公約的解釋翻譯成為官方中文版本，而該版本是台灣和大陸均可以接受的。這個小組的成員包括來自台灣和大陸的專家，我們花了多個月的時間，一字一句的斟酌，同一句說話，在兩個地區竟然可以有完全不同的理解，而這兩個地區是有共通的根源、文化和語言，這簡直令人驚訝！

語言可以是一個非常敏感的課題，普通法植根於英語和英國文化，法官和律師以英語接受法律培訓，以英文思考和工作，一個雙語法律制度不單要求他們能嫻熟地掌握語文，還涉及態度的改變。1980年代中期，我被委任為一個法庭上使用中文工作委員會的成員，該委員會由楊鐵樑爵士出任主席。在我們的諮詢和討論過程中，有些裁判官對我們表達他們的憂慮，他們擔心一旦法官以中文和被告溝通，他們對法律的尊重便會隨之減少！英語是用以保持我們和普通法的聯繫，亦可以保存恰當的禮儀，而非加強法律的神秘性。這些憂慮可能是過敏的，但卻展示了引入雙語法律制度的困難。2000年代中期，我在法律學院的畢業典禮上首次加插中文演講，讓我可以在這特別的日子裏，向不太熟悉英語的父母家人直接溝通，典禮的氣氛立刻完全改變過來。法律學院舊生會主席郭慶偉資深大律師（Kenneth Kwok SC）是我一位良師益友，在典禮後他感動地向我說，他已經等待這個時刻三十年了！

以中文書寫法律文章，在學院內亦可以成為一個敏感的課題。引入雙語制度面對的一個最大挑戰是缺乏適當的中文法律詞彙和中文法律文獻。陳弘毅和我均認為，作為熟悉雙語的本地法律學者，我們有責任填補這個空缺，並嘗試提高中文法律著作的水平。與此同時，我們多次被勸告，我們的中文著作，對我們的事業發展不會有任何幫助，禮貌的解釋是沒有合資格的評核員可以評核我們中文文章的質素。對我而言這並不重要，反正以中文發表這些文章是因為我覺得這是作為一位中國學者所應該做的事，而不是期望大學的認許或幫助仕途的發展。可惜，這種偏頗落後的態度至今仍然存在，只不

過是換了另一種形式。今天的學者每年要出版一定數量的學術文章，這些文章的水平可以被評核為最低的不滿意至最高的四星級，一位學者的價值便取決於他能夠出產多少三星和四星的文章，甚至這成為大學的唯一價值。我完全同意學者的一個重要角色是透過研究推動知識，但作為一所大學，若它所關心的只是學者能出產多少三星和四星的文章，這是遺忘了大學的宗旨和初心。我想起一本名為《聯邦論者文件集》(The Federalist Papers) 的書。[3] 這本書收集了美國草擬憲法時三位作者在報章上所發表關於憲制的文章，二百多年來這本書成為美國憲法和政治理論的經典著作，但若以今天大學評核研究的取態，這本書會是毫無價值的，不是因為它的內容，而是因為這些文章在報章發表。近年流行的評核令學術變得量化，而這種量化往往本末倒置，不去評論文章的內容，而是看文章在那些學術期刊發表和那些學術期刊的排名，或是所謂影響因子，而這些排名又往往受到語文、文化及地區優越感所影響，這情況對人文科學的影響尤其嚴重，例如非英語的學術刊物往往排名較低；美國的期刊即使由學生編輯，也比英國頂尖的學術期刊排名為高等。若果根據這些量化的條件，石黑一雄 (Kazuo Ishiguro) 或屠呦呦都難以獲得諾貝爾獎！大學是教育和研究的地方，有意義的研究絕對不止於在學術期刊發表三星或四星的文章。令人遺憾的是這種追星的風氣，在香港的大專界非常普遍。

從倫敦到史特拉斯堡

1988 年，我決定追隨希金斯教授作博士研究。可惜，在我剛抵達倫敦之前她患上了重病，令我的博士研究計劃延遲了差不多六個月。我部分的研究是在歐洲人權委員會作實地觀察，我在史特拉斯堡 (Strasbourg) 住了幾個月，歐洲人權委員會是根據《歐洲人權公約》成立。根據這個公約，成員國的公民可以就其國家違反《歐洲人權公約》的行為入稟歐洲人權法庭。按當時的法律程序，這些個案會首先由歐洲人權委員會處理，並作出報告認為投訴是否成立。若當事人不接受報告，他們便可以將個案提交歐洲人權法庭，法庭的判詞對成員國有約束力。[4]

3.　A. Hamilton, J. Madison and J. Jay, *The Federalist Papers* (New York: New American Library, 1961).

4.　大約二十年後，為簡化程序及應付大量積壓的案件，歐洲人權委員會和歐洲人權法庭合併，成為新的歐洲人權法庭。

委員會和法院坐落於同一座大樓之內，面對歐洲議會（Council of Europe）。委員會的秘書處是一間非常國際化的辦公室，律師和學者來自不同的法域，英語和法語是主要的工作語言，幾乎所有人最少操流利雙語。委員會分為三個語言部門，我被分派到英語部門，和一位荷蘭女士合作，我們成為好朋友，她其後成為荷蘭的檢察官和法官。同一辦公室還有一位來自法國的女士，但她幾乎完全不能說英語。我們的部門主任是米高・奧波爾（Michael O'Boyle），他是一位英國律師，後來出版了一部關於歐洲人權公約的經典著作。我在那裏遇到很多很好的同事和一些訪問學者，我的工作包括草擬委員會的報告書，這些報告書其實就是委員會聽過雙方的陳詞後所作的判詞。若案件提交歐洲人權法庭，委員會會以獨立身份參與訴訟及向法院陳詞。我參與的其中一宗案件便是關於《我的反間諜生涯》（Spycatcher）一書，這是一名英國特工的回憶錄，當中詳述了英國情報組織的一些活動。這本書首先在美國出版，《星期日時報》（Sunday Times）在英國打算連載部分內容，但英國政府隨即申請禁制令，並展開全球訴訟企圖禁止該書出版。訴訟遍及澳洲、新西蘭和香港。在香港的部分，我曾代表《南華早報》（South China Morning Post）反對英國政府申請禁制令，禁止該報刊載該書的部分內容。1980年代末期，這宗案件終於來到史特拉斯堡，《星期日時報》在英國落敗後，入稟歐洲人權法庭，指英國法院所頒的禁制令違反《歐洲人權公約》對言論自由的保障。

史特拉斯堡是一座平靜又優雅的小城，坐落於法國東北部的阿爾薩斯・洛林（Alsace-Lorraine），離開瑞士的巴塞爾（Basel）約一小時車程，距離德國著名古城弗里堡（Fribourg）也只有一小時車程，弗里堡是進入黑森林的大門。由於它的地理位置，史特拉斯堡受到法國、德國和瑞士文化的影響。那是一段非常愉快的日子，這城鎮風光如畫，環境清幽，氣氛寧謐，若不是偶爾在歐洲議會門前舉行的示威，很容易令人忘記現實的世界。在寧靜的環境，亦讓我對博士研究作出不少反思。

我在1988年底返回倫敦，當時希金斯教授已經病愈復原。我的研究課題是在主權轉移的時候國籍的轉移問題，雖然這個問題和香港有關，但在歐洲這是一個非常重要的課題，尤其是在第二次大戰後，整個歐洲的地圖幾乎被重畫，不同的國籍法產生大量多重國籍或無國籍人士，同時引發不少國際衝突。這是一個有趣的題目，我在第一年的研究發表了數篇相關的文章，並完成了《人權在香港》一書。但當我對這個問題越鑽越深的時候，這個課題也變得越來越虛幻。這題目和當時香港的情況相距甚遠，尤其是在1989年6月之後，香港的未來成為一個迫切關注的問題。不少香港人對香港的未來失去信心，有能力移民的紛紛離去，單在1990年一年之內，便有六萬個家庭移民，

他們主要是專業和受過高深教育的人士，而當時並沒有任何跡象顯示人才外流會有減慢的情況。為了挽救市民的信心，政府決定興建新機場，加快立法局的民主選舉進程，以及引進《人權法案條例》。這對香港來説是一個充滿挑戰的時刻，但身在倫敦，對這一切發展我只能置身事外，感覺是無奈的。假如我決定留在倫敦，大概需要十個月至一年的時間便可以完成這個博士研究，但這是否我想要做的？相對於很多其他學科，博士學位在法律研究方面並不重要，很多成名的學者均沒有博士學位，在事業發展方面我亦不需要一個博士學位。當然，這個研究本身無疑是一份有價值的經驗，但這並非唯一可以得到這種經驗的途徑。對自己而言，完成這個學位，只不過代表我在一個很狹窄的領域內有一點認識，但這領域對當代世界其實沒有什麼影響，而在很多其他領域，我仍然一無所知！與其再花多一年的時間，研究一個沒有什麼影響的課題來滿足自己的自豪之外，我覺得我可以通過參與香港當時面對的迫切問題，為香港作出更有建設性的貢獻。當然，那時候我無法預見，這決定會在二十五年後給我帶來困擾。

返回香港

我在 1990 年底返回香港，那時候，佳日思（Yash Ghai）教授和安德烈・班斯（Andrew Byrnes）教授剛剛加入法律學院。佳日思教授是著名的人權學者，亦是我們首位包玉剛爵士公法講座教授。班斯後來成為新南威爾斯大學的講座教授，他們都成為我終身的朋友。我們一起籌辦了以亞洲為焦點的人權碩士課程，和為司法機構、公務員和公民社會就新制定的《人權法案條例》進行了許多培訓課程和工作坊。我們亦出版了一套新的《香港公法彙編》（*Hong Kong Public Law Report*），記錄了所有關於《人權法案》的案件，為早期人權法的實施留下一個歷史紀錄。這套彙編得到很好的評價，後來被商業出版商接手，一直出版至今。我們亦同時出版《人權法案通訊》（*Bill of Rights Bulletin*），評論最新的判詞和法律發展。透過這些點滴的工作，佳日思、安德烈和我漸漸建立香港人權方面的本地文獻。我們亦引進國際人權法的專家，召開國際性的人權法研討會，招募下一代的人權學者。短短幾年之間，我們在公法方面建立了顯著的國際聲譽，並在法律學院內建立了一支強大的公法團隊，其專業知識和經驗令香港一直受益至今。一方面我們提升了香港公民社會所急切需要對人權法的認識和專業知識，另一方面為不少亞洲國家培訓人才。不少碩士課程的畢業生在畢業後返回他們自己的國家，繼續從事人權工作。這個在 1999 年成立的人權碩士課程，直至今天仍是法律學院內最國際化的學術

課程之一，覆蓋了差不多在今天「一帶一路」上的大部分亞洲國家，而我們比「一帶一路」的建議早了十五年！

佳日思教授是一位出色的學者，對香港的憲法發展作出了很大的貢獻。他敢於發言，觸覺敏銳，批判力強。他的言論極富啟發性，亦受到高度尊重。他在 1997 年出版的《香港新憲制秩序》（*Hong Kong New Constitutional Order*）一書，初版已經成為這個領域的經典著作。當我還是法律系主任的時候，有一天他來到我的辦公室告訴我：「我要申請十二個月的休假，因為我剛接到肯雅總統的電話，肯雅正面臨內戰的邊緣，總統打算成立一個憲法委員會，希望透過草擬新的憲法可以調和不同的政治派系。總統希望我可以主持這個委員會，我恐怕我難以拒絕。」「我恐怕我也是難以拒絕這要求」，我笑着回答說。「畢竟，有多少同事會接到他國家的總統的來電？但我懷疑你能否在十二個月內完成這項工作，不如我給你十八個月的休假，到時再審視情況？與此同時，請你定期讓我知道你的工作進度。」在接下來的兩年，佳日思成功地將不同派系帶到談判桌，避免了一場內戰，但談判的工作比想像中困難。兩年後他重返法律學院。多年後，新的憲法終於獲肯雅國會通過。他退休後，隨即獲聯合國秘書長任命為柬埔寨人權特派專員。

若果不是得到蘇海文（Helmut Sohmen）博士的慷慨捐助，我們是無法可以聘請到佳日思來香港的。蘇海文博士是香港和這個地區其中一位最成功的商人，我們後來亦成為好朋友。1980 年代中期，他是立法局議員。當他在立法局發言時提到奧地利的憲法，似乎他的同僚沒人明白他所說的是什麼，奧地利的憲法也是叫《基本法》，蘇海文感到非常失望，並認為必須在社區內推動公法知識。於是，他設立了包玉剛爵士公法講座教授，並多年來一直成為法律學院的忠實支持者。1990 年代末期，他原來的捐贈已經差不多用光了。當我在 2002 年接任院長的時候，首要的事情便是答應蘇海文我們會一直延續這個公法講座教授的職位。蘇海文亦大力支持我們的人權法碩士課程，除了大批學生受惠於他的獎學金外，他並每年在家宴請當屆的學生。我最後一次遇見他是在 2016 年末代港督彭定康作公開講座的時候。蘇海文看來仍相當精神，但多年來的辛勤工作令他的健康付出一定的代價。作為一位奧地利人，蘇海文在香港度過大半生，亦對香港貢獻良多，在這裏我遙祝他身體健康。

中國夢

我一直認為，法律學院不僅僅是傳授法律知識的機構。英國給我們留下法治和健全的法律制度；一國兩制給我們帶來前所未有的挑戰。在邊界的

一邊，我們有相對健全的制度，這制度建基於對個人自由的尊重，崇尚多元化，並對公權作出相互制衡和監察。在邊界的另一邊，一個強大的國家剛剛走出無法無天的日子，開始冒起，這個制度從意識形態上否定三權分立，亦沒有約制公權的傳統。一國兩制會成功嗎？很多人確實有懷疑，但對那些決定留在香港的人而言，我們唯一的選擇便是令一國兩制成功。法律學院訓練年青法律才俊走在最前端，我們有一個歷史使命，就是培養年青一代迎接這個新的挑戰，並為維護和促進香港與中國的法治發展作出貢獻。

踏入過渡期後，我們修改了法律學院的課程，以準備我們的學生面對新的轉變。例如我們引入「中國法簡介」的必修科目和「法律上使用中文」的選修科目，並同時引入中國法碩士學位課程，讓學員可以更深入了解和認識中國法。與此同時，我們認為，若果我們能夠向內地的法律學生和律師推介普通法制度，這將有助縮短兩制之間的距離。於是，1997年陳弘毅當院長的時候，我們成立了普通法碩士課程，1999年我成為法律系主任的時候，便肩負落實和推廣這個課程的責任。這課程的學生有三個主要來源，即政府官員、內地法官和應屆畢業生。一年的時間修讀普通法實在太短，但我們的目的並非要學生熟讀普通法詳細和技術性的內容，而是讓他們接觸到這個制度背後的理念，明白普通法制度的運作，以及了解和維繫這套制度的價值觀。我們得到律政署和法院的大力支持，同學們除了在課堂上修讀外，還可以在不同的政府部門和法院實習，讓他們可以親身接觸到這個法律制度的實際運作。初期，我們將學生的數字保持在低位，大約十名為政府官員，十名為內地法官，其餘約十五名為來自內地頂尖法律學院的應屆畢業生。由於我們是以英語授課，故課程對同學的英語程度有一定的要求，我們同時將學員的年歲限在四十二歲，在國內公務員體系這是十分年青的。這年齡限制背後的理念是，一來不希望這個課程成為一些高官來港度假的契機，更重要的是這些能操流利外語的年輕官員和法官，事業正處於蒸蒸日上的階段，這個碩士課程的訓練將會加強他們成為中國未來的棟樑，亦切合我們為中國培訓人才的理想。2009年，我們在北京舉行慶祝法律學院四十周年晚宴，當晚有不少畢業生專程老遠從內地各個地方前來北京赴宴，當中亦有不少已經身居要職或政府高位。那是一個愉快和令人感動的晚上。港大副校長程介明教授亦有出席，他後來對我說，見到這麼多校友，實在很感動。當晚他在致詞的時候，深深感受到我們正為中國的未來而努力。

有一次我前往深圳法院探訪我們的畢業生。深圳中級人民法院有超過一百名法官是我們的畢業生，我問他們在香港的學習對他們的工作有什麼影響。他們當中有一些已經執掌法院的不同部門，他們對內地的訴訟程序作了

一系列的改革，不少改革的構想都是受到香港的法律制度所啟發或以香港的法律制度為藍本。他們坦率承認，有些制度上的問題並非他們的能力或控制所及，但在日常的運作中，有幾方面是明顯受到來港學習的經驗所影響。例如他們以往會對檢控官的起訴書照單全收，現時會對起訴書的內容和控方的證據提出較多疑問；他們的判詞也比較長，盡量在判詞中分析雙方提出的理據，以及他們駁回某些理據的原因。有些畢業生在一些監管機構內工作，這些監管機構作出不少內部決定，他們將這些內部決定公開，令制度變得更加透明。這些改革都是邁向理性的第一步，而理性的基礎正是一個公平制度的基石。他們告訴我，這些改革都是受到普通法的啟發和影響的。

在我就任院長期間，我一直和內地所有主要法律學院保持緊密合作。早期，我希望透過我們的合作可以提升他們的學術水平，並幫助他們邁向國際學術界。與此同時，透過這些合作，亦令我們對中國的制度有更深入的了解。我們和北京大學每年舉辦學術年會，亦和兩岸四地的學者舉行定期的學術研討會，促進兩岸之間法律學者的交流。此外，我們亦繼續和內地的司法機構合作，為內地法官提供培訓。我深信法官在維護法治有舉足輕重的角色，希望透過西方法律制度培訓法官的經驗，提升內地法官的司法質素。當然，這些交流是雙向的，我們亦為我們自己的同學提供在內地的暑期學習和實習課程。由於我們的同學必須修習中國法簡介這門科目，我便一直設想將這門科目在內地教授，並同時透過不同的訪問和參觀，讓同學進一步了解內地法律制度的實際運作。雖然這個想法受到各方支持，但要落實仍遇到不少困難。2016年，這個計劃終於得到實踐，透過與華東政法大學和復旦大學的合作，首批同學前往上海修讀這個必修科目。

很多在內地工作的朋友也會明白，和內地機構的合作需要極大的耐性。有時候我們以為大家已達成協議，但協議卻可以因為內地機構的人事變動，在最後一刻被推倒重來！有時候，有些項目被延誤或叫停，事前沒有任何預告或通知，唯一的原因是換了新的負責人。內地喜歡簽署備忘錄，當你以為已達成協議時，他們才慢慢和你談細節，備忘錄只表示願意再談！在內地和官員開會，不到最後一刻也不知道哪位官員會出席，其實這是一種頗不禮貌的安排！多年與大陸交往，我有不少面對官僚系統和政治最糟糕的一面的沮喪經驗，但透過這些合作，亦使我認識到不少思想開明和熱誠的朋友，並為他們的堅毅感到鼓舞。

2011年左右，我和我的好朋友，時任倫敦大學學院（University College London）法律學院院長的顏希素女男爵（Dame Hazel Glenn）教授攜手在內地開展了一項法治計劃，先後跟人民大學和北京大學合作。我們以內地的真實

案件為藍本，設計了一些模擬案件，然後以普通法的程序在內地進行模擬審訊。我們邀請到英國和香港終審法院的法官主持這個審訊，並由普通法的律師和學者充當辯護律師，在庭上唇槍舌劍，各自提出令人信服的理據，法官在平衡各方的考慮後作出判決。這些案件，涉及刑法、環保和敏感的國家安全議題。內地的學者、法官、政策官員和學生在觀摩完這場審訊後參與討論，並比較以普通法制度和內地大陸法制度來審訊同樣案件的異同之處，大家的討論非常熱烈，這活動非常成功，令大家對兩地法律制度有更深入的了解和對話。項目舉辦了三年，在我卸任院長後告終。

2014年左右，我們與內地司法學院正在討論一個雄心勃勃的內地法官培訓計劃，討論已達最後階段。可惜，隨着我卸任院長及2014年秋天香港爆發佔中運動，這個項目亦胎死腹中。

動盪的二十一世紀

我在2002年出任法律學院院長，一直至2014年，前後十二年，是任期最長的法律學院院長。這段時間，我有幸參與法律學院國際化的進程，並目睹法律學院從一個地方性的法律教育機構，躍身成為世界知名的法律學院，連續多年在全球法律學院排名首二十名之內。從一開始我便認為，香港對內地最大的貢獻便是我們的國際經驗和國際網絡。那時候，一方面我們要協助內地的法律學院提升它們的質素，另一方面我們必須不斷加強我們的國際化，而且以國際一流法律學院為目標。作出了這樣的定位後，我們便從多方面實踐這個目標，包括人才招攬，以及有系統地和不同的頂尖大學合作。除了日常的學術研討會和師生互換計劃外，我希望在世界各大主要地區中都有一些深化合作的夥伴，而這些合作若要成功，便必須建基於學者之間的合作，太多學術機構之間的合作因為沒有這種人脈基礎而以失敗告終。在加拿大，我們選擇了和我們有深切聯繫的英屬哥倫比亞（卑斯省）大學；在美國，我們選擇了對中國法有深厚研究基礎的長春藤大學賓夕凡尼亞大學；英國和我們有深厚淵源，我們選擇與牛津、劍橋、倫敦大學學院和倫敦英皇學院作為深化合作的夥伴，包括雙學位和研究合作項目；在歐洲，我們選擇了和我們有良好交往的蘇黎世大學。在亞洲，我們和新加坡國立大學一直是競爭對手，在任期間我努力與新加坡建立一種良好的競爭和合作關係，並一起發展亞洲法律學院協會（Asia Society of Law Institutes），建立與亞洲其他地區法律學院的關係。有一段日子，我在新加坡招聘了六位優秀的學者，並打趣地說新加坡早晚不讓我入境了；不過，新加坡亦在香港招聘了我們五位的學者。在澳洲，

我們和新南威爾斯大學及墨爾本大學一直保持緊密的學術合作關係。就這樣，我們慢慢建立起法律學院的國際網絡和國際聲譽。

其實，很少學者加入大學的時候會期望有一天成為大學的行政人員。事實上，當你獲委任行政職位的時候，大部分的同事會對你表示同情多於祝賀。不少同事接受這些任命都是出於責任感，自己亦不例外。院長的工作非常繁重，而且吃力不討好，一方面夾在大學中央和學院同事之間，既要從大學方面考慮發展和資源，又要代表學院爭取最大的權益。另一方面，院長的工作範圍非常廣闊，要求的技能與心態和學術研究完全不同。昔日，院長主要負責安排教務的工作，但今天的院長要處理人事規劃、財務預算和編制、國際發展、公共關係、籌款、校友網絡、應對媒體、危機處理等，當然還有教學和研究。更糟糕的是在大學的環境，大部分人均自視甚高，推行任何決策必須依賴相互的尊重、足夠的諮詢和有力的遊說，而不能依賴權力和權威。坦白說，院長的工作讓我獲益良多，它最可貴的地方是讓我有機會與很多有趣和頂尖的人士合作，不少日後更成為好朋友。不過，學院院長甚或大學管理層在獲委任時基本上沒有任何培訓，很多大學仍然相信那個不合時宜的推定，以為出色的學者同樣可以勝任大學的管理工作，重學歷而輕視實際的管理經驗，大學恐怕是當今唯一的機構，可以容許完全沒有任何管理經驗的成員成為最高管理層，而這項以為出色的學者便可以勝任行政領導的推定，大部分時間被推翻遠多於被證實。一定的學術成就是需要的，但這並不足夠，學術成就和行政能力或領導能力是完全不同的兩回事。

2014年7月我卸任院長，開展長達九個月的學術休假，這段時間我先後在賓夕凡尼亞大學法律學院教授憲法課程，及在劍橋大學作訪問學者，從事研究工作。賓夕凡尼亞大學是美國長春藤大學之一，在那裏我遇到很多很好的同事和學生。時值2014年秋天，香港爆發長達七十九天的佔中運動（又稱「雨傘運動」），示威者佔據了金鐘一帶，抗議高度設限的特首提名機制和民主進程不足。儘管我身在半個地球之外，卻被捲入與這場運動有關的政治風波。當時我獲推薦出任大學副校長一職，負責管理人士和資源。當大學初次接觸我的時候，我其實有點猶豫，若接受這個職位，憑自己對大學的認識和經驗，相信可以為大學作出一些貢獻，但亦同時意味我會繼續走行政這條路，很可能需要放棄教學和研究，而當時我正期望在完成十二年院長任期後可以重執教鞭和從事自己的研究工作。最後我決定接受這份挑戰，亦希望可以為大學帶來一些轉變，卻不知迎來的是一場風暴。在佔中之後，有些人歸咎大學成為年青示威者自由思想的搖籃，因此社會上有部分人士認為，由一位開明的學者出任大學的領導職位並不合適，尤其是主管人事任命和資源。

緊隨十二個月，一些人在媒體上對我發起鋪天蓋地的人身攻擊和惡意中傷，當中有指責我支持佔中運動，但在這場運動期間我大部分時間身在海外；亦有人指責我不阻止我的同事發起這場佔中運動，但我有什麼權力干預我同事的信念和活動，尤其是當這些活動並非在校內進行，而他在校內的學術及其他方面的表現亦符合要求？有人說我沒有博士學位，但多年管理人事和資源的經驗，是否比一個和這工作毫無關係的博士學位來得重要？有些人指責我任內只顧政治，忽略學術研究，但自2012年起，法律學院在 Quacquarelli Symonds（QS）及泰晤士報高等教育全球法律學院排行榜中，一直名列全球首二十名之內，而這些排行榜考慮的準則正是教學、研究和學術引述等！

那是一段動盪的日子，過程並不愉快，欲加之罪，何患無辭？惡意的攻擊對我和我的家人造成了傷害，但令自己感動的是有很多很多來自香港和海外的朋友的支持。當時要退出是很容易的，這樣便可以避免一些惡意的攻擊，但退出便可以被視為放棄學術自由的原則。我常常告訴學生，我們對基本價值的堅持，只會當這些堅持需要作出一些犧牲的時候才受到考驗，看來我亦受到自己的信念所考驗。我選擇堅持自己的原則和信念，亦付出了一定的代價。暴風雨差不多持續了十八個月，當塵埃落定後，我對事件感覺很平靜。一位非常資深和非常受尊重的教授曾問我會否惱怒大學？我回應說，一點也不會，我的感覺是傷感多於憤怒。在整個過程中，不同的人有不同的角色，我對所有人都沒有抱怨，一來這不會改變任何事情，人生苦短，不應將生命花在抱怨、遺憾、悲傷或哀愁之中。2019年法律學院慶祝五十周年，我堅持我們必須邀請校委會主席，這是對這職位的尊重。再者，我還是喜歡從較正面去看事情，這份經驗為自己的生命添加色彩，最少我有時間反思自己不足之處，並為自己所獲得的友誼和支持而感到欣慰。在此我要感謝當日的校長馬菲森（Peter Mathieson）教授和首席副校長錢大康（Roland Chin）教授，他們為支持我的任命而要面對很大的政治壓力。[5] 事過境遷，回望這些日子也沒有任何意思，還是要繼續生活下去；因為這場風波，我可以繼續我喜愛的教學和研究，這是我加入大學的初衷，有得有失，這樣何嘗不是一種祝福？

之後幾年，我潛心教學和研究的工作，繼續在人權法治方面發聲。日子是相對平靜的，但在申請成為講座教授及退休後續任的問題上，始終避不開政治風波。2019年，我獲大學教育資助委員會（教資會）選為人文科學及社會

---

5. 詳情請參閱 Wing-Wah Law, *Politics, Managerialism and University Governance: Lessons from Hong Kong under China's Rule since 1997* (Singapore: Springer, 2019), 105 及 Johannes Chan and Douglas Kerr, "Academic Freedom, Political Interference and Public Accountability" (2016) 7 *AAUP Journal of Academic Freedom* 1–21。

科學傑出學者；同年，獲大學升任為講座教授，這是大學最高的學術職銜，要通過嚴謹的學術評核，對那些在 2014 年風波中批評自己學術成就不足的人士，這些任命足以作回應。此外，大學決定在我達六十歲退休年齡後，延續我的聘用合約兩年，認為延續兩年是符合大學的最佳利益，這有異於過往一般延續五年的慣常做法。天下無不散之筵席，萬物總有終結的時候，我亦欣然接受在 2022 年 6 月底完成在大學的最後一段旅程。

我選擇學術生涯，部分原因是我希望彌補學術和執業之間的距離。相比於三十年前，學者和執業律師之間的關係變得健康許多。在首席法官李國能的領導之下，終審法院對學者的研究重視得多。有幸香港終審法院歷任首席法官皆為開明和有高瞻遠矚的領袖，首席法官李國能讓我認識到謙虛和執着，馬道立法官（Geoffrey Ma CJ）永遠給人溫暖友善的感覺，包致金法官（Bokhary PJ）是我的好朋友，我亦有幸和他合作編寫一些法律著作，李義法官（Ribiero PJ）是我在大學的老師，陳兆愷法官（Patrick Chan PJ）是港大第一位畢業生成為終審法院法官，梅賢玉爵士（Sir Anthony Mason）深信學術和執業之間的緊密合作，對推動法學研究貢獻良多；還有很多其他在這方面作出貢獻的人士，不能在此盡錄。多年之後，大家普遍認同，學術界、司法界和執業律師之間的緊密聯繫，將有利於維護和加強我們的法律制度。學術研究和執業並不互相排斥，而是互相補足的。在此，首席法官李國能任命我為名譽資深大律師，令我深感榮幸和謙卑，名譽資深大律師又稱為「學者絲袍」（academic silk）。這個稱號，正是學者和執業律師攜手對法律制度和我們的社會作出貢獻的最佳明證。

II.

專業和專業情操

2. 懷念沈澄法官：當代其中一位最傑出的辯護律師

　　1994年是香港房地產的高峰期，樓價節節上升，屢創新高，完全沒有見頂的跡象。1994年5月26日，大會堂正舉行官地拍賣，正如往常一樣，會場內擠滿地產商和記者。拍賣期間，明顯地各大地產商在互通消息。翌日，各大報章均以大篇幅報導各大地產商聯手壓低土地的拍賣價，大部分報章均列出參與者的姓名和照片，有些報章甚至形容涉及的地產商為「卡特爾」或「不道德的聯盟」，形容這些行為為「明目張膽的圍標」或「幫會壟斷」，有些雜誌更繪形繪聲地詳細描述事件，包括誰與誰在對話、傳遞信息的內容等。事件受到廣泛關注，最終令有關部門檢討和修改官地拍賣的安排。

　　約兩個月後，廉政公署在接獲投訴後開始調查事件。1994年8月2日下午，兩名廉署人員到訪《明報》總部，但他們明顯來得太早了，報章的總編輯一般會在下午近黃昏的時候才上班，然後工作至深宵。於是，廉署人員給總編輯的秘書留下口訊，指他們正在調查有關的土地拍賣事件，並希望約見《明報》當天負責採訪和報導拍賣事件的記者，他們並沒有提及任何罪行或疑犯。

　　翌日，《明報》刊登了一篇報導，標題為〈查地產商聯手買地，廉署主動接觸記者〉，報導稱：「廉政公署正着手調查今年5月26日，10多家地產商攜手競投官地的事件中，是否有人觸犯法例。該處職員近日四出聯絡當日目擊公開拍賣官地過程的人士，以便搜集有關資料。」報導跟着簡略介紹當日拍賣官地的事件，並指出「不過至今未能確定廉署調查的目標」。

　　因為這篇報導，廉署決定起訴《明報》及其三名資深總編輯違反《防止賄賂條例》第30條，指他們非法公開廉署調查的細節。第30 (1) 條訂明，「任何明知或懷疑正有調查就任何被指稱或懷疑已犯的第 II 部所訂罪行而進行的人如無合法權限或合理辯解，而向該項調查的標的之人 (受調查人) 披露他是該項調查的標的此一事實或該項調查的任何細節……即屬犯罪。」

檢控

　　這宗檢控轟動全城。我受《明報》聘任為辯護律師，與沈澄（Charles Ching）御用大律師一起代表《明報》及三位總編輯。這宗案件是沈澄的大律師生涯的最後一段日子，因為傳聞（其後獲證實）他將很快加入法官的行列。當日我抵達他的會議室和他開會，剛倒了一杯咖啡，查理斯（Charles，沈澄的英文名字）一邊漫不經意地翻看文件，一邊卻連珠炮式地向我發出提問：「第30條說『被稱或懷疑』的罪行，被誰人指稱？被誰人懷疑？條例說『披露任何細節』，《明報》披露了什麼調查的細節？」一如既往，查理斯已對案件進行了徹底的分析，並在腦海中有清晰的盤算如何進行辯護，他只是在考驗一下他的副手準備有多充足！我們商談了約一小時，自己連呷一口咖啡的機會還沒有，查理斯已胸有成竹，準備結束會議。這時候，我提出我們還可能有一個基於《人權法案》的答辯理由。查理斯皺一皺眉頭說：「我們有很強的辯護理由，若我們要依賴《人權法案》，這只會顯示我們的案情薄弱。」「也不一定是如此」，我開始戰戰兢兢地嘗試遊說查理斯在《人權法案》下我們也有一個很好的答辯理由。我曾經和查理斯合作，深知他對《人權法案》的保留，他甚至戲稱《人權法案》（Bill of Rights）應該叫《人權錯誤法案》（Bill of Wrongs）。然而，查理斯仍然是非常耐心地聆聽，約半小時後，他想一想然後說：「那你就負責準備這部分的陳詞吧。」

　　案件在東區裁判法院進行。開審當日早上，我順道從中環接查理斯往法院。他是一位跑車迷，看到我放在車內的呔鎖，他便不斷告訴我這些東西完全沒用，不用三秒便能解開。其後我每次開車接他，他會重複告訴我這一番話。查理斯對事物的堅持，肯定不止於法律。

　　法院內早已擠得水洩不通，記者和公眾人士填滿公眾席。查理斯在法律界享譽盛名，他盤問證人的技巧更被公認為是法律界的「皇冠之寶」，不少大律師也在公眾席，希望一睹查理斯盤問證人的風采。

　　控方傳召廉政公署的官員為第一證人，面對威嚴的查理斯，這名官員顯得有點瑟縮和緊張。

　　問：「這位官員先生，我對廉政公署一向非常尊重，所以請你放鬆心情，我只有幾個問題關於兩封信，請儘管想清楚才回答。檢控官可能會反對我某些問題，你可以等候檢控官沒有提出反對時才作答。」查理斯以溫文的語調開始他的盤問。

　　問：「廉政公署是否收到兩封來自公眾人士的信件，信件內容是關於相關的土地拍賣？」

答：「是的。」

問：「由於這兩封信，廉政公署開始作出調查？」

答：「是的。」

問：「這兩封信，其中一封是給律政司的？」

答：「對的。」

問：「另一封是給廉政專員的？」

答：「是。」

問：「這封信並沒有提及任何指控？」

答：「對的。」

問：「他們只是對當日土地拍賣發生的事情作出質疑？」

答：「對的。」

問：「然後指當中可能有些人會觸犯一些罪行？」

答：「是的。」

問：「兩封信的作者都沒有說他們當時在拍賣會現場？」

答：「對的。」

查理斯向證人展示傳媒當時對該次拍賣會的相關報導，然後繼續：

問：「這些報導清楚指稱一些被點名的地產商在拍賣會聯手壓低兩項拍賣物業的售價？」

答：「對的。」

問：「同樣的指責出現於中文報章？」

答：「是的。」

問：「你會預期相關的地產商會知曉這些指責嗎？」

答：「會的。」

查理斯在大約半小時內完成了他的盤問，亦得到了他想要的答案。沒有眼淚縱橫，也沒有血光四濺，但這些平靜的盤問，卻最終決定了整件案件的結果！

人們看到的是一位大師級的辯護律師半小時的工作，大家看不到的卻是那半小時背後多個小時的準備功夫。我曾經問查理斯是什麼驅使他這樣努力地工作。「信任」，他說。「當你的客戶願意將他們的命運交托給你時，這份信任便令你必須悉力以赴，這就是專業精神。當然，當中也有不少個人的驕傲，那種在每一宗案件中你都能夠維持最出色的表現，而且超越你過往最出色的表現那種自豪和驕傲。」

審訊進行了三天。檢控完成舉證後，我們作出無須答辯的陳詞。我們的主要論據是控方未能證明相關控罪，根本沒有任何指稱或懷疑的罪行，被告

亦沒有披露任何調查的詳情，即使有任何披露，亦沒有對調查有任何不利的影響。最後，我們亦指出《防止賄賂條例》第30條不符合《人權法案》。裁判官決定押後宣判，我們則飽吃一頓豐富的午餐，讓查理斯享用所有不健康的食物。

　　裁判官一個月後宣判。在一份相當小心謹慎的判詞中，裁判官反駁我們所有基於第30條的闡釋的論據，但卻同意第30條違反《人權法案》而無效，宣判撤銷控罪，各被告無須答辯。[1]這結果當然是我方大獲全勝，但卻是基於一個查理斯當初非常猶豫而不願提出的論據！一如所料，律政司隨即提出上訴。由於上訴涉及一個重大的憲制問題，法官隨即將上訴轉介上訴法庭處理。

上訴

　　這時候，查理斯的司法任命已經公布，他成為本港第二位直接從執業晉身上訴法庭的大律師。1997年7月1日，他亦成為終審法院三名常任法官之一，在香港的法律發展繼續留下他的印記。

　　大律師公會為慶祝查理斯的任命舉行了一次特別的大律師晚宴（Bar Mess），當晚查理斯的心情極之愉快，整晚滔滔不絕。他以「大律師」一詞在牛津字典中的排列位置開始他的演說，指出「大律師」夾在「破產者」和「混蛋」之間！

　　上訴時我夥拍李志喜資深大律師，她以流暢和帶有皇室口音的英語對第30條展開凌厲的攻擊，指出這一條的限制無遠弗屆，對言論自由產生寒蟬效應。第30條禁止披露廉政公署調查罪案的詳情，但這一條只適用於《防止賄賂條例》所禁止的罪行，若是其他罪行，例如《舞弊及非法行為條例》下的罪行則並不適用，但傳媒怎知廉署在調查什麼罪行？廉署對其所進行的調查的查詢，一般的回應均是無可奉告。第30條猶如架在傳媒頭上的一把刀，為免誤墮法網，最安全的做法便是不要報導任何和廉署有關的事情，甚至涉及濫權的問題。

　　聆訊下午便結束，法庭押後二十分鐘，在三時半左右宣判：律政司上訴得直，案件發回原審法官繼續審理（因為裁判官無須答辯的裁決被推翻，故案件在裁判法院繼續）。[2]上訴法庭副庭長列顯倫法官在口頭宣判時指出，第30條的主要目的是保護疑犯的聲譽及廉政公署的調查工作，這是一個合理的

1.　*R v Ming Pao Newspapers Ltd* (1994) 4 HKPLR 621.

2.　*Attorney General v Ming Pao Newspapers Ltd* (1995) 5 HKPLR 13.

目的，並沒有違反《人權法案》。這個理據頗為牽強，如果罪行的涵蓋範圍遠超出罪行的目的，那麼光有一個合理的目的並不能符合《人權法案》的要求。這屬法院沒有考慮罪行與目的是否相稱的典型例子，亦是即場作出口頭判決的危險，法院未能深思熟慮便作出裁決。不過，列顯倫法官亦同時指出，若披露的目的是要揭發廉政公署人員濫用權力，被告則可以以「合理辯解」作為辯護理由。

第30條一直被視為壓制媒體的條例，於是《明報》決定向樞密院提出上訴。樞密院為當時香港的終審法院，向樞密院提出上訴須先獲得法院許可，令人驚訝的是政府竟然反對上訴許可的申請。於是，我們只得在倫敦展開另一輪的爭辯。

在倫敦的上訴

一個寒冷的冬天早上，我和事務律師抵達倫敦準備向樞密院提出許可申請。我們清晨五時許便抵達希斯路機場，六時左右已經抵達西敏寺區附近的酒店。本來我以為可以稍作休息才與將夥拍的英國御用大律師萊斯特（Anthony Lester QC，其後成為 Lord Lester）[3] 開會，但這時我才發現我在機場遺忘提取一件朋友托我帶往倫敦的行李，於是唯有乘坐地鐵返回機場，這時離抵埗已差不多兩小時，但該件行李仍然安好地在行李運輸帶上，倫敦機場的效率實在令人讚嘆不已！

樞密院，或更準確而言，樞密院司法委員會是大英帝國（英國除外）的終審法院。在日不沒之國的鼎盛時期，樞密院幾乎是全球近一半地區的終審法院。它坐落於唐寧街首相府隔鄰，直至2009年才搬往現時最高法院的新址。唐寧街的入口設有路障，遊客只能從路障後遠眺首相府，但若你告知警察是前往樞密院，只要樞密院當時是在開庭，警察便會讓你通過！

這座一度為整個大英帝國的終審法院，坐落於一座其貌不揚的佐治時代的建築。那天早上有數宗許可申請，多名大律師在法庭門外等候召喚。樞密院由五位法官聽審，他們主要來自英國上議院法庭及其他英聯邦最高法院的法官，法官穿着普通西裝，沒有法官袍或假髮。律師席在法院左右兩排，由狹窄而且不太舒適的長凳組成。向法庭陳詞時，大律師得走到法庭的中央，

---

3. Lord Lester of Herne Hill，著名的人權律師，曾代表香港平機會以性別歧視的理由成功推翻中學派位制度（*Equal Opportunities Commission v Director of Education* [2001] 2 HKLRD 690）。2020年8月離世，終年八十四歲。

那裏只有一個演講架讓他放置文件，沒有枱椅，亦沒有其他律師協助，只能孤身面對五位法官。雙方作出短暫陳詞後，法院便批出上訴許可。

我再返回倫敦進行上訴時已是 1996 年的初春，希斯路機場的清晨，微風一如既往，清爽和令人精神煥發。這次我帶齊所有行李，並在 Lincoln Inn 附近吃了一頓豐富的早餐，才慢條斯理地前往萊斯特的辦公室開會，這時萊斯特已成為萊斯特勳爵，並為倫敦大學學院的客席公法教授。我在 1980 年代末認識萊斯特，當時在 Spycatcher 一案中我出任他的副手。他當時還帶有另外一位副手大衛‧彭力克（David Pannick），大衛後來成為御用大律師，並晉身為上議院勳爵，為倫敦炙手可熱的御用大律師，並曾多次來港處理案件。由於大衛當時未獲准在香港執業，萊斯特總抱怨當他在法庭忙碌工作時，大衛則在豪華的文華酒店內的泳池享受人生！後來大衛成為御用大律師，萊斯特則打趣地說，大衛偷走了他很多香港的案件！大衛是一位友善和很有學養的紳士，我們其後亦曾在法院多次相遇，既有同一陣線，也有各為其主的時候。

返回《明報》的上訴，我當天早上九時左右便到達萊斯特的辦公室，這已是我第二次造訪他的大律師事務所（chambers）。英國的大律師事務所和香港分別不大，只是外貌和裝修較為古典，但最大的分別是英國仍然沿用書記制度（clerk system），所有對大律師的聘用均需經過書記，然後由他將工作分派給各大律師，故書記在英國大律師事務所的制度內是舉足輕重的人物。萊斯特事務所的書記是一位上了年紀的紳士，穿着深黑色間條西裝，面上掛着一副金邊眼鏡，他出門迎接我，然後引領我去萊斯特的辦公室。就如不少資深大律師一般，萊斯特的文件散布辦公室各處，有些轉聘他的文書（brief）仍然纏上紅色絲帶，甚至蓋上蠟章。這傳統在香港早已消失。我們花了一個早上重新審視我們的論據，確保一切就緒，準備踏上案件的最後階段。

在上訴庭我們只用了半天的時間，在樞密院的上訴卻用上了兩天的時間。案件甫一開始，五位法官便連珠炮地發問，他們已熟讀案件的細節，上訴完全是法官與大律師之間的唇槍舌劍，有些問題甚至涉及雙方沒有引用的案例，大律師對案情及案例的認識和造詣，便完全表露無遺。聆訊完畢後，法院決定押後宣判。

案件審結後，萊斯特帶我到上議院的陽台喝咖啡。上議院和樞密院只有一條馬路之隔，但原來樞密院有一私家小徑可直達國會，英國的三權分立，總是令人嘆為觀止！陽台俯瞰泰晤士河，陽光明媚的日子，尤其是經過一整天法院的辯論，在陽台的草地上享受和煦的春風確是令人嚮往，無怪乎當有人提出將上議院法院遷離國會的時候，有謠傳不少上議院的法官均有保留！英國的終審法院處於國會之內，這也是英國憲法中三權分立的另一矛盾。

　　樞密院在1996年5月20日頒下判詞，[4]或許嚴格而言，這份判詞該稱為意見，然後由英女皇作出決定，不過根據傳統，英女皇必須接受該意見。法院首先重新肯定言論自由的重要原則，然後平衡打擊貪污和第30條的範圍。法院認為第30條對打擊貪污有重要作用，但為保障言論自由，第30條的適用範圍只限於當時已有鎖定疑犯或是已對某一特定人作出貪污的指控。由於案發時並沒有任何鎖定疑犯，投訴人只是泛指可能有人觸犯法例需由廉署作出調查，故法院宣判在這階段第30條仍未適用，被告上訴得直。法院在判詞中詳細考慮言論自由和維護廉署調查的權力的需要，確認第30條符合《人權法案》的同時，收窄第30條的範圍，以取得一個合理的平衡。經過兩年的訴訟，雙方在判詞中均有所得。

　　樞密院最終同意原審法官無須答辯的判決，雖然基於不同的理由，但卻是來自查理斯當日盤問證人所取得的事實根據。這時查理斯已是上訴法庭的法官，我寫信告知他判決的結果，他給我一個手寫的回覆，指出法院判決說明他在原審時還是犯了不少錯誤！短短幾行字，卻顯出他在法律殿堂前的謙虛。自己有幸在同一宗案件中與三位極為出色的資深大律師合作，他們的風格和取向各異，但卻同樣具有對公義的不移信念，以及透過鏗鏘有力的辯論，堅定地力爭公義，但與此同時具有難得甚至是微妙而矛盾的謙卑和高貴。在公義的殿堂裏，我們各人只扮演一個卑微的角色，但卻是這份謙卑令公義顯得更加高貴。在查理斯的回信中，[5]我再一次看到那份謙卑，那份隨着很多社會上其他優秀傳統一起逐漸湮滅的情操。

4.　*Ming Pao Newspapers Ltd v Attorney General of Hong Kong* (1996) 6 HKPLR 103; [1996] 2 HKLR 239.
5.　沈澄法官在2000年11月去世，終年六十六歲。

3. 沒有澄清任何事情的澄清判詞

那是 1999 年 2 月 25 日的傍晚，我仍然清楚記得那天是星期四，因為當晚大律師公會執委會在下午五時正舉行每兩周一次的例會。由於當晚我要代表大律師公會出席立法會法律事務及行政事務委員會會議，在我抵達執委會會議時，已經是晚上七時，會議即將結束。

我還未坐下，主席湯家驊便對我說：「我有一個好消息和一個壞消息給你，你想先聽取哪一個消息？」

「先給我壞消息吧！」我回答說。

「壞消息是你明天將在終審法院代表大律師公會出庭。」1999 年 1 月 29 日，終審法院在《吳嘉玲訴入境事務處處長》一案（下稱《吳嘉玲》案）作出了非常具爭議的判決，[1] 法院認為它有權裁定全國人大常委會的決定是否符合《基本法》，這引起了內地強烈的不滿。在強大的政治壓力下，入境事務處處長決定提請終審法院就其判詞作出澄清，以紓緩一些對普通法沒有充分了解的人士的憂慮。這項申請極為罕見，因為法院已作了終局判決，一般不能在頒下判詞後再修訂判詞。大律師公會決定介入訴訟，反對該項申請。這是介入訴訟的充分理由，自己當然義不容辭，但又有多少人會在不到十五小時的通知下便要到終審法院出庭辯護？

「那好消息呢？」我問。

「好消息是律師團隊將由郭兆銘資深大律師（Clive Grossman SC）領軍，今天晚上大律師公會執委會有近半成員可提供協助！」郭兆銘是資深的刑法專家，為人親善隨和，我們在大律師公會共事了一段時間，但在專業上卻未嘗合作。會議隨着這「好」消息結束，執委會的幾名成員留下提供協助，包括何沛謙（Ambrose Ho，一年後成為資深大律師，並其後出任通訊事務管理委員

---

1. *Ng Ka Ling v Director of Immigration* [1999] 1 HKLR 315。此案涉及港人在內地出生的中國籍子女根據《基本法》是否享有居港權。

會主席）和林雲浩（Godfrey Lam，另一位非常出色的大律師，其後亦獲委任為資深大律師，現為高等法院法官）。這是一個夢幻組合。我們同時得到事務律師 Dorothy Siron 協助，她在大學比我低一屆，是一位高貴美麗的女律師。郭兆銘已安排了炒麵外賣，我們隨便吃幾口後，便捲起衣袖開始工作。

由於時間倉促，大家馬上分工合作。部分成員開始鑽研在什麼情況下法院作出判決後可以重新審視已頒發的判決。另一個團隊則處理程序問題，例如大律師公會是否有權介入訴訟。另一團隊則和事務律師準備第二天須要向法院提交的文件，並通知法院和與訟各方我們的介入。我們也聯絡上代表吳嘉玲的張健利資深大律師（Denis Chang SC），他認為這案涉及重大的憲法問題，大律師公會是應該介入的，這亦是一個較好的安排，因為作為訴訟的一方，他必須保護他當事人的利益，這可能會窒礙他對政府的澄清申請所能作出的陳詞。

到了晚上十時，我們已差不多完成所有的準備工作及論點。午夜前，我們的書面陳詞亦已完成，並且已經擬定了所需的文件。郭兆銘建議大家到此為止，回家休息，而他卻如所有出色的大律師般，繼續為案件作準備，直至他覺得完全掌握所有論據才作息。

我們第二天上午九時已抵達終審法院。由於我們是在極短時間內提出介入，事務律師得在早上處理大量文件和程序事宜。終審法院座落於砲台里的盡頭，砲台里是一條鋪上鵝卵石的林蔭小徑，由山下的中環通向屹立於小山丘上的終審法院，毗鄰是宏偉的聖約翰大教堂，從教堂再往上爬便是盤據在政府山上灰沉的中央政府大樓（現為律政署的辦工大樓，該地點亦易名為正義廣場）。終審法院是一座維多利亞式的紅磚建築，前身是法國傳教士的教堂。坐在砲台里之巔，法院俯視這個金融大都會的心臟。在山丘底法院的前方是一條短短的銀行街，街道兩旁是滙豐銀行總行和舊中國銀行大廈，正好分別代表昨天的大英帝國和今天的宗主國。銀行街的盡頭豁然開朗，前方是當時的立法會（於 2015 年成為終審法院）和維多利亞女王銅像曾經峙立但已再沒有皇后像的皇后像廣場，為殖民時代留下一點足跡。從皇后像廣場回望山丘上的終審法院，法院夾在滙豐銀行和舊中國銀行之間，正好預言法院要平衡西方的普通法和中國的文化價值。從砲台里的山丘到皇后像廣場，短短的一段路，將行政、立法和司法機構，財經金融和兩代主權直線連接起來，當中又見證了兩個多世紀的歷史滄桑變化。

早上九時三十分，法庭已經擠得水洩不通，當中有充滿熱忱的記者、關注事件的律師和好奇的公眾人士，不少律師因未能擠進法庭而在門外站立。橢圓形的法庭前身是個小教堂，並非設計作法院用途。除地方狹小，和終審

法院的地位並不相稱外，法院的音響效果亦差強人意。法庭中間是三排供代表律師陳詞的桌椅，兩旁和後排都已擠滿了人群，而所謂公眾席，原先是一個小偏廳作祈禱之用，公眾人士只能透過電視屏幕觀看法庭內進行的審訊。法院外則聚集了更多無法進入法院的人群，他們焦急地等待着聆訊的結果。

聆訊在十時正開始，由首席法官李國能，常任法官列顯倫、沈澄、包致金及海外法官梅賢玉爵士主審。郭兆銘首先提出介入申請，但隨即被列顯倫法官打斷：「若大律師公會有資格介入這訴訟，那香港律師會也該同樣可以介入，其他諸事八卦的組織也可以，那這訴訟豈非會沒完沒了？」大律師公會與律師會在這方面享有同樣的地位，這是沒有爭議的，但事實上，除了大律師公會外，律師會和其他機構都沒有提出申請介入訴訟。況且，當涉及法治和法院的管轄權時，又有哪個機構比大律師公會（以及律師會）更有資格和更合適提出介入申請？郭兆銘欣然回應，並禮貌和堅定地提出我們介入的理據。我們結束陳詞後，法院退庭商議一會，便宣布拒絕我們介入的申請，並繼續聽取政府的澄清申請。

資深大律師馬道立代表入境事務處作出陳詞，他是一位出色的大律師，後來成為第二任首席法官。馬道立侃侃道來，簡明扼要，不愠不燥地作出恰如其分的陳詞。跟着是張健利資深大律師代表無證兒童的回應。他緩緩地站起來，不徐不疾地說：「法官大人，我的當事人已經勝訴，故我今天的回應是以無損我當事人的權益為基礎。政府這項澄清申請，觸及了一個非常重要的憲法問題，這問題直指司法獨立和三權分立的核心。」張健利以憲法的基本原則作起點，徐徐指出為何法院不該批准這項申請：法律原則是明確的，一旦法院作出最後判決，就沒有權力重新審視或修改判決，這是重要的憲法原則，也是司法獨立的基石。張健利的陳詞涵蓋了我們原先準備的陳詞，滔滔雄辯之餘更是情詞懇切，論據擲地有聲，令聽者流淚，聞者動容。在這緊急關頭，一位傑出的大律師選擇迎接時代的挑戰，為公義和法治留下歷史的印記。

張健利完成陳詞後，整個法庭鴉雀無聲。一陣沈默後，終審法院首席法官宣布休庭至下午宣判。

下午，法院宣讀了一份簡短的判詞，亦即所謂的「澄清」。[2] 諷刺的是這份澄清並沒有澄清任何事情：政府希望法院澄清它沒有權力質疑全國人大或人大常委會的決定，法院的回覆是含糊的。在短短的判詞內，法院重複了四次它不能質疑也不會質疑全國人大或大常委會的權力做「任何符合《基本法》

---

2.   *Ng Ka Ling v Director of Immigration (No 2)* (1999) 2 HKCFAR 141.

的事情」！換言之，只要符合《基本法》，法院就不會質疑他們的決定。法院沒有說的是若他們的決定不符合《基本法》，法院是否同樣不會質疑他們的決定！儘管這判詞有點模棱兩可，但這澄清總算暫時紓解了法院所面對的壓力，因為法院願意作出澄清，這已被視為法院承認它對人大或人大常委會沒有任何管轄權。然而，這解困只是短暫性的。四個月後，人大常委會首次對《基本法》作出解釋，而這解釋明確地推翻了終審法院在《吳嘉玲》案的判決。[3]

儘管如此，當天我們沿砲台里離開終審法院時，感覺還是挺好的。至少，我們已盡全力捍衛我們的法制，這是法律界人士的基本責任，也是法律專業的良心呼喚。

根據《基本法》第158條，澄清並不影響「在此以前作出的判決」。這片語的涵義引發了另一輪訴訟，因為有五千多名兒童的情況和《吳嘉玲》案相類似，但吳嘉玲案只包括四宗有代表性的案件，其他相類似的案件全被押後，等候《吳嘉玲》案的判決，有些受影響人士甚至尚未提出司法程序，他們是否屬「在此以前作出的判決」而不受人大釋法的影響？入境處處長向他們承諾會按《吳嘉玲》案的判決處理，這些承諾又是否具約束力？在第二輪的訴訟，終審法院對實質性合理期望原則（substantive legitimate expectation）的闡述成為普通法內另一經典判例。[4] 至於在《吳嘉玲》案中所包括的四宗個案，我不知道其他三名申請人之後的去向，但最後一位申請人談雅然後來獲香港大學法律學院取錄。[5] 我最後一次見到談雅然是在港大畢業典禮上，我在台上宣讀她的名字並授予她法律學士學位。

---

3. 人大釋法的文本可見於 Johannes Chan, Fu Hualing, and Yash Ghai, eds., *Hong Kong's Constitutional Debate: Conflict over Interpretation* (Hong Kong: Hong Kong University Press, 2000), 478。

4. *Ng Siu Tung v Director of Immigration* (2002) 5 HKCFAR 1.

5. *Tam Nga Yin v Director of Immigration* (2001) 4 HKCFAR 251。談雅然在內地出生，由港人收養，一直在香港長大，案件的焦點是港人在內地出生的子女是否包括港人在內地收養的子女。她的上訴遭終審法院以四比一多數票駁回，但其後入境處處長行使酌情權讓她留港。她在港大畢業後從事保護動物工作。見香港電台：《現身說法》第二集：時代印記（https://video.law.hku.hk/a-legal-journey 現身說法 /）。

III

公共利益：誰的利益？

4. 大衛對歌利亞：維港填海案

這是一個關於法律和香港政府怎樣運作的故事。內容涉及數以億元計的大型基建項目，以及最後，一位頑固的老人，在保護我們珍惜的環境方面，可以做到多少？

> 他〔主角鄧羅斯（Dunross）〕盯着窗外的花園和在北方廣闊的城市及其下的海洋的全景。輪船、帆船和舢舨點綴着蔚藍色的海洋。晴空萬里無雲，沒有一點兒下雨的跡象。夏季的季候風徐徐從西南方吹來。他漫無目的地在想像，在他祖先的年代，乘坐快艇破浪乘風或迎着驚濤駭浪，會是什麼光景？
>
> ——詹姆士・克拉威爾（James Clavell）：《貴族之家》
> （*Noble House*），第 156 頁

我們以這段頗富詩意的文字，展開我們在原訟法庭的陳詞，為這宗動人心弦的維港填海案揭開序幕。這案件由一通電話開始，徐嘉慎（Winton Chu）是一位成功的事務律師，亦是我非常尊敬的老朋友。他問我可否願意在一宗可能會不太受歡迎的案件中出任代表律師，這宗案件他稱之為「大衛對歌利亞」的嘗試。他的律師事務所會是我的委託律師事務所，雖然嚴格而言，他將會是我的當事人，因為他在這宗案件中的身份會是保護海港協會主席而非律師。

在我還是小學生的時候，我們認識的維多利亞港是一個水深廣闊的港口，為遠洋輪船提供安全的避風港。除此之外，維港只是香港島和九龍半島之間的一片水域，對我們這些早年大半生居住在九龍半島的人而言，渡海橫越維港是一件令人興奮雀躍的事情，可以媲美學校帶領我們乘坐柴油火車前往沙田野餐！在未興建海底隧道之前，天星小輪是橫渡海港的主要交通工具，那時候的海港非常遼闊，小輪每天乘載數以十萬計的乘客往還維港兩岸。當半夜小輪停航後，夜歸的乘客便只能選擇一種費用較高昂的小艇，稱

圖二：1920年的灣仔和維多利亞港。照片由保護海港協會及徐嘉慎先生提供，謹此致謝。

之為「嘩啦嘩啦」（木槳划船的聲音）。對政府而言，過往百多年，維港是一個方便的土地供應來源。年輕的讀者可能較難想像，長沙灣、紅磡、土瓜灣、銅鑼灣、荃灣、舊啟德機場、葵涌的醉酒灣和觀塘都曾經是維港的一部分，這些陸地在1946至1967年間才從海面湧現。港島原來的海岸線是沿着皇后大道和軒尼詩道，而金鐘太古廣場第三期附近的天后廟，正是當年漁民出海的海濱。透過填海，九龍半島的面積翻了一番，沿着兩岸的海岸線不斷向維港伸延，在維港內的海島漸漸消失了。到了1984年，在不知不覺之間，沒有經過任何公眾討論或諮詢，維港已消失了一半。

香港的名稱和由來也是源於這個海港。自十九世紀以來，維多利亞港便出現在不少國家的文學著作中。作為大自然的恩賜，維港守護着這個十九世紀的漁村。到今天，她成為這個世界金融中心的核心，見證着香港的百年滄桑和蛻變。過去一百六十年，她目睹香港從一塊「貧瘠的岩石」（a barren rock）蛻變成為繁榮昌盛的國際大都會。不管是在動盪的大時代，或是經濟繁榮穩定的時候，維港和香港一直心心相連，因為香港這兩個字的意思便是「香」氣盈盈的海「港」。

1994年，城市規劃委員會（城規會）提出一項史無前例的大規模填海計劃。根據相關的文件，正在進行填海或已劃作填海用途的海港地區約有

圖三：維港兩岸最狹窄的地方只有約八百公尺：就如荷里活著名影星凱特‧溫斯萊特所言，這是維多利亞河。照片由保護海港協會及徐嘉慎先生提供，謹此致謝。

六百六十一公頃，另外有六百三十六公頃的海港地區將計劃進行填海工程。[1] 根據這項建議，涉及填海的區域包括西九龍、青洲、紅磡灣、中環、灣仔和愛秩序灣；青洲和香港仔之間的東博寮海峽將被填平，這是香港島前往澳門和很多離島的主要水道，亦是這區內最繁忙的水道之一，填平後將興建成為新的高密度住宅區。九龍尖沙咀碼頭以西的一大片水域將被填平，海運碼頭會成為內陸。從尖沙咀碼頭畫一條直線往鯉魚門，中間包括尖東、紅磡灣、九龍灣直至啟德機場跑道這部分的水域亦會全部給填平。在香港島，從港澳碼頭至北角會形成新的海岸線，將原來的海岸線推入海港近三百公尺，添馬艦總部及銅鑼灣避風塘亦會被填平。計劃完成後，維港的闊度會減少一半，海港兩岸的距離只有八百至一千公尺，大約一個標準運動場半條跑道的長度左右，難怪荷里活著名影星凱特‧溫斯萊特（Kate Winslet）在訪問香港期間，一時失誤但完全出於好意地稱維多利亞港為維多利亞河！水深廣闊的維港從此只會成為歷史陳跡。

　　曾任城規會成員的徐嘉慎，看到這份規劃文件的時候，感到非常震驚。他和思匯政策研究所（Civic Exchange）主任陸恭蕙（Christine Loh）成立了保護海港協會。這是一個非政府和非牟利組織，旨在保護維港，避免不必要的過

---

1. 一公頃相等於一萬平方公尺，或約十萬七千平方英呎。

度填海。陸恭蕙後來獲港督彭定康委任為立法局議員，並在1996年以私人法
案形式，成功提出和通過《保護海港條例》，條例在1997年6月30日生效。回
歸之後，政府一度嘗試終止該條例，但未能成功。該條例第3條作出禁止在
維港填海的推定（presumption against reclamation）。

　　一天，徐嘉慎帶同他的母親乘坐天星小輪，並告訴她政府這個大規模的
填海計劃。他的母親對他說：「你必須做點事情。」這個願望，引發徐嘉慎和
政府就維港填海的問題展開長達二十年的一連串訴訟。

中環灣仔繞道

　　2002年4月，當城規會通過灣仔北分區計劃大綱草圖時，機會便來臨
了。政府一直希望興建灣仔中環繞道，以紓緩中環和灣仔的交通擠塞問題。
這繞道容許港島東西行的交通無需進入中環或灣仔的心臟地帶，以減少中環
和灣仔的交通流量。這繞道從中環林士街開始，沿着隧道經過天星碼頭和會
議展覽中心，然後從灣仔北冒出地面，連接東區走廊。該項目橫跨中環和
灣仔北兩個規劃區域，並以會議展覽中心為分水嶺。從中環至會議展覽中
心的西邊屬於中區分區計劃大綱的範圍，灣仔北分區計劃大綱則覆蓋灣仔段
的繞道，從會展東面伸延至銅鑼灣避風塘，這一段需要沿着灣仔海旁填海約
二十六公頃。這部分的設計又可分為兩個大區：會議展覽區和銅鑼灣海濱區。

　　在銅鑼灣海濱區，現時的銅鑼灣避風塘將有百分之五十二的面積遭填
平，防波堤將會擴建為一個二點八公頃的海心公園（Harbour Park）。由於避風
塘內可供船隻停泊的區域會因填海而大幅減少，因此建議興建一條新的防波
堤，以建立一個新的船隻停泊區，以取代現有的銅鑼灣避風塘。

　　在會議展覽區，世界貿易中心以北的填海地區將會規劃作商業用途，供
興建酒店。港灣道以北和灣仔運動場以西的地段則規劃為綜合發展區。其他
填海地區則會規劃作不同用途，包括休憩用地、政府機構或社區、綜合發展
區及其他指定用途。這裏並計劃籌建一座展覽廳和一座海港博物館。

　　通過灣仔北分區計劃大綱草圖的過程亦相當有趣，並可以令人更深入了
解香港如何制定公共政策。政府首先公布草圖的第一稿作公眾諮詢。由於繞
道及填海將創造大量土地，多個機構均提出用地的提議，當中會議展覽中心
建議擴建展覽場地，因為展覽業務對香港的經濟發展至為重要，而香港市區
嚴重缺乏展覽場地。城規會接納這個建議，並修改分區計劃大綱草圖，加入
會展的擴建場地。這座建築會是龐然大物，頓時引來不少反對的聲音，尤其
是在附近擁有摩天大廈的主要發展商。他們認為會展的擴建場地過高，影響

這些摩天大廈的景觀。會展方面則堅持需要有足夠的展覽面積，城規會既要順得哥情又要不失嫂意，唯一的方法是減低會展擴建部分的高度，然後將擴建部分進一步擴展至海港以保留同樣的面積。另一個建議是沿着海濱興建長廊，讓行人可以沿着海濱漫步，但隨即有人建議，由於香港人喜歡購物，若長廊能容下一些商店，會令長廊生色不少云云。為了容納這些商業活動，必須擴闊長廊的設計，進一步伸延至海港。於是，一個原來為了紓緩港島北交通擠塞情況而設計的道路系統，以善用土地用途為名，漸漸改變成為一個提供商業設施和經濟發展的計劃。至於海港，又再次被視為方便的土地來源！

　　海心公園的建議更加有趣，這是在城規會主席的堅持下加插進去的，理由是體現將市民帶往海港（bringing people to the harbour）這個觀念。但諷刺的是這個海心公園的交通極不便利，由於這公園會以現時的防波堤擴建而成，遊客要橫跨兩條繁忙的高速公路才能抵達這個海心公園。遇上緊急情況，消防車及救傷車要抵達公園也會極為困難。香港旅遊協會和灣仔區議會均認為這個建議不大吸引，但最終這個海心公園還是加插在草圖大綱之內。這個海心公園的建議，既沒有做可行性研究，也沒有做環境影響評估，便可以列入分區計劃大綱草圖之內，成為令人側目的先例！

　　徐嘉慎認為這草圖大綱是個典型過度填海的例子，正好提供一個很好的測試案例，以確立一些保護海港的基本原則。他很快便組成一支強大的法律團隊，由剛落任證監會主席的梁定邦資深大律師領軍，成員還包括後來加入的一位非常能幹的年輕大律師鮑進龍（Jin Pao），他在2018年成為資深大律師。徐嘉慎並找來一位出色的倫敦御用大律師萬茂勤（Malcolm Grant QC）教授。他後來先後成為倫敦大學學院的校長及英國國家衛生局（National Health Service）的主席，之後獲委任為我們的大學教育資助委員會成員。2016年，他出任香港大學一個管治架構檢討委員會的主席，他的報告對港大的管治架構提出不少尖銳的批評，結果這個報告既沒有公開，更不談落實，只能成為歷史陳跡。我們的委托律師包括來自徐嘉慎律師事務所兩位合夥人謝澤權（Jeff Tse）和盧震宇（Toby Lo），及一位當時仍為助理律師的李偉傑（Dennis Li），他們都是非常出色的律師。謝澤權是事務律師團隊的領隊，也是在法律學院高我數屆的師兄。他的太太也是一位事務律師，在我初出道的時候，我們曾多次合作處理多宗令人心傷的內地兒童非法入境與香港家人團聚的案件。律師團隊非常辛勤，為案件的準備工作作出了非常重要的貢獻。他們的投入、專業和熱誠，令我印象深刻。由於案件涉及不少岩土工程方面的知識，因此我們亦聘用了一名顧問工程師。

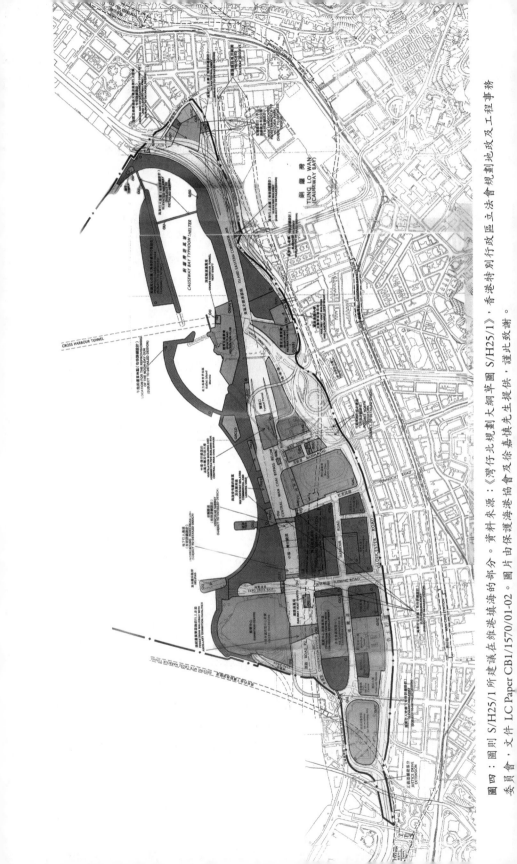

圖四：圖則 S/H25/1 所建議在維港填海的部分。資料來源：《灣仔北規劃大綱草圖 S/H25/1》，香港特別行政區立法會規劃地政及工程事務委員會，文件 LC Paper CB1/1570/01-02。圖片由保護海港協會及徐嘉慎先生提供，謹此致謝。

戰幔掀起

從一開始，我們便作出了幾個重要的決定，以界定訴訟的範圍。首先，繞道橫跨中區分區計劃大綱和灣仔北分區計劃大綱，兩個計劃都獲城規會批准，我們決定集中在灣仔北區那一段繞道，一來可以縮窄訴訟的範圍，二來亦較容易控制訴訟成本。因為涉及同一條繞道，故任何基於灣仔北區的訴訟所能確立的法律原則，亦同樣適用於中區。第二，我們並不反對興建繞道，並接受填海興建繞道以解決交通擠塞問題乃符合公眾利益。我們關注的是那些並非為解決交通擠塞問題所需的填海工程，例如灣仔北分區計劃大綱草圖中所建議的海心公園。第三，《保護海港條例》確立了一項禁止填海的推定，即是說，維港之內一般並不容許填海，除非有十分強而有力的理據推翻這項禁止填海的推定。鑒於海港的重要性和價值，我們認為若要推翻這項禁止填海的推定，必須要有壓倒性的公眾利益，而且填海的規模必須與這些公眾利益相稱。要確立這個論點，我們得克服兩個困難：首先，我們必須確立海港的價值。梁定邦認為最有效的方法是製作一套幻燈片，呈現海港的原貌和多年來因填海而失去了的海港部分。他當時正參與一部動畫電影的製作，那方面的經驗正派上用場。當時司法機構亦剛剛設立了一個科技法庭，我們這宗案件正是第一宗在這個科技法庭審訊的案件。

另一項困難比較技術性。法例並沒有指出如何推翻該禁止填海的推定，我們嘗試引入相稱性（proportionality）這個概念。這概念源於人權法，我們的挑戰是如何將這個人權概念移植到國際法中關於可持續發展的領域。我負責這一部分的書面陳詞，草擬了好幾個草稿，但還是不太滿意。一個星期日的下午，我決定沿着維港散步，希望可以得到一些靈感。灣仔鴻興道那一帶的海港，一直以來用作貨物起卸區，香港可能是全世界唯一的城市，在市中心將風景最優美部分的海港用作貨物起卸區。再向東行，香港遊艇會座落的岩石是維港唯一剩下的自然海岸線，避風塘內停泊了大量豪華私人遊艇。我從來沒嘗試在避風塘內吃海鮮，這好像只是用來吸引遊客的宣傳。海旁附近的午間禮炮，和附近的環境格格不入。沿着電氣道向東行，可能因為那部分的海港是一個死角，海水顯得混濁和骯髒。說實話，雖然我喜歡海，但對維港我並沒有太強烈的感覺。當時周圍有一些海鷗，在斜陽映照下，海水泛起一絲絲的金光，形成一個奇特和優美的環境。儘管這是一個死角，潮汐漲退令人感覺這裏還是有生命的，只要給予這個死角一個機會，大自然的力量絕對能令它重生。那一刻，我突然領悟到，這正是我們所謂的可持續發展。

　　那天的黃昏漫步，給我帶來不少領悟和啟發，亦令我對維港完全改觀，當晚我完成了我們的開案陳詞。

原訟法庭的聆訊

　　案件由原訟法庭朱芬齡法官（Carlye Chu J）主審，她是一位謙虛和非常能幹的法官，後來被任命為上訴法庭法官。梁定邦資深大律師以他一貫溫文淡定的語調，娓娓道出令人印象深刻的陳詞。視頻幻燈片以十九世紀末令人懷舊的海港開始，鏗鏘有力地展示海港怎樣成為方便的土地供應來源，以及在灣仔北分區計劃大綱草圖下，維港將會變成怎樣。城規會由後來成為終審法院法官的鄧國楨資深大律師（Robert Tang SC）代表，他提出非常具說服力的陳詞。他指出法例只確立了一個禁止填海的推定，而非禁止填海，這個推定可以被推翻。當然，所有公職人員必須考慮這個推定，事實上他們亦有作出如此考慮。當出現互相衝突的公眾利益時，這個推定便可能被推翻。如何平衡這些互相衝突的因素，這是政府的責任，除非政府的決定是任何合理的公職人員均不會作出的，否則法院不應干預。而且，只要填海的整體目的是要解決一些重要的公眾利益問題，法院應該尊重政府的決定，不應詳細介入項目的細節和要求政府對每一個環節的需要作出解釋。這是一般覆核行政決定的原則。

　　我們的回應是這典型的覆核行政決定的原則並不適用於此案，因為法例賦予海港一個特殊的地位，將海港形容為「香港人的特別公有資產和天然財產」，因此，任何嘗試推翻這個禁止填海的推定，必須和海港的特殊地位相稱。我們認為，只有在即時和迫切的重大公眾利益的情況下，以及沒有其他合理的替代手段時，這禁止填海的推定才能被推翻。根據這一原則，填海的範圍必須為公眾利益所需的最低限度，而每一部分的填海均需要有足夠的理據支持。法院接納我們的陳詞並判我們得直。[2]

2.　*Society for Protection of the Harbour Ltd v Town Planning Board* [2003] 2 HKLRD 787 (CFI). Section 3 of the Protection of the Harbour Ordinance provides that "(1) The harbour is to be protected and preserved as a special public asset and a natural heritage of Hong Kong people, and for that purpose there shall be a presumption against reclamation in the harbour. (2) All public officers and public bodies shall have regard to the principle stated in subsection (1) for guidance in the exercise of any powers vested in them."〔(1) 海港須作為香港人的特別公有資產和天然財產而受到保護和保存，而為此目的，現設定一個不准許進行海港填海工程的推定。(2) 所有公職人員和公共機構在行使任何歸屬他們的權力時，須顧及第 (1) 款所述的原則以作為指引。〕

在法院之外，由陸恭蕙推動的保護維港運動同時展開。大小不同的集會，成功地引起市民對維港的關注，當中保護維港的黃絲帶運動特別顯著。這運動要求支持保護維港的人士，將黃絲帶繫在沿着海岸的鐵欄上，短短幾天之內，一條長長的黃絲帶便從灣仔連接到中環。維港已不再是一片水域，它代表香港的歷史，也是這片土地上最突出的標誌。這一度失去光芒的東方之珠的海港，她的光芒又再重現，並重新確立了她在香港人的特殊地位和意義。

公眾利益訴訟的訟費

民事訴訟的一個顯著特色是訟費跟隨訴訟的結果，即是説敗訴的一方要負責勝訴一方的訟費。訟費指訴訟一方的訴訟支出，包括律師費和專家的諮詢費用。這規則成為公眾利益訴訟的主要障礙。當個人或團體為了一件有巨大公眾利益的事情提出訴訟，即使他獲得律師免費義助，仍然要面對一旦敗訴時，勝訴一方的龐大律師費用。再者，即使他勝訴，亦不等於他能夠追討回所有的律師費。訟費的計算方法有幾套不同的標準，一般而言，除非法庭另作決定，否則訟費是依據一般的標準（party and party basis）來釐定，根據這標準，勝方可以追討回約六至七成的訟費。換言之，即使勝訴，勝方仍然要支付約三成的律師費，敗訴一方則要支付自己的律師費和對方約六至七成的律師費用。

這宗案件，城規會提出高達一尺厚的工程顧問公司的報告作為證供；回應這些專家報告的證據時，我們亦要聘請顧問公司協助我們理解一大堆非常技術性的資料。這些費用全部由徐嘉慎個人掏腰包支付。法院作出判決後，我們要求法院以最寬鬆的標準（full indemnity basis）來評核訟費，理由是這宗訴訟完全出於公眾利益，沒有任何個人得益。法院批准我們的申請，並同時確立了一些重要的原則，在什麼條件下法院將會容許以最寬鬆的標準來計算訟費。根據這標準，勝方大約可以取回九成以上的訟費。這些原則日後為終審法院所確認，亦成為公眾利益訴訟（public interest litigation）發展的一個重要里程碑。

跨躍程序（Leapfrog Procedure）

針對灣仔北分區計劃大綱草圖的訴訟獲勝訴後，我們以為政府會暫停或重新考慮中區的填海規模，即天星碼頭至會展以西海域的填海工程。恰恰

相反，灣仔段的訴訟正進行得如火如荼的時候，政府竟然加快中區的填海工程。朱芬齡法官頒下判詞後，政府決定提出上訴。由於一項龐大的工務工程會因此受到延誤（最少在灣仔那一段），雙方同意採納跨躍程序，繞過上訴法庭，直接向終審法院提出上訴。這是一項特別的程序，只能在某些情況下才能應用，其中一項條件是雙方必須同意採納這個程序，另一項條件是案件只涉及對法律條文的解釋。我們這宗案件正好符合這些條件，而且判決的影響深遠，故雙方同意採納這個跨躍程序，這亦成為這宗案件的另一個首次：據我所知，這是首次啟動跨躍程序，亦是唯一一次，在以後的案件中，政府俱拒絕採納這個程序。

兩面不是人：夾在魔鬼與深海之間

對於因訴訟引致的工程延誤，政府極為關注。於是，當法院批出關於灣仔段的司法覆核許可時，政府便決定加快中區的填海工程，以造成即使政府在灣仔段的司法覆核敗訴時，填海工程亦已經無法逆轉的局面。勝訴一方只會獲得紙張上的勝利，不能改變填海工程的面貌。由於政府要加快中區的填海工程，招標在一段極短的時間內完成；招標工作結束後，幾個星期內便極速開展挖掘海床的工作，這樣的效率幾乎聞所未聞！不幸的是，這樣急速的招標程序，違反了世界貿易組織（World Trade Organization）訂下相關的公平原則。香港是世貿的成員，世貿亦確立了一些解決成員之間紛爭的程序。投標落敗的一方向世貿的相關委員會提出投訴，委員會作出仲裁，並判香港政府敗訴，這令政府處於一個非常尷尬的境況，正常的補救程序是將招標過程推倒重來，但這便失卻當初加速招標程序的目的。另一個補救方法是對投標落敗者作出賠償，政府最後選擇了這個方法。投標落敗者自然是開天殺價，聽聞政府作出了天文數字的賠償金額，並一直拒絕透露金額數目。儘管賠償的款項出自納稅人，但金額數目一直保密至今。

終審法院與海濱事務委員會

終審法院的上訴基本上是重溫在原訟法庭所提出的論據。鄧國楨資深大律師認同條例第3條禁止填海的推定是任何填海工程中一項重要、有分量和必須考慮的因素，任何公職人員在平衡填海的公眾需要和禁止填海這推定之間，必須給予禁止填海的推定充分的考慮。他亦接受必須要有重大的理由才可以填海，但卻認為這些理由是否足以推翻這禁止填海的推定，應由政府全

權作出。終審法院認為這個解釋並不符合法律的原意，法院對海港的敍述充分反映法院的基調，這部分的判詞值得充分引述：[3]

33. 正如我們從一開始便已指出，維港無可置疑是香港身份的中心部分，不論是從地理上考慮或是抽象地敍述，維港都是這個大都會的核心。法例對維港亦推崇備至：維港不單是一個公有資產，更是「特別」的公有資產，有別於一般的公有資產。推崇更不止於此，法例更確認維港是一個自然遺產。「自然」指這並不是人工雕鑿而成，而是大自然的一部分；「遺產」則指這是繼承前人的遺產，並將代代相傳。作為一個特別的公有財產和自然遺產，維港是屬於所有香港市民，這點亦再次確認，這是「公有」財產，讓香港人享有和享用。法例以這樣特別的方法形容維港，目的就是要在法律上確認它的獨特性質。

34. 正因為維港這獨特的性質，它必須受到保護和保存。這些法律原則的意思非常明顯，「保護」就是令它免於受破壞、防範和看護；「保存」則是要維護和保存現狀。我們必須再三強調，根據這原則，我們所要保護和保存的海港，是這個屬於香港人的特別公有資產和自然遺產的海港。

法律上確立了維港的獨特性質，在這基礎上，法院發展出一系列關於維港填海的原則。若要推翻這禁止填海的推定，必須要有凌駕性的公眾需要，意指即時和迫切的需要，這些需要必須是凌駕性的，超越「可取的、較優先的或有益的」的選擇，而且這需要必須在確定和合理的時間內出現。若果有其他合理的選擇，那便沒有凌駕性的需要。舉證責任在於那些試圖推翻這推定的人士，他們必須提出確鑿和具說服力的證據。只是口頭說填海計劃有凌駕性的公眾需要，而沒有足夠證據支持這論說，並不足以推翻這推定。

這個具有里程碑意義的判決，代表了在保護維港運動中的重大勝利，亦有效阻止了灣仔區段的填海工程，政府被迫重新考慮填海的規模。這個時候，社會大眾對保護和保存維港的意識大大提高，最終這部分的填海範圍獲大幅度縮減，政府放棄了海心公園的建議，並成立了一個海濱美化委員會，後來成為海濱事務委員會，負責優化和更好地計劃海濱的設計，並制定了新的標準和指引。部分原來的填海計劃，例如青洲連接香港仔的填海計劃，亦

---

3. *Town Planning Board v Society for Protection of the Harbour* (2004) 7 HKCFAR 1, paras 33–34.

被擱置或放棄。自此以後，政府基本上放棄在維港內再作任何填海（但卻不包括在維港以外的填海，例如機場興建第三跑道或明日大嶼的填海計劃）。就如聖經所載，大衛戰勝了歌利亞。

這一切聽來不錯，但繞道位處中區的部分又如何？

中區的填海計劃

上文已經提及，朱芬齡法官頒下判詞後，政府不但沒有停止中區的填海計劃，反而全力加快填海工程。保護海港協會遂申請臨時禁制令，政府辯說那些只是填海的早期工作，若有需要是可以還原的，但若停工便得對相關的工程公司作出沉重和以日計的罰款賠償。法院接受這觀點，拒絕頒發臨時禁制令。但隨著時光消逝，填海工程早已無法還原。於是，徐嘉慎被迫發起另一場戰役。

根據朱芬齡法官的判詞，城規會批准填海時犯上了法律上的錯誤，對《保護海港條例》作出了錯誤的解釋，因此她將灣仔北分區計劃大綱草圖發回城規會重新審議。雖然她的判詞是針對繞道的灣仔段，但這判詞明顯適用於繞道的中環段，畢竟這是同一條繞道，由同一城規會批准，並以同樣錯誤的解釋作出批准。

有別於灣仔北分區計劃大綱草圖，中區分區計劃大綱草圖已獲行政長官會同行政會議批准。於是，與其要求城規會重新審議中區分區計劃大綱，行政長官會同行政會議決定，根據朱法官所確立的原則，自行重新審議中區分區計劃大綱。政府委任了一名學者專家向政府提出意見，該專家的意見是儘管城規會採納了錯誤的法律解釋，但引用適當的法律解釋後，中區分區計劃大綱仍然符合法律的要求。最後，行政長官會同行政會議決定，無需對中區分區計劃大綱作出任何修改，填海工程可以繼續進行。

行政長官會同行政會議這個所謂重新考慮，完全令人難以信服。不過，由於政府採取了這些步驟，令這部分訴訟的重點有所改變。問題不再是政府是否採納正確的法律原則批准填海，因為行政長官已接納了朱法官所確立的原則，而是有否足夠理由質疑行政長官會同行政會議的決定，拒絕將中區分區計劃大綱發回城規會重議，包括是否有足夠理由質疑行政長官會同行政會議認為中區分區計劃大綱草圖符合朱法官所確立的原則的決定？這部分的聆

訊在終審法院就灣仔段的上訴頒下判詞後不久進行，該司法覆核被夏正民法官（Michael Hartmann J）駁回。[4]

尷尬的時刻

維港灣仔區填海的訴訟有多重重要意義：它是首宗使用科技法庭的案件，也是首宗對保護維港確立了重要原則的案件，更是首宗採取跨躍程序，直接向終審法院提出上訴的案件，亦是首宗就公眾利益訴訟確立影響深遠的釐定訴訟費用原則的案件。對我個人而言，這也是一宗具有特殊意義的案件。

原訟法庭聆訊的最後一天，首席法官李國能公布了最新一批資深大律師的委任，我不但榜上有名，而且還是香港第一位名譽資深大律師。這個任命有點意外：有一天，我突然接到首席法官的來電，他告訴我他正在考慮任命我為名譽資深大律師，問我會否接受這任命？這怎可能拒絕？這是法律界一項極高的榮譽，而根據大律師的傳統，這個任命亦包含維護和保護法治的重大責任。

中區填海案的聆訊隨即展開，由於我們的法律團隊當時仍集中處理灣仔段的訴訟，徐嘉慎遂委任了莫若智大律師（Mok Yeuk Chi）負責中區填海的訴訟，並由我出任莫若智的副手。莫若智是一位開朗和非常能幹的大律師，亦是港大法律學院第一批的畢業生。他和他的太太閤尚文律師（Lucy Yen）都是我的好朋友。我和露西（Lucy，閤尚文的英文名字）曾緊密合作，她是一位和藹可親和明豔照人的律師，亦曾經是港大法律學院校友會的主席。她從郭慶偉資深大律師手中接任成為校友會主席。郭慶偉資深大律師對校友會的發展貢獻良多，他與莫若智又在同一大律師事務所內工作。莫若智對案件仔細的準備功夫，令我獲益良多。當案件在法院開審時，我已獲委任為資深大律師。傳統上，資深大律師會是律師團隊的領軍，但在這宗案件中，我一直出任莫若智的副手，情況便變得相當尷尬。開審時，莫若智給我解除這尷尬的場面，他若無其事地站起來，徐徐向法院作出有力和流麗的開案陳詞，這陳詞更是我所望塵莫及，充分顯示法律團隊中領軍的風範。[5]更令我尷尬的是其後夏正民法官在他的判詞中寬宏地形容我為資深大律師！

---

4. *Society for Protection of the Harbour Ltd v Chief Executive in Council* [2004] 2 HKLRD 902 (CFI).
5. 根據大律師公會的專業守則，一位資深大律師在成為資深大律師的首年，在民事訴訟中，可以選擇繼續出任在他獲任命前被聘用為副手大律師的案件中的原有角色：見《專業守則》附件六第 8（b）(ii) 段，2017 年 7 月 20 日後成為第 6.23（b）(ii) 段。

添馬艦基地：烽煙再起

中區的填海工程穿越添馬艦海軍基地，根據《中英聯合聲明》，這個前英國海軍基地已移交人民解放軍，解放軍和特區政府亦同意將添馬艦海軍基地保留作為軍事用途，這意味着添馬艦碼頭附近的填海區域將不會向公眾開放。這項協議並沒有在中區分區計劃大綱中明確顯示，保護海港協會認為可以有可行的妥協方法，既可讓解放軍保留碼頭作軍事用途，亦可以讓公眾在沒有軍艦停泊的時候使用基地海旁的海濱大道連接中環和灣仔，令連接中西區的海濱大道不會在中途間斷。雙方就這方面的規劃問題僵持不下。2015年，徐嘉慎發覺他又要再一次扮演大衛的角色，向法院提出訴訟。執筆之時，案件仍未完結。

後話

2019年初，我和徐嘉慎午膳，他終於決定退休結業，並已結束他的律師事務所。在金鐘一間酒店的頂樓餐室內，我們望着維港，他回想第一次就海港興訟，已是二十多年前的事。由於他的堅持和不懈的努力，維港才終於獲得保存，香港人才得以繼續享受這珍貴的海港。閒來在假日的時候，我會在早上從西灣河沿着海濱跑步至北角。我心想，若有一天我們能沿着維港從柴灣跑到堅尼地城，從看到日出的一端跑到看到日落的一端，這會是多麼美好？這無疑就是徐嘉慎的夢想。對政府而言，徐嘉慎可能被認為是一個麻煩製造者，雖然這可能是一項榮譽！他盡全力保護維港，甚至因此影響到一些有權有勢的既得利益，他甚至收過一些針對他人身安全的恐嚇。然而，多年來他一直堅持自己的原則，無私地對公眾利益作出奉獻。根據記載，大衛戰勝了歌利亞，但這本好書沒有說，這場戰爭持續了二十多年，頑固的大衛終於戰勝了，但亦付出非常沉重的個人代價。面對強權而不屈，我把帽子摘下，向我這位老朋友徐嘉慎致敬！

5. 備受曲解的一宗案件：港珠澳大橋案

很少案件會像《港珠澳大橋》案[1]般備受公眾曲解，不少論者批評這宗案件為濫用司法程序，甚至指是造成港珠澳大橋施工成本大幅增加的主要原因。2015年冬天，終審法院前法官列顯倫在港大舉行的一個以濫用司法程序為題的公開演講中，便對此案作出強烈批評，認為此案根本沒有任何理據可以提出訴訟，而此案竟然能夠上訴至上訴法庭，令他感到震驚！

列顯倫法官從終審法院退休後，我便邀請他加入香港大學法律學院擔任名譽教授，讓他可以與學生分享他豐富的法律知識和經驗，同學能夠跟隨這樣一位傑出的法官學習，實屬難能可貴的機會。他的辦公室就在我的辦公室隔鄰，在他演講前，我們有好幾個下午一起喝咖啡，並就此案交換了不少意見。列顯倫堅信判詞必須簡潔清楚，他甚至在法律學院內設立了一個一年一度的藍鈴獎（Bluebell Prize），要求參賽的學生以清晰、簡明易懂的語言重寫一篇法院的判詞；他每年會選一篇判詞為題目，這比賽深受同學歡迎。在頒獎日，他除了分享對同學所重寫的判詞的評論外，亦會就法院的一些判案作出評論。

據我理解，他對港珠澳大橋案的部分不滿，源於判詞內用了大量篇幅討論很多非常技術性的條文，令判詞變得艱澀難明，這些討論甚至有點喧賓奪主，令人難以理解案件的真正論點。「有多少人能看得懂甚至能開始明白這樣的判詞？法院怎可以處理一宗對2031年的環境評估報告的覆核？未來肯定有很多變數，我們甚至不知道屆時科技的發展水平，而科技發展肯定會影響到該環評報告的可靠性。」列顯倫在演講中對判詞作出一浪接一浪的炮轟：「這些根本不是法院能夠處理的問題，法院怎可能批准這樣的司法覆核申請？這是徹頭徹尾濫用司法程序的明確例子。」

---

1. *Chu Yee Wah v Director of Environmental Protection* [2011] HKEC 555 (CFI); [2011] 5 HKLRD 469 (CA).

「但亨利，稍等一回，申請人不是在原訟法庭勝訴嗎？」我在咖啡店向亨利（Henry，列顯倫的英文名字）提問。

「這正是我百思不得其解的問題！」

我嘗試盡我所能提出我對案件的理解，他靜心聽我的意見，但並不同意我的見解。最後，他給我一個挑戰，讓我以簡潔的文字來解釋這宗判案。我姑且在這裏一試。

顧名思義，港珠澳大橋是連接香港、澳門和珠海的重大工程項目，橋樑橫跨香港一些在環境方面比較敏感的地區，因此多年來一直受到環保人士的關注。申請人居於橋樑香港段的地區，她質疑政府並沒有妥善執行該項目的環境影響評估。

政府選擇以2031年作為評估的相關年份，因為預計屆時橋樑的交通流量將達到頂峰。政府通過估算當時的空氣污染物量來評估大橋對環境的影響，認為空氣污染物量將處於可接受的水平。申請人並不質疑這個結論。

正如霍兆剛法官（Joseph Fok J）指出，法院並非處理是否應該興建大橋的決定，亦非處理香港政府採納的空氣質素標準是否合適。法院的角色不是決定政府政策，而是確保政府依法施政，並在法律的框架內執行政策。

同樣地，這宗案件並非關於以2031年作為相關評估年份的選擇是否恰當，亦非關於政府以空氣污染物作為量度標準是否合適，甚至並非關於相關的環評報告是否可靠。這些都屬行政機關處理的問題，除非這些決定是任何合理政府在相關情況下均不會認為是合理的，亦即公法所謂的不合理（*Wednesbury* unreasonableness），否則法院不應該進行干預；而就這些問題，申請人根本無法通過公法的不合理所要求的門檻。

不幸的是，大部分對這宗案件的批評，均是指向一些並非法院所要處理的問題。

在這宗案件裏，法院唯一要處理的問題是政府在減低環境污染的責任時所該採納的標準，政府的責任是只需保證橋樑的污染程度不超過規定的標準，還是要進一步盡力將污染程度減至最低？申請人認為是後者，而為了要將環境污染的程度減至最低，環評報告需要同時評核在沒有大橋時的污染狀況，有了這個起步點的單獨評估（stand-alone assessment），才能作出比較；單指在終點時的污染沒有超標，並不表示政府已盡力將環境污染減至最低（minimum adverse environmental impact）。舉例來說，若污染標準不能超過十分，政府的環評結果是屆時的污染程度只要不超過這標準，例如只會達到九分，這便符合減低環境污染的責任。但若目前的污染程度是三分，而政府其實可以做到七分但卻只做到九分，申請人認為這便沒有履行到盡量**減低**環境

污染的責任。環境並非污染物的垃圾桶，可以任由垃圾桶裝滿為止，但要作出這評估，便得對起步點的污染程度作出單獨評估。申請人並指出這個起步點的單獨評核的要求早已在相關的規劃文件中作出規定（即一般適用的「技術備忘錄」和在適用於該項目的「環境影響評估研究簡要」）。

政府並不同意，並反駁指相關的規劃文件並沒有要求為起步點作單獨評估。它進一步認為，環境評估是一個過程，而非關於環保的哲學或方法。即使政府沒有就起步點作單獨評估，它亦已履行了盡量減少環境污染的義務。

政府有責任遵守相關的規劃文件，尤其是技術備忘錄中所列載的原則、程序和對項目的要求等，在這方面雙方並沒有爭議，而這些文件的其中一項要求是政府有義務採取措施將污染降至最低。

一旦確定有義務將污染減至最低限度，剩下的問題便是政府能否在沒有進行在起步點的獨立評估下仍然能履行這項責任。相關的法例對此並無明文規定，於是答案便取決於對相關規劃文件的詮釋，而這一點正是原訟法庭和上訴法庭之間的分歧所在。原訟法庭的霍兆剛法官（後來成為終審法院法官）在詳細考慮了這些文件的規定後，認為這些文件的確要求一項獨立評估，由於政府沒有作出這項獨立環評，故裁定政府違反相關規定，並指示政府須補充進行獨立評估後才能繼續大橋的工程。政府隨即上訴，並要求上訴法庭盡快處理。四個月後，上訴法庭推翻原訟法庭的判決，認為相關文件內並沒有要求作獨立環評。

這基本上便是這宗案件的關鍵。法院要處理的只是一個簡單的問題，即根據對政府有約束力的相關規劃文件，政府有責任盡力減低對環境的污染，但文件是否要求政府必須進行起步點的獨立環境評估才能履行這責任？這問題的答案取決於相關文件的內容及對相關條文的詮釋，這明顯是一個恰當的法律問題，很難理解怎會屬於濫用司法程序，尤其是當申請人成功說服原審法官這項責任見於相關的規劃文件之中。

誠然，法院的判決令工程延誤，以致工程成本超出原來的預算，對庫房造成損失。評論者認為原審法官的錯誤令納稅人多付八十億港元的超支款項，這批評並不合理，因為並沒有證據顯示訴訟是令工程超支的主要原因。工程是在原訟法庭的判決後才停工，上訴法庭在四個月後便推翻原判，工程隨即復工。很難想像如何在短短四個月內，建造成本會增加八十億港元（即每天增加六千七百萬港元）！較為合理的解釋是有關方面對項目管理不善，造成龐大超支，而訴訟便順理成章地成為代罪羔羊。更加不幸的是，謠言重複了千百遍，便可能令人信以為真！

　　本案申訴人的其中一位代表律師郭榮鏗（Dennis Kwok）為公民黨成員，後來循法律界功能團體選舉獲選進入立法會。由於他的政治聯繫，有些論者便指責案件為公民黨在幕後策劃的政治鬧劇。雖然郭榮鏗已多次解釋，他的身份只是代表律師，案件和公民黨毫無關係，但謠言仍不斷繼續炒作。這些評論者並不明白，大律師代表當事人並不需要認同當事人的觀點或行為。否則，任何觸犯刑事罪行的被告皆無法得到律師代表！

6. 捍衛一宗不受公眾歡迎的
案件：社會福利案

你可知道什麼叫做沒有證據支持的意見？我們稱之為偏見。

—— Michael Crichton, 2004

要改變一個人的偏見相當困難，要改變社會的偏見則近乎不可能，不論何種形式的偏見，都是超越理性和無法理喻的。

孔允明女士來自內地，她在 2003 年 10 月與一位香港永久居民陳榮結婚。2005 年 11 月，她獲發單程證來港與丈夫團聚及定居。她在 2005 年 12 月 21 日聖誕節前夕抵達香港，獲入境處發給她七年的居留期，這使她成為香港非永久居民。

然而，香港的節日氣氛並沒有給她帶來任何歡樂，她抵埗前一天，丈夫不幸離世。她的丈夫住在公屋，但由於公屋登記名冊沒有登記已故丈夫的配偶，故房委會不容許她在公屋單位居住，並且馬上收回該單位。她的丈夫只留下九百八十二元給她。在舉目無親的情況下，她在這個城市度過一個無家可歸的聖誕節。

後來一個為街頭流浪漢提供庇護的慈善團體向她提供臨時庇護所，另一些慈善團體則給予她臨時的經濟援助，但她不願意向命運低頭，努力尋找工作。不過，對一位五十六歲的女士而言，找工作實在談何容易！她參加了政府的培訓課程，並先後在一間茶餐廳找到一份洗碗碟的臨時工（每天一百七十五元）和一份候補看更的工作（每天二百元，一更十二小時）。庇護所的開放時間是從早上五時半到晚上十二時，在茶餐廳工作的日子，她下班回來時庇護所已經關門，只好在公園睡覺。最終她唯有申請綜合社會保障援助（綜援）以支付她的住房需求，讓她能有足夠的休息，以便找到更穩定的工作。她的申請遭拒絕，理由是她未能符合七年居住的條件。

2004 年之前，申請綜援的居住年期為一年，但自 2004 年 1 月 1 日起，居住年期提高至七年。她要求社會福利署署長行使酌情權，豁免新的居住年期

要求,但遭署方拒絕。她的上訴亦遭社會福利上訴委員會駁回。根據社會福利署署長所訂下的指引,豁免居住年期的要求,只會在非常例外的情況下才會容許,單憑經濟上的困難並不構成例外的情況。上訴委員會認為她丈夫的逝世並不構成重大和她無法控制與意想不到的轉變,因為她的丈夫年事已高,也是長期病患者,並依靠綜援維生,她應該意識到自己不能在經濟上依賴已故的丈夫。又由於她在香港舉目無親,委員會認為「她較佳的選擇是返回內地居住」。

在法律援助署的協助下,她對社會福利署署長的決定提出司法覆核。孔女士的案件並不是單一的事件,不少同樣面對困境的綜援申請人,也是被社會福利署以同樣未能符合七年居住條件為理由拒絕申請。可是當他們尋求司法覆核質疑署長的決定時,署方總會提出和解的條件。根據孔女士的情況,若她質疑署長拒絕行使酌情權,署方同樣會提出和解,案件便會不了了之。她決定質疑七年居住期這條件,挑戰綜援制度。

在原訟法庭她由大律師潘熙(Hectar Pun,後來成為資深大律師)代表。她認為七年居住期的要求違反《基本法》第 25 條及第 36 條所保障的平等和獲得社會保障的憲法權利,法院駁回她的申請,孔女士遂提出上訴。

上訴由我領軍,潘熙相輔。我在之前的準備會議上首次遇見孔女士,她給我的印象是一位剛強決斷和堅毅不屈的女士,雖然她沒有受過高深教育,但卻有非常堅定的對錯觀念。她認為否決她的綜援申請是出於對新移民的偏見的結果,並準備一直上訴至終審法院。我告訴她這並不是一件容易的案件,她必須有心理準備應付漫長的訴訟,而且這不會是一宗受普羅大眾歡迎的案件,她的申請已經引來很多貶損的批評,社會輿論壓力只會增加她的心理負擔。我的擔憂不幸而言中,在接下來的日子,這宗案件引發鋪天蓋地的惡意攻擊,大部分是出於偏見和誤解。不同的原因令到案件一再耽誤,到終審法院開庭的時候,孔女士已經符合七年居住期的要求。她在會議上告訴我,即使司法覆核成功,她也不會申請綜援。她寧願自食其力,也不願倚靠社會福利,但對她而言,提出司法覆核是原則問題:新移民也應獲得公平對待。

居住條件的歷史演變

第二次世界大戰結束後不久,香港首次引進社會福利,以紓緩大批由內地逃避內戰抵港的難民的困境,初期的社會福利主要是提供熟食。1948 年首次引入居住條件,當時的要求是十年居住期。隨後隨着社會福利署的成立,

居住年期在 1959 年縮短至五年。當年引入居住年期要求的理據是政府不應不加規範地提供公共援助，以免吸引大量從中國湧入的新移民。1970 年，政府全面檢討制度，認為香港當時的社會發展可以支持更寬鬆的政策，以便更有效地應對貧困人士的需求。[1]於是，居住年期縮減至一年，並在 1993 年 7 月發展成為今天的綜援制度。過去三十年一直沿用這一年居留期的要求，直至 2004 年 1 月 1 日才提升至七年。

戰幔掀起

社會福利署署長由英國著名御用大律師彭力克勳爵領軍、陳樂信（Anthony Chan）大律師輔助（2017 年成為資深大律師）。我和大衛・彭力克早在 1980 年初便已相識，當時我們一起輔助萊斯特勳爵代表《南華早報》，反對政府申請禁制令，禁止該報連載一名英國前特工的回憶錄《我的反間諜生涯》。其後彭力克的事業一帆風順，成為倫敦炙手可熱的御用大律師。他經常來港參與訴訟，有一次我便取笑他，說他應該向大律師公會繳交全額會費。

當我抵達法院大樓時，迎面是兩批不同的示威者，一批支持孔女士，另一批人數更多的是抗議她的申請。隨着案件上訴至終審法院，示威人數亦開始增加。有些團體展示一些橫額，寫有對新移民極具侮辱性的標語。儘管我絕對尊重示威的權利，但我總在想，法院或法院大樓外的廣場是否適合進行示威的地方？這些示威對法官或律師不會有任何影響。法院代表理性、獨立和公義的價值，而這些價值與感性甚至帶有歧視和侮辱性的口號是格格不入的。

在上訴法庭和後來在終審法院的上訴，我決定將焦點放在社會福利的權利。這是一個策略性的決定，一來相對於確立歧視待遇，證明對一項基本權利的不合理限制會較為容易，因為要確立歧視待遇便要作出比較，但在這宗案件中，並不容易確立合適的比較對象。二來這是首次終審法院要處理社會福利權利的案件，藉着這案可以確立一些重要的基本原則。我們的論點是政府將居住年期由一年增加至七年，這決定屬於對社會福利的權利的一項不合理限制，因為延長的居住要求，並不能符合《基本法》第 36 條的要求，即對任何基本權利的限制必須符合理性（rationality）和相稱（proportionality）的要求。《基本法》第 36 條規定，「香港居民有依法享受社會福利的權利」，但第

---

1. 見終審法院於孔允明案中所引述的行政局備忘錄，1970 年 3 月：*Kong Yunming v Director of Social Welfare* (2013) 16 HKCFAR 950, at [14]。

145條同時指出，特區在「原有社會福利制度的基礎上，根據經濟條件和社會需要，自行制定其發展、改進的政策」。彭力克勳爵的論據是第36條並不賦予任何形式或水平的社會福利，獲得社會福利的權利必須受制於第145條所指的社會政策和經濟條件，並需同時符合一些申請資格和條件。政府必須不時調整這些資格或條件，以履行其在第145條下的責任。這兩條條款的關係，便成為法律爭辯的焦點。

何謂社會福利的權利？

我們首先面對何謂社會福利權利這難題。社會福利的範圍相當廣泛，種類繁多，不同類別的福利會有不同的申請資格和不同水平的福利。上訴法庭副庭長司徒敬法官（Stock JA）是一位我非常尊重的法官，他不斷追問我社會福利權利的定義，這權利究竟包含什麼？我是否說任何香港居民均有權獲取所有不同類別的社會福利，不論申請資格？若果不是的話，為什麼只針對綜援？我們的回應是第36條為社會福利的權利提供了憲法的架構，具體的利益和資格將由本地法律進一步規定，這是為何第36條所保障的是依法享受社會福利的權利。就第36條而言，為社會福利作出僵硬的定義並不合適，但不論我們採取何種定義，綜援肯定屬於社會福利的範疇。這權利受到法律的限制，而這些限制必須按照具體情況作出清楚的定義和讓公眾知悉。

上訴法庭不為所動，我們的論據必須假定每位香港居民均有權獲取所有不同形式的社會福利，我們不能單純考慮綜援，因為綜援只是眾多社會福利的其中一種。政府要同時考慮其他公共開支，故第36條必須與第145條一併考慮。這些條文設想在社會福利的範疇，政府必須考慮當前的經濟和社會環境，不斷制定和頒布政策以切合香港市民的需要。社會福利的權利不能保證所有或任何特定形式的福利。因此，司徒敬法官認為，社會福利的權利必定包含申請的資格和條件，這樣才能保證福利制度的可持續性，以保障當代和未來的世代。由此推論，任何福利的申請資格均屬於權利的一部分，而非對權利的限制。只要這些申請資格不帶有歧視性，便沒有違反社會福利的權利，這權利並不保證有任何具體的利益。

上訴法庭這論點出現兩個問題：第一，社會福利的權利變得沒有任何具體內容，因為它並不保證任何具體的利益。第二，根據法院的理據，申請資格構成權利的一部分，因此不受任何憲法約束，除非這些申請資格具有歧視性，換言之，社會福利的權利相等於不受歧視的權利，在享受社會福利的時候不受歧視，但卻不保證有任何社會福利。我們決定向終審法院提出上訴。

終審法院

　　終審法院由首席法官馬道立、李義法官、鄧國楨法官、包致金法官及海外法官菲利普斯勳爵（Lord Phillips）組成。政府方面仍然由彭力克勳爵代表。當天法院座無虛席，公眾席上坐滿了記者和關心這判決的公眾人士。那時候，社會上對新移民應否獲得綜援已經展開非常熱烈甚至頗為情緒化的討論，公眾亦熱切期望知悉終審法院對這問題的取態。我首先作出陳詞，在終審法院的辯論是極具挑戰性的：來到終局上訴的階段，法官的問題如連珠炮般來自四面八方，此起彼落。各位法官對我相當友善，但這並不妨礙他們提出極其尖銳和困難的問題。彭力克勳爵一如既往，滔滔雄辯，簡潔有力。上訴聆訊維持兩天，結案陳詞後，彭力克勳爵和我皆認為我將會敗訴，我相信我已說服了包致金法官，也可能說服了菲利普斯勳爵，但極其量可能只獲得兩位法官的少數反對判詞。

　　就何謂社會福利的權利這問題，我們在終審法院提出更細緻的論據。社會福利的權利必須有一定的實質意義，第36條的解釋亦須與主權轉移一併考慮。若果社會福利的權利有一定的具體意義，那必然是最少要為那些沒有資源維持最基本生活需要的人士提供一個安全網，令他們可以解決最基本生存的需要，這正是提供綜援的原因。與此同時，《基本法》的一項主旨就是保留原來的制度，包括社會福利制度。第145條提到在原有社會福利制度的基礎上，作出「發展」和「改進」。要發展和改進，那必須有一個起步點可以作比較，而這起步點必然是1997年7月1日當時的社會福利的水平。由此推論，第36條所指的社會福利的權利，並不只是一個抽象的概念，而是保留1997年7月1日回歸當刻的社會福利，包括當時的申請資格。我們同意社會福利必須附有申請資格，這些申請資格構成第36條所保障的社會福利的一部分，兩者合而成為香港居民根據《基本法》可享有和得到保障的權利。我們亦同意這些申請資格可以隨社會和經濟狀況作出改變。然而，任何在福利上的倒退便會受到憲法的限制，也即是說，這些權利的形式和水平可以得到改善或收縮，但任何收減必須符合憲法的要求，包括這些限制必須為達到合理目的而作出的合理手段，並同時是一種合乎比例的回應。[2] 在這個意義上，社會福利的權利便具有實質性的內容，而不僅僅只是不受歧視的權利。

2.　終審法院在判詞第37段指出，我的論據是社會福利只能提高但不能縮減，這點並不正確，我的論點是縮減社會福利必須由法律規定及符合憲法關於理性和對稱的要求。

　　終審法院同意社會福利的權利不止是不受歧視的權利，法院的判詞由李義法官執筆，他曾是我在法律學院修讀時的老師，亦是香港其中一位最受尊重的法官。他在判詞中指出，上訴法庭的解釋側重政府制定社會福利政策的角色，讓政府可以自由地制定任何領取福利的資格和條件，只要這些資格不具有歧視性，但「這便讓平等的權利完全吞噬了福利的權利」，令第36條沒有任何具體意義。[3]

　　終審法院認為，第36條旨在提供一個框架，一旦諸如綜援這些行政計劃形成了一套清晰而可預見的申請資格和規則，這些資格和規則便成為權利的一部分，受到第36條的保障。因此，第36條所保障的憲法權利是「1997年7月1日根據原有制度下綜援的福利及相關的申請資格和規則」。[4]這是一項非常重要的決定，因為它不單賦予社會福利權利的具體內容，並同時將1997年7月1日的福利水平給予憲制性的保障。在這宗案件中，申請者要符合一年的居留期，這申請資格屬於權利的一部分，但若將這申請資格進一步收窄，便必須要符合憲法的規定。這亦解釋了為何其後當法院認為七年居留期違反第36條時，綜援的申請仍然需要符合一年居留的要求，因為這一年的要求是原有權利的一部分。

依法享有

　　另一個有趣的問題涉及何謂「法律」。第36條保障「依法享有」社會福利的權利，我們認為，這七年居留期的限制只是一項行政規例，沒有法律的規範，因此並不能符合第36條的要求。事實上，整個綜援制度都只是一項行政計劃，沒有任何法律的規範。換言之，政府可以隨時輕而易舉地修改該計劃或任何申請資格。這並不止是一個技術上的問題。一項基本權利的限制必須由法律規範，這規定背後的理由是這會容許立法機關審議相關的限制，對基本權利的限制，不應只取決於行政機關的喜惡，這是法治的根本概念。要求由法律規範，旨在保證政府的決定不能隨意而行或具歧視性，莊嚴的法律程序亦保障了決策的透明度、合法性和公眾的認受性。我們同意在解釋何謂法律時必須要有一定的彈性，但無論我們怎樣作出定義，一項行政計劃也不能是「法律」；行政計劃的特點是由政府機關全權作出，無需經過任何立法程序。彭力克勳爵的回應是第145條提供了限制的法律基礎，我們的反駁是這

3.　見判詞第32段。
4.　見判詞第35段。

是一個循環論證，令「依法」的要求變得毫無意義。若果《基本法》保障一項權利，限制亦必須依法，但同時指《基本法》便是那個法律基礎，「依法」一詞便沒有任何具體意義。我們提出一個簡單的問題：既然要「依法」，那法律何在？

我們承認，這個論點會衍生一個難題：香港的社會福利制度，一向由政府以行政手段推行。有別於其他地方，香港沒有社會福利的條例，毫無疑問，這是出於行政方便的考慮。我們指出在英國、加拿大和澳洲，均有類似我們綜援計劃的社會福利法例，法例列出申請資格和上訴機制。換言之，要將綜援或社會福利制度立法化，技術上絕對沒有問題。不過，我們的論點亦同時意味，1997年7月1日，由於所有社會福利項目均並非依法設立，所有的福利計劃均會不符合憲法的規定！[5] 為解決這個問題，我們的回應是，1997年6月30日所存在的社會福利，構成了《基本法》所保障的社會福利的權利，《基本法》並不阻止政府繼續以行政手段提供這些福利，它的保障是防止這些福利倒退，因而任何對這些福利的限制便必須依法作出。只要1997年7月1日存在的社會福利計劃沒有任何變化或只有改善，便不會受到影響。只有當政府嘗試收縮福利的水平時，「依法享有」才會發揮影響，而當這種情況發生時，立法監督便明顯地變得重要。

這個論點不為上訴法庭或終審法院所接受。上訴法庭認為，第一，獲取社會福利的資格或條件並不屬於「限制」，因此無需符合「法律」這要求；第二，這些條件清楚明確，是一些公開和廣泛適用的規則，不允許任意或隨便的決策，而且是根據第145條所訂立的，故可被視為「法律」。[6] 同樣地，終審法院認為，當一套行政制度包含公開的內容、有系統的應用和恰當的行政上訴機制，這種制度便可被視為第36條所指的「依法享有的社會福利制度」。[7] 法院的理據大有商榷的餘地，因為這理據將行政計劃和法律的界線變得相當模糊。法律除了包含由選舉產生的立法會和行政機關之間的互相制衡外，它還包括一套莊嚴的程序。公開、有系統的應用和上訴機制是法律所包含的部分要素，但並不等於這些要素便是法律。這些要素不會將一些不是法律的東西變為法律，例如很多科學上的規律都是公開和有系統的應用，很多學校和機構都有自己的守則及上訴機制，但這並不表示這些規律或守則便是法律。

---

5. 基於這理由，李義法官認為這論點對孔女士沒有幫助：見判詞第26段。
6. 上訴法庭的判詞（CACV 185 and 153 of 2009），第73–74段。
7. 見終審法院判詞第25段。

綜援計劃無需經過任何法律程序，理論上，行政機關可以一夜之間完全改變這計劃。正如原訟法庭張舉能法官（Andrew Cheung J）指出，何謂在原有制度上發展和改進，政府是作出這些決定的最恰當機構，並同時受到立法會的監察，但若綜援只是一套行政規則，又何來立法會的監察？一方面，由於社會福利涉及公共資源的分配，法院會尊重行政機關的決定，不會隨便干預，因為這方面並非法院的專長，而監察的責任便落在立法機關。但另一方面，法院將法律的意思伸延至包括一項行政計劃，這便令立法監察無從說起。誠然，七年居住的條件曾在立法會財委會作廣泛辯論，但嚴格而言，政府無需將這問題提交財委會，因為政府不是要求立法會追加撥款，七年居住的條件旨在減少開支，而減少開支是無需財委會同意。無論如何，財委會並非討論政策的地方，亦無權修改任何申請綜援的條件或資格。法院對何謂法律的解釋，會令到對社會福利權利的限制不受立法和司法機關的監督！然而，由於終審法院已經作出裁決，何謂法律這問題，只能留待將來再作進一步的澄清。

主戰場

在原有制度下，申請綜援只需符合一年居住的條件，當我們成功指出將居住條件延長至七年屬於對社會福利權利的限制後，政府便得提出足夠的理據，支持這個限制是為追求一些合理的目的，並為落實這些目的合乎比例的手段，就此政府提交了大量的證據。這方面，就法院所應採納的審核標準，雙方亦展開激烈的辯論。簡單而言，我們認為社會福利是一項基本權利，故法院應該採納一個比較嚴格的標準，審核任何相關的限制，而有關限制只能局限於必須的範圍內（no more than necessary）。政府則認為社會福利涉及公共開支和政策，法院應該採取一個比較寬鬆的審核標準，除非是明顯地沒有任何合理的基礎（manifestly without reasonable foundation），否則法院不應干預。

終審法院並不同意社會福利是一項基本權利，而是一項和政府制定合適申請資格和福利水平的規則緊密相連的權利，因此，法院應該給予政府很大的酌情空間，只有當限制與所追求的社會目的沒有合理關連，或限制是明顯沒有任何合理的基礎時，法院才會干預。[8] 儘管如此，法院最終所採納的標準仍然是一個相當高的標準，它的結論亦偏向於合理關連多於合乎比例的回應。

8.　見判詞第42–43段。當法院指社會福利的權利並非基本權利時，它所指的可能只是因為社會福利涉及社會及經濟考慮而有別於公民及政治權利，而非社會福利的權利並不重要。關於社

　　一開始我們便提出兩點：首先，政府在採納七年居住期時，並沒有考慮其他年期。選擇七年的原因是因為這是獲得永久居留權所需的時間。我們認為引入七年居留的要求並非巧合，而是針對從內地來的新移民。若果政府擔心的只是財政上的可持續性，理應會考慮不同的居住期限，但證據顯示政府完全沒有考慮其他年期的可能性。第二，雖然社會上廣泛相信，大量新移民申請綜援是令到社會福利開支大幅增加的原因，但證據顯示，申領綜援者當中，新移民只佔約百分之十二至十五，綜援開支大幅增加的理由並非源於新移民。

　　政府辯稱，延長居住期的要求，主要是為了確保綜援計劃的長遠可持續性。它指出三個主要因素：(1) 在單程證許可計劃下，內地新移民持續來港，而香港沒有能力控制入境移民的人數；(2) 香港人口老齡化和生育率偏低；(3) 綜援開支及預期財政赤字上升。

　　隨着香港出生率大幅下降，單程證許可計劃成為影響人口增長和組成最重要的移民政策，1997 至 2001 年間，新移民佔人口增長的比率高達百分之九十三。根據單程證許可計劃，每天有一百五十個名額，主要分配給已享有香港居留權的兒童及港人內地的配偶，讓她們來港定居。大約一半來港定居的新移民是十八歲以下的兒童，約百分之六十五的成年新移民是婦女，主要為家庭主婦。法院指出，該計劃的目的是促進家庭團聚，這是一個合乎人道主義和值得稱許的目的，亦符合香港的需要，讓更多年輕人來港以減低整體人口老化的問題。然而，這些年幼的孩子需要有人照顧，因此，提升綜援的居住期限的要求，便和單程證許可計劃所要達致的促進家庭團聚的目的背道而馳，因為這會窒礙家長（尤其是母親）來港，或令不符合申請綜援資格的成年家長，要和豁免於居住期限的小孩分享綜援的福利，令原來只夠支持一名小孩的綜援金額，要分攤兩個人使用。

　　香港人口老化，但七年居住期對解決這個問題毫無幫助。在單程證許可計劃下，只有少數新移民是長者，當中更只有少數人士申領綜援（約百分之六點八），延長居住期所能減省來自老年申請者的開支是微不足道的。人口老化的根本原因是香港生育率偏低，而在單程證許可計劃下來港定居的新移民，大部分正好為十八歲以下人士。對人口老化問題的理性反應，應該是鼓勵年輕新移民來港定居，但七年居住期令母親不能來港照顧幼年兒童，令她們對來港望而卻步，這與人口政策背道而馳，是反制和不合理的措施。

　　會和經濟文化權利與公民及政治權利的分別，在國際間有相當多的討論，而共識是它們互相補足、同樣重要，差異只是程度上而非本質上的分別。

至於社會福利開支的增長，上文已經指出，新移民只佔整體綜援申領者約百分之十二至十五，[9]綜援支出總體增長顯然是由一系列其他因素所造成的。此外，由於一般來港定居的新移民為十八歲以下的人士，而他們是豁免於七年居住期的要求，因此，延長居住期的要求所能減省的開支，只佔綜援整體開支的一個很少數目。2001至2002年期間，綜援的整體開支是一百四十四億元，而估計因延長七年居住期所能節省的開支少於七百六十四萬元，這數目對減輕預期的財政赤字的幫助微乎其微，政府提交的證據，亦沒有顯示它會面對一個結構性的財赤。[10]就如李義法官指出，實行七年居住期的申請資格所能減省的支出並不顯著，顯示這限制並非旨在維護社會福利制度的長遠可持續性，亦和這目的沒有合理的關係。[11]事實上，面對法院這一系列數字的質疑時，政府不得不承認所能節省的開支微不足道，延長居留期限，亦並非為減低新移民所領取的綜援金額。[12]

這令政府剩下沒有太多的支持理據。它辯稱七年的居住期與其他情況如永久居留權和申請公屋的要求一致，但這種統一性是典型的官僚思考模式，終審法院形容這是「一個難以理喻的建議，好像說當福利是由社會資助時，統一的資格會有一些特殊的價值」。不同性質和不同類型的福利會要求不同的申請資格，「為求統一而統一，並不能構成一個合理的目的。」[13]

政府跟着指出，七年居留期反映申請人在一段長時間內對香港的經濟作出貢獻，這是另外一個奇怪的說法。首先，要求一些沒有經濟能力支持基本生活的人士對經濟作出貢獻，才有資格申領綜援是不合邏輯的。其次，這論點忽略了大部分申領綜援的新移民（百分之九十五為女性）要照顧孩子而未能出外工作，但單就她們幫助孩子融入社會，避免因家庭分散兩地造成的社會問題，已確實為社會作出了寶貴的貢獻。

最後，政府指出：（1）新移民來港前已獲事先警告，直至居住滿七年後他們才有資格申領綜援；（2）香港有其他的慈善組織；以及（3）社會福利署署長有酌情權豁免居住期的要求。法院並不為這些理據所動。事先警告儼如告訴那些持單程證的人士：「若你是貧窮，便留在家裏；若你不能負擔，便不

---

9. 見判詞第90段。
10. 2001至2011年間，只有在2002–2003及2008–2009兩個財政年度出現赤字，但已為其他年度的盈餘所抵銷。2008–2009年度的赤字主要源於外匯基金的表現不理想所致：見判詞第113–114段。
11. 見判詞第96段。
12. 見判詞第97段。
13. 見判詞第102段。

要來香港。」法院指出，這會嚇退新移民來港定居，與促進家庭團聚的目的背道而馳。至於其他慈善團體的支援，只能作為幫補，無法替代綜援作為提供基本需要的安全網性質；這甚至可能構成逃避責任，將政府的憲制責任轉嫁予私人慈善機構。最後，雖然社會福利署署長有酌情權豁免居住期的要求，但行使酌情權的準則極為嚴苛，只有少數成功的個案。法院對有大量申請人撤回上訴（百分之六十二至七十八）感到奇怪，唯一合理的解釋是他們被告知他們並不符合上訴的要求。事實上，如果以處理孔女士的上訴為例，連配偶的突然死亡也不能算是例外的情況，這酌情權不可能提供任何真正的保障。

基於這些理由，終審法院一致裁定，推翻上訴法庭的判決，認為七年居住期的要求與政府所追求的合理目的並無合理關係，這項限制亦明顯地沒有任何合理的基礎，違反《基本法》第36條的憲法保障。

偏見仍然持續

經過七年漫長的訴訟，孔女士終於尋得公義。這判決亦引發社會上大量人士的不滿，很多人仍然繼續責罵新移民佔去大部分的綜援申請，對辛勤工作和交稅的香港居民不公平。儘管這些指責和證據不符，但他們選擇不去細讀判詞或乾脆漠視相關的證據。判決頒布後很長的一段時間，針對新移民的侮辱性或歧視性言論仍然持續不斷，我甚至收到一些匿名信件，指責我破壞香港經濟！

孔女士勝訴後繼續當臨時工來維持生計，拒絕申請綜援。

7. 綺華的故事：外籍家庭傭工案

綺華的故事

我的名字叫綺華（Eva）。我來自菲律賓，已婚，育有三名子女。我擁有大學學位，由於菲律賓經濟不景，我和很多同鄉一樣，來到香港工作，1986年8月成為一位家庭傭工。離鄉別井，放下家人去到我從未踏足的地方工作，其實是一個很艱難的決定。在香港我不認識任何朋友，亦聽過很多關於家庭傭工被虐待或欺凌的可怕故事。我是透過中介公司找到這份工作的，而他們收取的佣金和介紹費，相等於我首六個月的工資。我後來才得知，這個介紹費遠高於法律所容許，但當時我急需這份工作，也只能無可奈何地接受。這其實也相當諷刺，為了改善財政狀況我才離鄉別井來港工作，但不合理的介紹費卻令我在來港前已負債累累！當我離開我的孩子，開始這充滿不確定的旅程時，我淚流滿面，憂心忡忡，擔憂去到香港會是什麼光景？

我的僱主是律師（我稱他為「先生」），他的妻子也是律師（我稱她為「太太」）。他們育有兩名子女，住在一棟多層大廈的一個單位內。當我加入他們的家庭時，兩個孩子才剛會走路，現在當然已是亭亭玉立的小姐和玉樹臨風的少年了。我現在還為他們工作，他們對我很好，視我為家人。我很幸運在廚房後面有一個屬於自己的小小房間。房間的面積僅能容下一張床，但至少那是我自己的小小世界。我沒有任何抱怨，因為我知道不少家庭傭工要和孩子分享睡房，甚至在廚房裏睡覺。我每星期工作六天，通常早上五時半起床，準備孩子上學，然後工作至晚上十一時，遠在孩子上床之後。有時候，先生和太太因工作忙碌或因晚上有應酬至深夜才回來，我還得給他們打點一下才能休息。先生和太太的父母常來探訪，尤其是當孩子還年幼的時候。他們不會說英語，我們只能通過手勢和身體語言互相溝通。不過，有時他們好像以為我聽得懂廣東話，當我不明白他們的意思時，他們會生氣，甚至說我愚蠢和故意不理會他們。早期，嫲嫲（先生的母親）會狠狠地咒罵我。每天工

作十八小時，在我比較清閒稍作休息的時候，她會指責我偷懶。當時我也覺得很委屈，但可以做什麼？我需要這份工作去支持我的家庭，只能獨自在自己的房間飲泣。我沒有人可以傾訴，更掛念我在菲律賓的孩子。不過，隨着時間消逝，我們的關係也得到改善。

星期天是我正常的休息日，除非僱主要求我改在平日休息。通常我會在早上八時便離開寓所，我其實並不想這樣早出門，可能的話，我也希望留在房間休息多一會，但若我留在寓所，便難免要繼續做家務。當我在家時，或更確切地說，當我在我的工作地點時，我很難對僱主的要求說不。況且，整天困在一個非常狹小的空間也不是一個愉快的經歷。通常我會前往中環與朋友聚會，但沒有太多地方可以去，因為大部分商業大廈均不歡迎我們。我通常會和朋友在中環太子大廈通往天星碼頭的行人隧道內相聚，那裏可以避開馬路上的塵土和夏天的暑氣，但若天不造美，下起滂沱大雨時，那裏也會成為澤國。我們將一些紙皮鋪在地上，那便成為我們的臨時樂土。我們在那裏，吃吃東西，唱唱歌，談天說地便度過一天。說實話，那裏的環境並不太好，但我覺得在那裏我重拾了自己的尊嚴，受到朋友的接受和尊重，至少，我和朋友都是同病相憐，遠離家庭和家鄉。有時候，一些過路人會給我們投以鄙視的眼光，但我很快便習慣了。畢竟「棍棒和石頭可能會折斷我的筋骨，但言語卻永遠不能傷害我」。

太子大廈外的遮打道路段，星期日通常都會劃為行人專用區，那裏有各式各樣的表演和娛樂，我的同鄉有時也會在那裏籌辦活動。天朗氣清時，那裏的氣氛就像嘉年華會，我喜歡在自己家鄉人中的那份感覺。有時我也會和朋友去大嶼山或郊野公園遠足，我們在空閒時所做的事情，和許多香港人沒有什麼分別。就像其他人一樣，我們也需要有正常的社交生活和朋友的支持。可是，我有些朋友的僱主要求她們只能在平日休息，以免她們和其他外籍家庭傭工混在一起，會習染一些「壞習慣」！

每隔兩年我便得重新簽訂僱傭合約。早期，這一直是一段令我感到非常焦慮的時期，因為我總不知道我的僱主會否和我續約。我有不少朋友，即使他們盡忠職守，努力工作，但僱主還是基於不同原因終止她們的合約，而且通常只給她們很短的通知期，甚至支付代通知金以便當天即時終止合約。合約終止後，我們只能在香港逗留十四天，根本沒有足夠的時間尋找新的僱主。也有些時候，我有些朋友因為和僱主發生爭執而遭即時解僱，我們認為解僱是很不公平的，但在這麼短的時間內，我們根本無法得到任何協助和幫忙。幸運地，我的僱主每次都和我續約，再簽新約前，我必須離開香港，我的僱主會給我購買最便宜的經濟艙來回機票，回鄉探親。

香港有超過三十四萬外籍家庭傭工，當中無可避免良莠不齊。不過，害群之馬只屬於極少數，但香港的媒體往往將所有外籍家庭傭工描繪為不誠實、奸詐，甚至有暴力傾向。事實上，我們絕大部分都奉公守法，辛勤為僱主工作。我們的工作時間很長，也不是每個人都有愉快的工作和居住環境，再加上言語溝通上的障礙，以及社會、宗教和文化背景的差異，令我們的處境變得相當困難。在超級市場裏，我們往往被當作小偷。星期天我們沒有太多地方可以去，即使在公眾地方，也感覺到我們不受香港人歡迎。於是，我們只能坐在天橋底或行人路上。有一段日子，我們被指責佔據了中環和維多利亞公園，即使我以為這是任何人都可以共享的公眾地方。有時候，我們會受到言語侮辱，甚至遭暴力襲擊。我們只是來香港工作，就如先生常常說，我們對香港的經濟也作出不少貢獻，讓很多太太可以外出工作，不用在家照顧子女或老人家。不過，這種認同也只是隨便說說，很多時口不對心。我必須說，很多時候我覺得我們是次等公民、廉價勞工，甚至在最壞的情況下，幾乎可以說是現代社會的奴隸。

我在香港居住了近三十年，但直至最近我才意識到我並不屬於通常居住在香港。當我申請永久居民身份時，人事登記處告訴我，不論我在香港住多久，我都無法成為香港永久居民，我們不屬於香港社會，這社會也不歡迎我們加入其中。

據我了解，《基本法》第20（2）（4）條提到，「在香港特別行政區成立以前或以後持有效旅行證件進入香港，在香港通常居住連續七年以上並以香港為永久居住地的非中國籍的人」，屬於特區永久性居民，有資格取得香港居民身份證。可是《入境條例》第2（4）（a）條卻規定，任何受僱為外來家庭傭工而留在香港，則其在港居留期均不得被視為通常居於香港。於是，只要我是外籍家庭傭工，即使我在香港度過一生，我也只能算是一位外來者，永遠不能獲得香港永久居民的身份。這公平嗎？《入境條例》第2（4）（a）條是否違反《基本法》？

對我而言，這是一個簡單的公義問題。世上很少地方會將那些長年對當地經濟作出貢獻的人士拒諸門外。我很多朋友在香港居住了一段很長的時間，但這問題比我想像中更具爭議。不少香港人擔心我們居住七年後便可以成為永久居民，甚至認為這個想法是醜陋和令人髮指的。但我反問，即使有這個權利又如何？僱主永遠可以在四年或六年後不和我們續約，他們希望我們繼續為他們服務，卻要我們永遠被鎖定為家庭傭工。香港有不少外籍員工，但他們並不受到同樣的制約。這是否因為他們被視為對經濟有貢獻，而外傭的工作卻不被視為具同等價值？很多年前，離婚時男士無需提供贍養

費，因為處理家務和照顧子女被視為沒有價值的工作。法院早已駁回這種過時的論點，並認為這屬於性別歧視，但在決定誰是香港永久居民的時候，卻沿用同樣的理據，這不是雙重標準嗎？

故此，當我獲悉我的同鄉 Evangeline Vallejos 決定向法院作出申訴時，[1] 我感到無比興奮！

漫長的訴訟

Vallejos 獲得法律援助，在原訟法庭和上訴法庭由李志喜資深大律師代表；在終審法院時，更獲英國資深大律師 Michael Fordham QC 聯同代表。人事登記處處長則由另一位英國資深大律師彭力克勳爵和周家明資深大律師（Anderson Chow SC）（後來成為原訟法庭法官）代表。案件的焦點是《基本法》第 24 條「通常居住」（ordinary residence）一詞的涵義。

在著名的案例 *Ex Parte Shah* [2] 中，英國上議院法庭認為，「通常居住」是指「一個人為了一既定和非短暫的目的（settled purpose），自願選擇在某一地方或國家居住，成為他當時日常生活秩序的一部分，不論時間長短」。「通常居住」的重點是居住地必須為有關人士一般習慣生活的地方，當一個人定期、習慣和通常在某地生活，便可被視為在該地「通常居住」。這宗案件是關於一名海外學生在英國就讀時，是否有資格獲得地方教育局的津貼。根據 1962 年的《地方教育法》（Local Education Act）第 1（1）條規定，地方教育當局必須對在英國修讀第一年課程之前三年在英國通常居住的人士提供教育津貼。上訴法庭認為原告人來自海外，持學生簽證入境，而簽證要每年續簽，故不能視作在英國通常居住。上訴時，英國上議院法庭認為上訴法庭過分側重申請人的移民身份。斯卡曼勳爵（Lord Scarman）指出，移民身份只不過是他入境時蓋在他的護照上的入境許可條件，這對他是否意圖在這國家建立居所可能可以提供指引，但卻不是一個決定性的因素。法官隨即在判詞中列出重要的考量原則：[3]

---

1. *Vallejos v Commissioner of Registration* [2011] 6 HKC 469 (CFI); [2012] 2 HKC 185 (CA); (2013) 16 HKCFAR 45 (CFA).
2. *R v Barnett London Borough Council, ex parte Shah* [1983] 2 AC 309, 343: "Ordinary resident refers to a man's abode in a particular place or country which he has adopted voluntarily and for settled purposes as part of the regular order of his life for the time being, whether of short or of long duration."
3. 判詞第 349 頁。

當地方教育局在考慮一項強制性資助的申請時，必須問這個問題：申請人能否證明他是習慣性和通常性地在英國居住，而且整段時間的居留是為了一個特定和非短暫的目的和出於他的選擇，除了偶爾或短暫的離去之外⋯⋯關鍵的時間不是將來，而是大部分或全部已經過去的日子，即在他抵達英國後和課程開展前的一段時間。他的學生移民身份及其逗留條件對考慮這問題的幫助不大，尤其是在整段時間內他是持續在英國居住，除非這段居留期是違法的。在這種情況下，他的非法居住便不能是「通常」的。

這項考量原則其後多次被採納，並廣泛應用到不同的情況。在原訟法庭，李志喜資深大律師根據這案例侃侃道出 Vallejos 的境況完全符合這原則。人事登記處處長則指出外籍家庭傭工受入境條件限制，情況絕非尋常，故其居住不能視為通常居住。處長強調以下幾方面：(1) 她們的標準僱傭合約只為期兩年；(2) 她們只獲准在香港逗留兩年，約滿後必須在十四天內離境；(3) 開始新的合約前，她們必須返回原居地；(4) 除非有特殊情況，若僱主提前解約，她們不能更換僱主；及 (5) 除在特殊情況下，不得申請家屬入境。

顯而易見，這些限制都是入境的條件，屬於斯卡曼勳爵認為無助決定居住是否屬通常居住的因素。關鍵的考慮不是入境時的條件，而是入境後的居住性質，即申請人是否一般性和習慣性地在香港定居，並以此地作為他的一般生活秩序的地方。基於 *Ex Parte Shah* 的原則，林文瀚法官（Johnson Lam J）駁回處長的論點。他的判詞值得詳細引述：[4]

171. 首先，外傭獲准入境及在香港逗留的條件是他們只能從事特定僱傭合約下的家庭傭工的工作。即使合約提早終結，外傭亦不能另覓僱主，而合約終止後，即使是提前解約，外傭亦只能在香港多逗留兩個星期。然而，依我看來，這些限制並沒有改變外傭在港逗留期間，她居住在香港的性質。她自願來到香港居住，目的是在這裏工作一段時間。雖然她局限於一位僱主，並在合約終結後必須離開，但這亦無損她來香港的主要性質。當她在香港時，這裏就是她正常生活秩序的一部分。

172. 第二，在香港，外傭必須在僱主的住所工作和居住。彭力克勳爵指出，這表示外傭無法建立居所和她本人獨立的生活方式。這點

---

4. [2011] 6 HKC 469，第 171–175 段。

我並不同意，更不用說因為外傭得在僱主指定住所工作和居住便可得出這樣的結論。就如其他僱員一樣，她們受到《僱傭條例》的保障，每星期可以有一天休息天，以及和其他香港僱員一樣享有法定假期。在休息天和假期，她們可以自由地參與娛樂、宗教或社會活動，或追求其他生活享受。至於平日工餘之暇的時間，外傭可以和僱主達成協議。就如這宗案件的申請人一般，只要僱主給予她足夠的空餘時間，她可以兼讀進修課程。或者，若她有足夠的空餘時間，她絕對可以和一般香港人一樣，在工餘時間享受生活的其他方面。我同意有些活動可能因為她們缺乏獨立的居所而難以參與，但很多香港居民無力負擔自己的居所，他們也會面對同樣的困難，不能因為僱主提供給外傭的居所非常有限，因此推論外傭便不能享有和一般香港人同樣的生活模式。況且，有些外傭在較富裕的家庭工作，她們的居住環境和工餘時間，可能比很多本地人士要長時間工作為口奔馳來得優勝，這點我絕不會感到驚訝。我必須強調，我並不是認為這是一個典型的比較，但即使這些非典型的情況，亦足以指出大律師在這方面的論據的謬誤。

173. 至於建立獨立的家居，這可以和彭力克勳爵所依據的最後一個特點一併考慮，即外傭不能攜帶或申請家屬來港。我不認為這些特徵對考慮是否通常居住有任何實質關係。*Shah* 案的考量原則並沒要求必須有能力建立一個獨立的家居或攜帶家屬到他居住的地方，他才能被視為通常居住，斯卡曼勳爵亦確認教育和工作可被視為在一地居住的非短暫目的。我明白這些目的和建立家庭和攜帶家眷到居住地並非互相排斥，然而，我的重點是無法達成後者，並不妨礙前者以追求教育或工作作為居住的非短暫目的。

174. 第三，彭力克勳爵指出，外傭的僱主必須支付外傭來港和返回原居地的費用；若外傭不幸逝世，僱主必須作出適當的安排。大律師亦指出在完成合約後，外傭必須返回原居地，並辯稱這些措施的目的，是促進和維繫外傭和原居地的聯繫。這裏我再次指出，這案件適切的原則是在 *Ex Parte Shah* 案所確立的考量原則，而非一般性地考慮在哪些方面，外傭的居住性質有異於常人。故此，我認為這些特徵並沒有什麼重要意義。與本國保持聯絡，這一點對外傭是否意圖以香港為永久居住地有關，而非與是否通常居住有關。將這些特徵應用於通常居住，變相等於將「通常居住」和 Domicile 兩個不同

的概念互相混淆，而這點正是斯卡曼勳爵努力指出的謬誤。就第24
(2)(4)條而言，這是將「通常居住」的要求和永久居住地的要求互
相混淆。就如斯卡曼勳爵指出，從字面的自然和普通意義來說，一
個人可以同時間在兩個不同的地方通常居住。故此，當外傭和她的
國家保持聯繫，並不等於她不能在香港通常居住。

175. 雖然我將彭力克勳爵所列的特點濃縮扼要地作出分析，但我相
信我已涵蓋了他所列出的所有特徵。總括而言，不論從個別或整體
考慮這些特徵，它們都不能令外傭的居留超越第24(2)(4)條所指
的通常居住。

綺華的聲音

獲悉原訟法庭的判詞時，我們都感到興奮莫名。法官的理據極具說服
力，畢竟，外傭在香港的生活與其他香港人並沒有太大分別，我們來香港居
住的目的是工作；我們勤奮工作，在法定假期休息，雖然我們的工資不高，
但仍然可以用我們的方法享受人生。工餘的時候，我們可以在香港隨處走
動，與其他香港人一樣享受我們的自由和權利。香港已是我們正常生活秩序
的一部分，我們很多人在這裏居住了很長的時間。這裏有我們的朋友，雖然
我們的家人在海外，但香港很多海外僱員何嘗不是如此？如果這種居住不是
「通常」，那什麼才是「通常」？

上訴

可惜，我們的興奮並不能維持太久。林文瀚法官的判詞在社會上引起極
大的迴響。他的判詞先後為上訴法庭和終審法院所推翻。法院之間的分歧在
於「通常居住」是指一個人怎樣安排他習慣和一般的居留作為慣常生活秩序的
一部分，還是一些入境限制令居留的性質變得不再通常。政府要上訴成功，
便必須克服 *Ex Parte Shah* 所設下的關卡。

在終審法院，雙方同意「通常居住」一詞應該被賦予「自然和普通的意
義」（natural and ordinary meaning）。同時，這片語的解釋應取決於相關條例的
背景和目的，因此這片語在某一環境的意思，可能會有別於在另一環境的意
思。在這階段聯同李志喜資深大律師代表 Vallejos 的倫敦御用大律師 Michael
Fordham QC，鏗鏘有力地指出外傭符合 *Ex Parte Shah* 所指的通常居住，強調

她的生活與很多來香港從事商業、教育或就業的人士無異；她並非來港作短暫停留，而是通常居住，以香港為她一般生活秩序的地方。

彭力克勳爵則指出，*Ex Parte Shah* 的原則只是一個起點。他認為在提供教育資助給海外學生或針對避稅行為時，給予「通常居住」一詞寬闊的解釋是恰當的。反之，當法例的背景是對入境作出限制和對外籍人士給予居留權的時候，同樣寬鬆的解釋便不適宜。由於外傭的居留條件非常嚴苛，她們屬於一個例外的類別，她們的居留亦不能算是「通常居留」。終審法院同意這論點。首席法官馬道立認為：

> 83. 當某人宣稱為通常居留時，那便必須審視那人的具體情況，看看可有任何特徵會影響到他的居留的性質和素質。若有這樣的特徵，便得繼續追問，這些特徵會否令這個人的居住質素遠離傳統上被認為是通常居住的情況，從而作出他並非通常居住這個結論。這必然是一個事實和程度的問題。「通常居留」一詞總有些邊緣地方是無法確切作出定義。

首席法官跟着指出，《基本法》第 24 (2) (4) 條是針對宣稱有居留權的人士的入境資格，當它提到七年通常居住的期限時，「入境限制」必然是獲取居留權資格的過程中一項隱含的因素。馬法官這論點有點難以理解，因為他似乎表示，通常居住是在入境那一刻便決定的，這似乎有點有違常理。無論如何，法官作出這樣的結論：

> 88. 採納以上的方法，很明顯可以看到，外傭的居留的性質和質素均有異於普通人士的居留的特徵。作為總結，每次外傭獲許可入境時，這種許可只限於作為家庭傭工，並規限於與特定僱主的僱傭合約。外傭必須在僱主的住所居住，入境許可亦只限於該僱傭合約及合約的期限。約滿後外傭必須返回其國家。早在入境時，外傭已獲清楚告知，許可並非作定居用途，外傭亦不能攜帶家屬在香港居留。

> 89. 很明顯，我們認為這些特徵令外傭的居留的質素遠離於傳統認定的普通居留，因此，這一類別的人士，並不符合第 24 (2) (4) 條所指的「通常居住」。

返回綺華的故事

對我們而言，終審法院的判決有如晴天霹靂，令我們感到極度失望。這不單是判決的結論，還有判決所展示的那種缺乏對我們的際遇的敏感性。法院基本上說，鑒於那些苛刻的入境條件，我們的居留不能被視為通常居住。但入境條件正是斯卡曼勳爵否定為決定性的因素，因為入境條件是在入境那一刻決定的，而通常居住是關於入境之後的居住質素。法院甚至沒有嘗試解釋為何這些入境條件是重要的，相比之下，林文瀚法官便對相反的結論作出了詳細的解釋。我們不能攜帶親屬入境居留，但這和我們的居住是否通常又有什麼關係？

我的僱主對終審法院的判決也感到非常失望。他告訴我香港大學前校長王賡武教授持有澳洲國籍，當他受香港大學聘任時，他並沒有香港的居留權。他持工作簽證進入香港，除非他的簽證獲續期，否則約滿後他並無權在港居留。根據他的合約，他必須住在大學校長宿舍，宿舍部分是用作舉辦大學活動的用途。在他的合約結束後，大學會為他提供機票前往他打算去的地方。王校長和我的情況有沒有實質分別？當然，比起外籍家庭傭工，大學校長是一份地位崇高的工作，工資也比我高幾百倍。他的合約是五年，可以續約一次，我的合約是兩年，過去三十年不斷續約。他約滿後可以申請繼續在港居留，但這屬酌情性質，雖然入境處不太可能拒絕他的申請。我的情況剛剛相反。他可以帶同配偶來港，但這也是酌情性質而非權利。和我一樣，他必須住在僱主的居所，不過大學校長的官邸是四千多呎的獨立屋，還有五千多呎俯瞰維港景色的花園，而我的房間是四十呎左右，只有一個細小的窗，望着隔鄰大廈的外牆。同樣地，我們的僱主都需要為我們提供回程機票，不過王校長當然是乘搭頭等機艙，而我則是乘搭最廉價的經濟客艙。某個星期天我曾在維園遇見他和他的太太，我們都是以同樣方法享受我們的周末。我對王校長充滿敬意，他是一位傑出的大學校長和優秀的學者，但撇除所有的酌情權和財務差異，我們之間的個案又有什麼真正的區別？但他的居留屬通常居留，我的則不是。

毫無疑問，終審法院的判詞博大精深，大部分的論據都是關於 *Ex Parte Shah* 的考量原則是否適用，但當法院認為這原則並不適用時，法院卻沒有確認適用的原則。我明白「通常居住」一詞的意思得視乎環境而定，但我卻不明白為何不同的環境可以產生不同的衡量原則？而且所謂新的衡量準則是空泛、模糊和沒有清楚界定的。居住的性質要如何「不尋常」（extraordinary）才會令居住不被視為「通常居住」？終審法院說這是一個事實和程度的問題，但

這並沒有說明什麼。法院唯一引用的案例是一宗關於囚犯的案件。一般常識也會告訴我們，在監獄被囚禁當然不是通常居住，但我們的情況是否可以和一名因為觸犯刑事案件而每天十多小時被困在三十呎的監倉內的囚犯相提並論？但這宗案例是終審法院唯一引述，支持其對「通常居住」採納不同解釋的理據。或許，有些人潛意識地認為，我們和在囚人士的情況不相伯仲！

這個判決受到社會部分人士的歡迎，政府亦可放下心頭大石。但這是否一個公平的裁決？諷刺地，這裁決鞏固了長期以來對外傭這階級的歧視和偏見，不論我們對社會經濟有多少貢獻，法院再一次確認我們是二等公民。不論在判決前後，政府均沒有關注我們的境況，亦沒有嘗試根除或至少減低社會對我們的偏見。這判詞奠定我們二等公民的地位，而政府則可以將所有針對我們的偏見、歧視和不公拋諸腦後。我知道我們收入微薄，人微言輕，但這並不表示我們應該受到剝削。我們只是想得到公平和有尊嚴的對待，這是否太過苛求？

8. 老大哥在看着你：秘密監察

雖然現時大部分人認識的我是一位公法學者，但我開始我的教學事業時，主要是教授私法。在大學任教的頭十年，我曾教授個人財產、商買法、合同法、侵權法等私法學科。當時法律學院學士學位的課程緊隨英國傳統的學士課程，除了法律哲學（Jurisprudence）一科外，其餘的學科均為法律執業必不可少的學科。1987年，我的同事賈偉林（Bill Clarke）引進了「公民自由」（Civil Liberties）這個選修課，他邀請我和他一起任教這門學科。賈偉林是一位非常博學的學者，我從他身上學到不少東西。他來自加拿大，個子高大，永遠衣履整齊，有點害羞，而且很容易便臉紅，但在辯論的時候，卻可以滔滔雄辯，據理力爭。後來他離開大學，成為一位非常出色的律師，但他仍然堅持他的學術工作，更出任《香港民事訴訟實務》（*White Book: Hong Kong Civil Practice*）一書的編輯，這本書堪稱為民事訴訟的經典，是所有從事民事訴訟的律師必須參考的典籍。「公民自由」一科非常受歡迎，並吸引到不少有理想又願意尋根問底的同學，例如後來成為我的同事的張達明和戴耀廷、出色的記者劉進圖，以及後來成為資深大律師和高等法院原訟法庭法官的周家明。

備課時我偶然接觸到當時的《電訊條例》，第33條是這樣的：

> 每當總督或獲總督為此而一般地就任何個別情況授權的任何公職人員認為為公眾利益起見而有此需要，可命令不得發送已帶來以藉電訊發送的任何訊息或任何類別的訊息，或命令截取或扣留或向政府或該命令所指明的公職人員披露已帶來以藉電訊發送，或已藉電訊發送或接收或正在藉電訊發送的任何訊息或任何類別的訊息。

這段文字絕不容易理解，它基本上説，港督可以授權任何公職人員截取任何電訊，我好奇地想知道這條條例如何運作，於是寫信向政務司司長查詢。我並不想知道個別截取通訊的例子，而是想知道這個制度如何運作。在信中我提出了一系列的問題：

1. 港督可以基於公眾利益的理由授權截取通訊，我相信公眾利益包括防止罪行，但未知是否有更詳盡的指引說明何謂公眾利益？
2. 港督可以授權任何類別的公職人員進行截取通訊，我相信警方和廉政公署均獲授權，但除了這兩個機構外，我想知道是否有其他公職人員亦獲授權行使這項權力？
3. 在獲授權行使這項權力的公職人員中，可有規定這些公職人員的職級？例如什麼級別以上的警務人員才能行使這項權力？
4. 在截取通訊的過程中，總會有不少通訊和行動的目的是完全沒有關係的，對這些無關的訊息將如何處理？會否保留這些訊息？若會被保留，將會保留多久？誰人作出決定？誰人有權閱覽或索取這些訊息？
5. 就與截取通訊的行動相關的訊息而言，這些訊息會被保留多久？誰人有權索取這些訊息？是否有相關的指引界定這些訊息的用途？這些訊息能否用於和調查行動無關的用途？

我當初並不期望政府會給我回覆，故在幾個星期後，當我收到政務司司長的回覆時，我感到非常意外。政務司司長客氣地感謝我對事件的關注，他確認政府就我信中所提及的各項問題均有詳盡的指引，但這些指引均屬機密文件，不能披露！這是多麼高的透明度！

1991年《人權法案》通過以後，我寫了一篇文章，指出《電訊條例》第33條可能會被成功質疑。該條源自英國的成文法，而該英國的成文法已被歐洲人權法庭認為是違反《歐洲人權公約》中對私生活權利的保障，[1] 英國政府因而在1985年修訂新的《截取電訊法》，但該法例並不適用於香港，故此我指出香港政府需盡快檢討我們的《電訊條例》。

1996年底，香港法律改革委員會（法改會）亦作出相同的結論，指出第33條違反《人權法案》。當政府仍然拒絕作出任何修改時，涂謹申議員成功以私人法案形式修訂了第33條。該修訂以英國1985年的法律為藍本，但修訂草案遭到政府反對，最後在回歸前獲立法局多數通過。在法案的最後階段，政府認為修訂一旦通過，政府需要時間修訂其內部程序，故提出修訂案在日後由政府指定的日子起才生效。這是立法程序中相當普遍的一種處理方法，建議亦獲立法局接受，當時大家相信，法案會在合理的時間內生效。

可是，政府遲遲沒有訂定法案的生效日期，最後這法案更成為香港第一條仍未生效便遭廢除的法案！廉政公署和警方繼續依據內部守則進行秘密監

---

1. *Malone v United Kingdom* (1984) 7 EHRR 14.

聽，但這做法終於在 2005 年初觸礁。地方法院在一宗刑事案件中，審核警方
透過秘密監聽獲取的證據，並認為該等證據為非法獲取的證據而拒絕接納。[2]
在另一宗案件中，控方提交一段談話錄音，內容是一名獲特赦的控方證人、
被告和他的律師的談話，被告和他的律師並不知曉談話遭錄音，法院認為廉
署的手法屬濫用程序，因而永久終止刑事檢控。[3] 法院的判決迫使政府面對秘
密監聽的法理基礎的問題。然而，政府仍然決定捨棄採納在 1997 年前已通過
但仍未生效的修訂法案，而選擇透過行政長官所頒布的行政指令，列出執法
人員進行監聽時的行政框架和程序。

　　行政指令基本上是一份行政文件，它可以隨時被更改而無需經立法會審
議，違反行政指令極其量只會受到行政處分，而這些行政處分是完全沒有透
明度的。故此，當梁國雄議員成功在法院質疑這行政指令和《電訊條例》第
33 條的時候，便一點也不令人感到意外。夏正民法官在判案時指出，作為一
種行政手段作內部規管執法機關的行為時，這行政指令絕對是一份有價值的
文件，但它卻未能符合《基本法》第 30 條的規定，這一條要求任何對通訊自
由的限制必須依照「法律程序」進行。[4] 不過，由於情況特殊，夏正民法官同
意例外地暫緩執行他所頒令的違憲決定，並容許第 33 條暫時繼續有效，為期
六個月，讓政府能對條例作出相關修訂。這決定本身極具爭議，因為法院已
經裁定該條例為違憲，如何可以容許一條違憲的條例繼續存在和生效，即使
只是一段短暫的時間？這決定是一個權宜的妥協，而終審法院日後亦裁定，
法院具有暫緩執行違憲的決定的權力，讓政府有時間作出相關的補救措施，
但這權力只能在極例外的情況下才能行使。[5]

私隱權的冒起

　　與此同時，私隱權亦逐漸受到社會各界的關注。雖然私隱權在美國由來
已久，但在英國的普通法內，它仍是一個遲來的新概念。在普通法內，私隱
這個概念一直不獲承認，私隱權主要通過不同的侵權行為作間接的保障，例

2.　對以非法手段獲得的證據，法院仍然有酌情權接納這些證據：*HKSAR v Chan Kau Tai* [2006] 1
　　HKLRD 400; *HKSAR v Li Man Tak* [2005] HKEC 1309 (DCt) (22 April 2005)。

3.　*HKSAR v Shum Chiu*, DCCC 687/2004 (5 July 2005)；原訟法庭將案件發回重審：*Secretary for
　　Justice v Shum Chiu* [2005] HKEC 2139 (22 Dec 2005)。

4.　*Leung Kwok Hung v Chief Executive of the HKSAR,* HCAL 107/2005 (9 Feb 2005), at [127].

5.　*Koo Siu Yiu v Chief Executive of the HKSAR* (2006) 9 HKCFAR 441。這權力在日後曾數次被法院引
　　用，見第 30 章。

如侵犯私隱者不合法地擅闖私人地方,普通法便以保障財產權的侵權行為間接保障私隱。又或個人資料在違反保密責任下被非法披露,便可以透過侵權法中違反保密責任間接保障私隱。故此,1991年當《人權法案》引入私隱這個概念的時候,不少人對這概念均感到頗為陌生。事實上,1990年代初期,政府因為受到國際經濟合作及發展組織(Organization for Economic Cooperation and Development)的壓力,才委托法改會研究相關的問題和建議相關的立法。法改會委任了一個私隱小組進行研究並提出建議,這小組由我的同事韋利文(Raymond Wacks)教授出任主席,韋利文教授是私隱方面的權威,在他的領導下,私隱小組迅即提交了第一份報告,建議保障個人資料,並在1995年成為《個人資料(私隱)條例》。法改會的小組一般會在三至四年內完成其工作,但私隱小組的工作範圍卻不斷地擴展,其任命長達十五年,是法改會最長壽的一個小組委員會。當韋利文教授在2001年退休的時候,我的另一位同事白景崇(John Bacon-Shone)教授接任為主席。白景崇教授是一位社會科學學者,但他對私隱的認識可以媲美任何律師,我當時亦獲委任填補韋利文教授的空缺。小組並在隨後幾年分別發表了另外五份報告書,這些報告書均相當具爭議,至今只有一份報告書被政府接納並修訂為法例。

最後衝刺

2006年初,夏正民法官的判詞給予政府強大的壓力訂立新法,《截取通訊及監察條例》因此應運而生。這時候,法改會私隱小組就秘密監察的研究已到了最後階段,為了趕及在夏正民法官所容許的六個月寬限期內完成立法工作,政府要求小組盡快完成其報告書。當時小組幾乎是日以繼夜地工作,每兩星期開會,而每次開會前,我們那位非常能幹的秘書總可以將一大堆的研究資料整理好,並不斷應會員的要求,在開會前及開會後對草擬的文件和建議不斷作出修改。小組最終在限期前完成報告,並將報告提交政府。政府隨即接納報告的大部分建議,並草擬成為《截取通訊及監察條例》,條例草案在最後一刻獲立法會通過成為法例,相信這也是第一次法改會的報告在尚未發表前已為政府所接納,小組的成員當然樂於讓政府邀功!

小組亦同時建議由私人進行的秘密監察亦應該受到規管,因為有不少秘密監察和侵犯私隱的行為是由私人機構或個人作出的,但這亦會影響到傳媒的偵查報告。一來受時間所限,二來這項建議勢必引起傳媒的強烈反對,故在修訂條例的時候,這是小組唯一沒有被接納的建議。

　　夏正民法官的臨時有效令在2006年8月8日屆滿，立法會在2006年8月6日星期日早上通過《截取通訊及監察條例》，雖然立法會議員提出不少有建設性的修訂，但由於政府趕着在限期前通過條例，故泛民議員二百多項修訂無一獲准提出或通過，結果全體泛民議員離席抗議，法案最後以三十二票對零票獲得通過。

新的規管制度

　　《截取通訊及監察條例》引入新的規管制度，規管截取電訊及秘密監察。根據這條例，這些行為必須獲得事先授權。授權可分為兩類，第一類是行政授權，由一名高級官員就某類截聽及秘密監察作出授權；第二類是司法授權，一些侵入性較強的秘密監察必須獲得司法機關的授權。每次授權的有效期只限於一段時間之內，期滿後可以申請延續。政府亦同時草擬了更詳盡的守則，對使用監聽器材及視光監察器材作出管制。法例並成立截取通訊及監察專員，由行政長官按終審法院首席法官的建議，委任一名合資格法官為專員，負責審查和檢討法律的成效。[6]

　　過去三十年，香港在保障私隱權方面確實取得了不少成果，但如我的同事米高•積遜（Michael Jackson）所言，保護私隱的道路仍很漫長。隨着現代科技的發展，佐治•奧維爾（George Orwell）在他著名的小說《一九八四》中所描述的世界變得越來越真切，保障私隱的需求亦遠比任何時間更為重要。美國前中央情報局成員斯諾登（Edward Snowden）便證實，不少國家及國際機構均從無間斷地進行秘密監察。這些秘密監察能否被杜絕？相信這是不可能的，但它會影響我們的生活嗎？互聯網上有這樣一個故事：

　　甲先生透過電話預訂服務向一間餐廳訂了兩份外賣午餐，在他作出
　　預訂後，餐廳的職員告訴他：「先生，根據我們的資料，你家中應該
　　有四位成員，你是否需要更多的食物？」

　　　　「不用了，謝謝！」甲先生回答說。「我今天只和我的母親一起
　　吃午餐。」

　　　　「不用客氣。」職員繼續說：「根據我們的資料，伯母有高血壓，
　　我們會建議另一種湯。」

6.　首位專員為胡國興法官，他退休後在2016年參加特首選舉。

　　「謝謝。」甲先生說：「這是一個很好的建議。我是否可以用信用卡結帳？」

　　「當然可以。」職員答說。「但根據我們的資料，你距離我們店鋪只有五分鐘的路程，你也可以在拿取食物時才付款。」

IV.
法律面前人人平等：法律是偏幫有財有勢的人嗎？

9. 威斯汀犬

能夠代表一位願意承擔道德責任而認罪，並為此與她的代表律師爭拗的當事人，實在是一份榮幸。自己便有幸曾代表這樣的一位當事人。

當事人是我的好朋友，一位雍容優雅，並具強烈正義感的大學教授。在一個晴朗的星期天下午，她和她的丈夫剛帶同兩頭可愛的西部高地㹴犬（俗稱「白威」或「威斯汀犬」）在附近散步後準備離去，她們的汽車停泊在附近一幢住宅樓宇地下二層的停車場內。由於兩頭小狗已疲態畢露，她決定在離開前給它們一點水解渴，並在汽車旁解除牽引小狗的狗帶。

這時候，一個家庭正從停車場另外一端的一座大廈推着嬰兒車出來，可能嬰兒車有些顛簸，嬰兒忽然高聲大哭。哭泣聲驚動了兩頭威斯汀犬，它們突然撲向嬰孩。這突然的舉動，令所有人有點措手不及，儘管朋友的丈夫及時制止其中一頭白威，但另一頭威斯汀犬已在嬰孩的前臂咬了一口，幸而只是皮外傷，嬰兒的手臂留下一個犬齒印記，沒有大礙。朋友向嬰孩的家人連番道歉，對方亦沒有追究，朋友隨後帶同小狗離去，事件亦告一段落。

數月後，朋友收到漁農署寄來的一張告票，根據《狂犬病條例》，朋友被控兩項控罪。控罪指朋友作為狗主，沒有以牽帶或其他方式控制兩頭威斯汀犬，而按常理可預料該犬隻如沒有以牽帶或沒有以其他方式控制時，便會從該地方遊蕩至公眾地方。

這是朋友首次惹上官非，在面對不熟悉的法律制度下，她自然感到非常焦慮。於是，在我們第一次的工作會議上，我便向她詳細解說相關的法律程序及對案情的分析，以釋除她的疑慮。

「就妳是狗主及當時兩頭威斯汀犬並沒有配上牽帶這兩點大家並無爭議，相關的控罪指兩頭犬隻初時並非處於一個公眾地方，但由於他們未受控制，令人合理預期狗隻會從該處遊蕩至公眾地方。於是，問題的焦點是在當時的環境下，是否可以令人合理預期狗隻在沒受控制下會遊蕩至一個公眾地方。」

「那停車場是公眾地方嗎？這是處於一個私人屋苑內的停車場。」朋友不愧為學識淵博的教授，一針見血地問到問題的核心。

「這是一個很好的觀察，但單純因為停車場處於私人屋苑內並不一定表示該地方不是一個公眾地方。」法律上一個地方是否屬公眾地方視乎很多不同的因素，私人地方在某些情況下也可以成為公眾地方，我嘗試向朋友簡略解釋法律上如何界定公眾地方。歷代律師的創意，竟然可以令何謂公眾地方變得如此繁複，簡直令人嘆為觀止。

該停車場是由三幢住宅樓宇共用，一個面積偌大的地底停車場，各幢樓宇之間的距離頗遠，屋苑外有圍牆及欄杆，外界人士不能自由進入，令這屋苑自成一國。屋苑入口處設有看更亭，並有一告示牌說明這是私人地方。故此，不論普通法如何複雜，這停車場相信仍然不屬公眾地方。

但這只是問題的一半，即使停車場並非公眾地方，餘下的問題是在當時的情況下，是否可以合理預期狗隻會遊蕩至停車場以外的公眾地方？事發現場是一個位於港島相當寧靜的大型低密度住宅小區，意外發生在地下低層二樓的停車場內。這停車場只有一個出口車道通往上層，即低層一樓的停車場。狗隻必須經過約三十個停車位才能到達通往上層停車場的出口車道，從那裏它們還要經過約八十個停車位才能到達通往地面出口的出口車道，從這裏還有約一百米才能到達屋苑大門外的馬路。狗隻會跑畢這段距離，通過曲折的車道，穿越兩層停車場，最終進入公眾地方，這是否一個合理預期？

我頗有信心，對於狗隻能否走畢這段距離進入公眾場所必定有合理的疑點，在疑點利益歸於被告的原則下，相信控方無法證明控罪。被告只需準備停車場及現場環境的一些照片，這將會是一個非常有力的辯護理由。

在我完成案情分析後，朋友以困惑的表情望着我說：「那你是在告訴我，我是清白無辜的嗎？這怎麼可能？我有責任牽引狗隻，但我解除了牽帶，因而令到其中一隻狗隻咬傷嬰孩。對此我感到非常抱歉，我必須承擔後果，這才是負責任的態度。」她的態度十分堅定和認真。

「這是非常高貴的情操」，我嘗試向她解釋。「但在刑事案件中，舉證責任在於控方，控方得證明在毫無合理疑點的情況下妳已觸犯法紀，才能將妳入罪。」

「這又如何？這並不改變我已觸犯法律並須負責的事實！」

「啊！妳是否需要負上道德責任是一回事，但是否觸犯刑法則是另一回事。刑事罪行是由法律界定的，只有在構成刑事罪行的每一項要素均獲確立，而且是在沒有任何合理疑點的情況下獲確立，這樣才算觸犯刑法。」

「你的說話越來越像律師了！聽來好像是性格分裂！你是說即使我有道德責任卻仍然可以逍遙法外？事實依然是我解除了狗隻的牽引帶，讓它咬傷嬰孩。我曾為此道歉，亦應該貫徹我的道歉，怎能推說這只是道德責任而不負刑責？這不正是不負責任的表現嗎？」朋友未被我的分析說服。

「好吧，讓我再嘗試一次！法律上有區分民事責任和刑事責任。若果嬰孩的父母日後透過民事程序向妳索償，妳願意為嬰孩的損傷作出合理賠償，這是絕對恰當，亦是負起道德責任的高貴表現。民事訴訟是關於人與人之間的權利和責任。」

「刑事責任則是截然不同的一回事。刑事責任的目的在於懲罰一些逾越法律的行為。刑事司法制度甚至可被視為有系統剝奪個人自由的國家機器。因此，為保障個人自由，只有在相關的行為滿足法律對刑事罪行的定義時，該行為才算觸犯刑法。犯罪行為必須清晰界定，市民才能守法。如果這些行為並未構成罪行，即使該行為受到道德譴責，亦不能構成刑事罪行。許多不良習慣均可能令人感到噁心，但卻並非刑事罪行。」我開始侃侃而談。

「再者，我們要求控方證明被告有罪，而非被告證明自己清白無辜。在這個制度下，無可避免地有些罪犯因控方未能提出足夠證據作檢控而逍遙法外，但我們相信相比於寧枉毋縱，我們這種寧縱毋枉的制度，是一個比較好和更能保障個人自由的制度。因此問題的關鍵並非妳是否道德上有錯，而是妳的行為是否構成刑事罪行，而控方得證明這一點。」

「那你在說我沒有觸犯刑法，還是說控方未能證明我觸犯刑法？對我而言這分野似乎有點荒唐！不過，如果你這麼說，好吧，你是專家，我會接受你的建議，即使我還是有點疑惑。畢竟，你在試圖說服我，不論我的良知告訴我什麼，我還是沒有罪的。」朋友似乎有點氣餒。

法律和道德的關係從來都是具爭議的，幸好大部分的刑事罪行均涉及道德上應受譴責的行為。然而，法律並不在於維護所有道德行為，亦非在於懲罰所有不道德的行為，這是不需要，甚至是不可取的態度。

最後我們決定向律政司提出書面陳詞，指出為何在當時的環境下並未構成任何刑事罪行，嘗試說服控方放棄檢控。經過幾個月的討論後，控方終於同意不提出證據，案件因而告一段落。

當我和同事談及這個故事的時候，他們的反應並非我所預期。「你的朋友實在幸運，不僅有一位資深大律師的幫忙，還有一位經驗豐富的律師和一些在背後做法律研究的法律學生的協助。」同事告訴我另一個故事。她的一位朋友的家庭傭工，有一天在一家超市裏購物，電話鈴聲忽然響起。她當時剛拿起一樽洗衣液，她將洗衣液放在膠袋內，邊談電話邊走向超市較寧靜的

地方，徘徊間不自覺地走出超市的範圍。超市的保安人員馬上將她截停並報
警，最後她被控告高買罪行。控方案情認同她當時正在通電話，身上亦有足
夠現金支付洗衣液，她沒有任何刑事紀錄。服務了八年的僱主亦願意出庭為
她作品格證人。她獲得一位律師代表，但只是在開庭前幾分鐘才第一次和律
師面談，而律師則不斷說服她應該認罪。我的同事感到非常氣憤，她認為富
裕和有資源的人才可獲得公義，但窮人和沒有好律師代表的人，便只能在公
義的大堂外望門興嘆。

　　我不得不承認，貧富之間並沒有絕對的平等，但窮人沒有得到平等待遇
這事實，不該成為其他人不獲公平待遇的原因。法律面前人人平等，不論貧
富與否，一視同仁。威斯汀犬案提醒我們，不要忽略那些如面對高買檢控的
家庭傭工案的被告、對沒有資源聘請律師的被告，我們可以幫忙的地方還多
的是。我一直告誡學生，一些對我們來說可能是極之平庸的案件，對當事人
而言卻可能是他一生中最重要的事情，在提供法律服務的時候，我們不該吝
嗇我們的時間，每一宗案件均需全力以赴。

　　朋友其後上載了兩頭威斯汀犬在法院門前的照片，設為手機屏幕圖像。
為答謝我的幫忙，她送了一本書給我，封面是莎翁的名句，「我們首要做
的事情，就是讓我們幹掉所有律師！（The First Thing We Do, Let's Kill All the
Lawyers!）」

圖五：威斯汀犬。

10. 富人、窮人和夾心階層：法律義助服務

　　人們常常說，公義只是適用於那些有財有勢的人，這並不是說我們的法院偏袒有權有勢的人。事實上，我們的法院大體上是公正的，並且確實符合正義女神所代表的理想，即在訴訟雙方之間保持公正的平衡，不論他們是貧或富。另一方面，那些富裕的人在我們的法律制度內享有一定的優勢，這點也是毋庸爭議的。他們可以聘用最好的律師，有時可以在複雜的法律程序中鑽空子，從中獲益，甚至可以利用龐大的財力消磨對手。在香港最為人知的一宗爭產案，案件涉及遺囑的真確性，傳聞其中一方在不同階段聘用了幾乎全香港所有的資深大律師，令他們不能代表對方！

　　這只是事實的一半。若果身無長物，資產符合法律援助的要求，並獲得法律援助，這些人士不一定會處於劣勢。當他們得到公帑的資助，在訴訟上他們絕對可以和有財有勢的人平起平坐。香港的法律援助計劃相對寬宏，法律援助署在地方法院或以上級別的法院提供律師代表。當然，申請人要符合一定的入息審查，這包括他們的可動用入息不超過法律的上限。在民事訴訟或刑事上訴中，申請人還需符合另一要求，即申請人有合理勝訴的機會，[1] 或在刑事審訊中，基於公義的要求須給予法律援助。法律援助一經批出，一般不設上限，只要是合理的支出均會獲批准。若果有合理的上訴理由，法律援助將一直支付至終審法院的訟費。在重要的案件中，法律援助署願意聘用最好的大律師，包括英國的御用大律師。1997年後，當我們步向新的憲制時代時，終審法院在新政權的初期就憲法的新秩序釐清重要的憲法原則，至為重要。普通法的發展極度倚賴優秀的大律師就法律的發展作出辯論，若果沒

---

1. 這要求不適用於刑事審訊，因為在刑事檢控中，每一名被告均被假定無罪。他們無須證明自己是清白無辜的，而且可以堅持要求控方證明他們犯了罪。故此，在刑事案件中，法援署署長只須考慮提供法援是否公義所需，在一般情況下，當被告面對嚴重指控及有機會喪失人身自由時，提供法援均屬公義所需；即使被告未能符合入息要求，法援署署長仍可因公義所需而提供法援。

有法律援助署以寬宏的態度處理法律援助的申請，以及提供最優秀的律師代表，我們的終審法院也不可能在新的憲法秩序中扮演其重要的角色。

提供寬宏的法律援助計劃，不但在財政方面，而且在政治現實方面也是極具挑戰性的，因為法律援助署始終是一個政府部門，而大部分憲法案件都是衝着政府而來的。在我的律師生涯中，我接觸過不少法律援助署的公職人員，他們均是能幹、專業、盡忠職守和合情合理的律師，他們默默在背後工作，對維護香港的法治有莫大貢獻，但他們的貢獻往往為人所忽略。

在我們的法律制度內，最糟糕的是那些夾心階層，他們既不能負擔沉重的法律訟費，又不符合法律援助的資產要求，公義對他們來說便變得太昂貴和太遙遠了！可惜，香港並沒有完善的法律義助服務，可以為那些因種種原因未能得到法律援助的人士提供法律服務。司法機關設立了一個資源中心，但礙於法院必須保持中立，目前中心只限於提供有關法律服務的資訊。香港大律師公會設有法律義助服務計劃，為有充分理據的案件或由法院提出要求的案件提供免費律師代表。香港律師會亦鼓勵會員提供法律義助服務，並設立義助和社會服務獎以作鼓勵。儘管不少個別大律師和律師願意花心力時間提供法律義助服務，但只有極少數的律師事務所願意提供這類服務，尤其是規模較大的跨國律師事務所，它們在這方面的表現，遠遜於它們在倫敦或美國總公司的表現。

在大學推動法律義助服務

在我出任法律學院院長後，我認為法律學院應該推行免費法律服務計劃。從教育和教學的角度來看，沒有什麼比讓學生接觸和處理真實個案能更有效地教導他們如何將法律應用於實際情況，活學活用之餘，還可學懂處理客戶的技巧，以及更重要的專業道德和操守等。與此同時，這項服務可以在法律教育的初期便向學生灌輸法律義助服務的價值，讓他們明白可以用他們的法律知識回饋社會。再者，這項服務也有助於滿足社會上對法律服務的龐大而尚未能滿足的需求。

我和一些同事商議，他們都非常贊成這個計劃。我們首先參考了普通法地區的經驗。法律診所（legal clinic）在美國法律學院相當普及，英國及澳洲也有類似的做法。我們邀請了美國一間主要的法律學院的教授為顧問，就如何在大學設立法律義助服務向我們提供建議。她的建議非常令人鼓舞，大學校長徐立之教授的初步回應亦同樣令人振奮。

完成了這些初步的準備工作後，我便接觸首席法官李國能，聽取他的意見。李國能是特區的首任首席法官，亦是一位具有遠見卓識的領導人。在他幹練的領導下，終審法院已經成為普通法世界中最優秀的法院之一。他還成功遊說普通法系中最傑出的法官，加入成為終審法院的海外法官，從而提高香港法院的國際聲譽。對我而言，李國能一直是我的良師。

李國能立即支持這個想法，並建議我從小額錢債審裁處着手。小額錢債審裁處對索償額不超過五萬元的民事索償有專屬管轄權限。[2] 由於索償額不大，小額錢債審裁處不允許律師代表，因此，我們的服務不會影響到任何執業律師的業務。儘管索償額不大，這並不表示涉及的法律一定會較簡單，故我們的協助相信會受到歡迎。於是，我和同事張達明隨即拜訪小額錢債審裁處的首席評審官，他立即表示歡迎我們的協助。審裁處要處理大量案件，由於不允許任何律師代表，申請索償的人士對索償程序一般是一知半解或毫不理解。於是，要求索償的狀書往往並不完整，雙方出庭的時候亦經常準備不足，甚至連所需的證據也沒準備好。結果審裁處通常要在第一次開庭的時候，向當事人解釋相關的程序、需要做什麼和準備什麼證據，然後便得押後聆訊。即使到下一次聆訊，雙方很多時仍未充分準備好，結果又是再一次押後聆訊。因此，審裁處對我們的協助非常熱衷，希望這樣可以更有效地利用法院的資源和縮短聆訊時間。

但我們隨即遇上了一個棘手的問題：作為在小額錢債審裁處提供法律服務的唯一機構，我們只能夠代表其中一方，而另一方則會沒有律師代表。於是，若法院積極推動我們的服務，這可能意味訴訟的其中一方會處於不利的位置，這將有違法院必須保持中立的原則。我們考慮了不同的方案，但似乎沒有任何一個方案可以解決這個問題。最後，我們決定只有在對方有「律師代表」的時候，我們才會向另一方提供服務，而且必須獲得對方同意。這種情況包括對方是政府並由律政署的律師作代表，或是商業機構由其內部的律師作代表。律政司司長隨後很爽快地表示，在小額錢債審裁處涉及政府的案件，律政署均會同意我們代表另外一方。在審裁處，不時會有一些由大公司提出索償的案件，而這些大公司往往由其內部律師作代表，但在這些案件中，它們從來沒有同意讓我們代表另外一方。

---

2. 由 2018 年 12 月 3 日起，小額錢債審裁處的審轄權限由五萬元提高至七萬五千元的民事索償。

面對律師會的刁難

我們的建議亦得到大律師公會、律政署及法律援助署的積極支持。不過，在香港律師會方面卻遇到不少困難。在回應關於服務質素的關注時，我解釋我們所有的法律服務均只會由持有有效執業證書的合資格律師提供，學生的參與包括向客戶錄取指示、作所需的法律研究和初步分析，並向他們的督導導師提交一份書面個案分析。他們的督導導師均會是一位合資格的律師。同學須接受向客戶錄取指示的培訓，並會在督導導師前作一次實習式的提供法律意見，然後他們會陪同督導導師一起面見當事人，觀察導師如何向當事人提供法律意見，並負責隨後的跟進工作。若果決定提供進一步的法律服務，我們會將案件轉介給那些願意參與我們的服務的律師事務所，條件是這些律師事務所提供的法律服務必須是義務的，並同時願意負起指導相關同學的責任。至於責任問題，我們會按律師會的一般規定，取得和一般律師事務所相同的保險安排。我們亦同意遵守由兩個法律專業團體所訂下的專業守則，而參與這個計劃的合資格律師，亦會同時受到兩個專業團體的紀律監管。至於同學方面，我亦同意對任何違反專業守則的行為，按校內的紀律程序作出處分。我亦再三向律師會指出，在很多其他普通法地區也有這類的法律義助服務計劃，而這些計劃不但沒有影響執業律師的業務，反而為執業律師帶來更多的商機和業務。

律師會仍然不為所動，他們堅持要在大學內成立一間律師事務所，這要求有點強人所難。法律上的定義，律師事務所是以追尋盈利為主的商業機構，這和法律義助服務的宗旨格格不入。而且，按當時的法律，律師事務所只能由個人擁有，不能是有限公司。換言之，若由大學的僱員成立律師事務所，一旦該僱員離職，律師事務所亦會隨他而去。在我們考慮過的所有其他普通法地區，均沒有要求大學設立律師事務所才能提供法律義助服務。

我出席了律師會的一個小組委員會並作出陳述，回應仍是鐵板一塊。開會不足十分鐘，已明顯看到沒有一位成員曾閱讀我們提交的詳盡建議書，會議亦沒有達成任何結果。

我的好朋友王桂壎（Huen Wong）是當時律師會的會長，我們相識二十多年，他對我的計劃表示支持，但建議我與其硬闖律師會尋求認可，倒不如退而求其次，嘗試以一個不會違反律師會規定的運作模式進行這計劃。

於是，我們重新考量一些現有的模式。律師會和大律師公會一起設立了一個當值律師和免費法律諮詢計劃。根據該計劃，參與的律師透過各區政務處向市民提供免費的法律意見，大學也是該計劃的認可中心之一，不過由

於大學只有少數同事參與該計劃，故我們終止了在大學提供這服務好一段時間。張達明建議我們重新啟動該計劃下的服務，並沿着該計劃的模式拓展我們的服務計劃。我們很快便制定了一個可行的模式，並將這項服務列為學院的一個選修科目，稱為臨床法律教育課程。時間亦是千載難逢，我們即將搬遷至百年校園，我在新的法律大樓內設計了臨時的臨床法律教育中心，這包括一個小型的辦公室和兩個會客室，讓我們可以與客戶會面，並為學生進行培訓。為了避免不必要的煩惱，這項服務至今仍被稱為臨床法律教育課程，而非法律診所。[3]

正式成立

我花了好幾年的時間才能解決所有這些障礙，我們的法律診所亦在法律學院搬進百年校園鄭裕彤樓時同時開始運作。張達明被任命為臨床法律教育計劃的主任，我們同時招募了另外兩位全職律師，負責該計劃的工作，並將師生比例保持在一比八，以保證教學和服務的質素。我們也很高興得到一大批執業律師和大律師的義務協助，充當兼職督導導師，以及一些願意和我們合作提供法律義助服務的律師事務所。有鑒於之前所遇到的障礙，我們決定較低調推行我們的服務。即使如此，自 2012 年成立至今，我們已處理超過一千宗案件，這再一次證明了市民對法律服務有相當殷切的需求。

除了提供法律意見外，我們亦盡可能協助當事人解決他們的問題。若他們申請法律援助被拒，而我們又認為他們有足夠的理據，我們便協助他們對拒絕法援的決定提出上訴。法律援助署相當重視我們對個案的分析，亦曾多次因我們的分析而改變他們原來的決定。也有一些個案，我們的同事會透過參與我們這個計劃的律師事務所，代表當事人出席聆訊或上訴，甚至上訴至終審法院。至於作為一個學術課程，我們為參與的學生制定了適當的培訓、督導和評估制度。我很高興來自客戶、參與的律師和同學的反應一直非常良好。經歷處理這些個案後，同學都感到一份使命感；不少同學在完成課程後仍自願留下繼續處理未完成的個案或不斷回來協助該計劃，這是大學少數的課程會出現的情況。

---

3. 有趣的是，2016 年 12 月，這個臨床法律教育課程獲得律師會的公益法律及社區服務獎，以表揚我們提供法律義助服務的工作！

一個受民事訴訟困擾的家庭

計劃初期其中的一宗個案，涉及一位住在公屋並來自勞工階層的年輕男孩。一天放學後，他沿着又長又斜的秀茂坪道回家，一邊走路，一邊拍打籃球。一次他將籃球擲向道路一側的牆上，當籃球反彈回來時他沒能及時抓住它，籃球滾出馬路。這時候，一輛警察摩托車正高速沿着秀茂坪道下來，警察嘗試避開籃球，卻連人帶車翻側，撞向道路牆邊受傷。過了一段時間，政府對這名男孩提出疏忽的民事訴訟，要求賠償。家人對這項索償感到震驚，索償金額遠超出他們能力負擔的範圍，訴訟的壓力亦嚴重擾亂了這個快樂家庭的生活。男孩的父母盡一切所能，向朋友及親戚籌集了一些資金，並向政府提出和解，但政府因他們所提出的賠償金額遠低於索償金額而拒絕和解的要求。政府擔心，若接受家人的賠償建議，將難以向審計署作出解釋，因而堅持進行民事訴訟。這事情纏繞了他們數年時間，原來快樂的家庭已笑聲不在，這位原來品學兼優的開朗男孩感到強烈的內疚，覺得對不起家人，開始變得退縮和木訥，學業成績一落千丈，更患上了抑鬱症。為男孩提供輔導的牧師將這宗個案轉介給我們。

經過仔細研究相關文件和案例後，我們認為男孩有合理的答辯理由。於是，我們代表他向律政司司長作出書面陳詞，要求他考慮撤回民事索償。經過多番討論後，律政司司長終於同意不再追究。

放風箏的男子！

法律診所處理的案件大部分為刑事案件，其中一宗最奇怪的案件涉及一名被控刑事毀壞的男士。他是大廈頂樓的業主，開來喜歡爬上大廈天台的水箱上放風箏，亦因此他和大廈的管理處發生多番爭執，管理處決定在天台加裝圍欄鐵絲網，防止他再爬上水箱放風箏。事發當天，有人報稱圍欄鐵絲網遭剪破，並看到該男士在天台水箱上放風箏。鐵絲網遭破壞，便成為刑事毀壞控罪的因由。[4]

被告否認他在天台，或曾損毀鐵絲網，並辯稱遭管理處誣陷。在裁判法院，主審法官似乎認為這只是小事一樁，不值得開庭審訊。他建議被告考慮自願簽守行為，這即是說，被告自願守行為，控方便不會繼續檢控，被告亦

---

4.   *HKSAR v Chan Shu Hung*, Mag Appeal No 425 of 2011.

不會留有案底。如果被告同意這種解決方法，案件在幾分鐘內便可以完結。可是，被告一口咬定他遭誣告，堅持進行審訊以證明他是清白無辜的。

被告並沒有受過高深教育，亦不知道如何進行盤問，在本該向證人提問時，他卻長篇大論地說自己是清白無辜的。裁判法官多次打斷他的發言，並對他作出批評。明顯地，裁判法官顯得有點不耐煩，認為被告在浪費法庭的時間。當被告向裁判法官呈交書面答辯時，裁判法官多次表明不會理會他的書面答辯，亦沒有給予被告解釋的機會，或讓被告要求控方證人就他的答辯作出回應。這裏是部分法庭的紀錄：

被告　：法官閣下，還有一些……

裁判官：一些什麼？

被告　：我希望你會批准。

裁判官：批准什麼？

被告　：如果我說得太多，可能會花掉你太多的時間，所以我寫下
　　　　來……我寫了一些東西讓法官閣下看看，讓你有個概念，
　　　　知道這是關於什麼，讓你更容易作出判決。

裁判官：在這階段，我不會理會這些東西。法庭審訊是一個冷酷的
　　　　過程，剛才我已經給你解釋了法院審訊的程序，因為你說
　　　　……

被告　：這是關於這宗案件的事實。

裁判官：不論這是什麼，我都不會理會。

當控方還未舉證完畢，裁判法官在沒有任何預警的情況下，突然說他認為被告語無倫次，於是決定押後聆訊，並命令將被告還押小欖精神病院十四天，以評估被告的精神健康狀況。兩星期後，被告再度提堂，這次被告承認控罪，被判罰款五百元。

其後被告向我們徵詢意見，我們對被告所受到的不公平待遇感到震驚。於是我們代表他提出上訴，指裁判法官根本沒有任何理由認為被告精神健康有問題。即使他認為被告精神不健全，裁判法官亦沒有考慮讓被告保釋外出作精神健康評估。這宗刑事毀壞的指控相當瑣碎，被告沒有任何刑事紀錄，即使他被判有罪，亦不會被判入獄。事實上，裁判官其後也只是判他罰款了事。在這情況下，將他還押精神病院是完全沒有合理依據的。

張達明代表被告在原訟法庭提出上訴，張慧玲法官（Juliana Barnes J）在聆聽了聆訊的錄音及參閱了聆訊的紀錄謄本後，亦同意沒有任何合理的理由認

為被告精神有問題或語無倫次。法官指出裁判法官對被告非常不公平，而他對被告的批評和不停打斷被告的陳述，亦令被告無法得到公平的審訊，因而裁定被告上訴得直，撤銷原來的控罪。我們其後協助被告因遭枉判而索取賠償，這個過程又花了將近兩年的時間！

願景

這些都不是一些轟動的案件，但每一宗案件都深深影響着一個普通市民的生活。我經常告誡學生，當閱讀判詞的時候，他們應該緊記，這些案件不僅僅是冰冷的法律判詞，而是在真實人生中的悲哀和不幸，甚至曾經為當事人帶來極大的創傷和痛苦。當公義沒有得到實踐時，法律學生應該感到憤怒，並嘗試追問為何我們的法律制度不能伸張公義。

我卸任院長後，不時有人問我，在十二年的院長生涯中，我最大的成就是什麼？我不敢說自己有任何成就，但假如要認真作答的話，我會毫不猶豫地說，成立臨床法律教育課程和法律義助計劃是我最引以為傲的工作。2019年，法律義助計劃搬進了位於地下的新辦公室，座落在法律學院對面，全職的負責教師亦由三位增至五位。我的願望是有一天這個臨床法律教育課程可以正式命名為法律診所，而每一位法律學生均有機會修讀這個臨床法律教育課程。

V.

無罪推定

11. 深水埗癮君子案

　　生命總是充滿諷刺，有時候，在現實生活中發生的事情，可能比虛構小說更離奇和更令人難以置信。我早年執業的時候曾處理一宗意外死亡案件，可說是我遇到最奇怪的一宗意外。死者是長沙灣一間小店鋪的店主，該地面店鋪位於繁忙的長沙灣道，至於該店鋪售賣什麼東西現在已無法記起。事發當天，店主一如往常坐在店鋪近入口處的收銀櫃位後，突然間一輛私家車在長沙灣道高速駛至，汽車明顯失控，司機嘗試減速但並不成功，最後車輛撞向店鋪門外的一個路牌，然後再反彈至另一條行車線，並撞向中間分隔來回行車線的混凝土石壆，才在三百碼外停下來。由於衝力非常猛烈，路牌遭撞至中間斷開，掉落到店鋪，擊中還未知發生什麼事情的店主的頭部。救護車抵達前，店主已經一命嗚呼！

　　這是一個很罕見的悲劇，因為很難想像一宗致命的意外可以這樣發生。然而，這意外給我一個啟示：有時候，最奇怪和令人難以置信的故事，不一定不是事實的真相。

一宗尋常的案件

　　1970 年代末至 1980 年代初，裁判法院經常審理一些很普遍的控罪，包括遊蕩、非法管有不明來歷的物件、管有毒品以及管有毒品作非法販賣用途等。這些控罪有一些共通的地方：第一，大部分控罪的案情皆相當類似，證據主要來自一至兩名警察和被告在庭上的供詞，沒有其他獨立的證人或證據，裁判法官的判決便往往取決於他相信警察還是被告。第二，大部分的被告均來自低下階層，教育水平不高，有些還有案底，他們大部分在日常生活中也未能清楚表達自己，更遑論在法庭上滔滔雄辯。由於不斷有被告聲稱遭誣告，所以引起了法律界的關注。大律師公會和律師會聯合成立當值律師計劃，在裁判法院就九項指定的控罪提供免費律師代表（其後涵蓋範圍伸延至

所有可以判處監禁的刑事控罪）。這計劃提供了非常有價值的服務，因為法律援助署所提供的法律援助並不包括在裁判法院的律師代表。

大約1984年，我受當值律師計劃指派代表兩名被控藏毒的被告。這是一宗典型的檢控，控方案情指出，凌晨一時左右，兩名警察正在深水埗一幢多層大廈巡邏，當抵達一樓和地下之間的平台時，發現兩名被告形跡可疑。第二被告看到警察便隨即衝下梯級往街外跑，一名警察緊隨其後，在街上將他拘捕，並在他身上發現少量粉末，其後證實含有微量海洛英。第二被告當時說：「阿Sir，給我一次機會。」這句說話給記錄在案。

第一被告在平台上被捕，另一名警員查問他在做什麼，並在被告身上搜出一個藏有粉末的細小膠袋，政府化驗師其後證實這些粉末含有微量海洛英。第一被告保持緘默。

被告的答辯理由是他們遭誣陷。兩人都是流浪漢，平常住在橋底。當天晚上，他們吃過宵夜，正準備返回平常在橋底的居所。由於開始下雨，第一被告認識一位在該幢大廈一樓平台睡覺的流浪漢，打算向他借一把雨傘。他的朋友並不在那裏。這時，兩名警察剛從樓上下來。警察向他盤問，並指他的態度傲慢。一名警察隨即在身上拿出一個細小膠袋，放在被告身上，然後說他現在將檢控第一被告藏毒。被告抗議無效，並說他的朋友正在樓下等候他。於是，其中一名警察轉身下樓，在街上發現第二被告，警察告訴他將有麻煩，然後拘捕他。第二被告否認他曾要求警察給他一個機會。

這是當時典型的例子，警察和被告各自表述的「事實」南轅北轍，除了被告都是在深水埗被捕外，幾乎沒有任何其他的「事實」是相同的。被告被帶回警署後沒有再作其他口供，證物則只有兩個膠袋和政府化驗師的報告。

在與兩名被告的會議上，他們基本上重申自己的答辯。當我問他們可否找到住在一樓平台的朋友作供時，答案是否定的。他們曾經嘗試，但無法找到這個朋友。對那些居無定所的流浪漢而言，這種情況亦屬常見。我留意到第一被告走路時有點輕微的跛行，上落樓梯應該不太方便，我便問為什麼是他而不是第二被告前往平台借雨傘？第一被告說因為第二被告並不認識他的朋友。我聳一聳肩，這並不是一個很有說服力的答案。

這類案件，在當時的裁判法院幾乎無日無之。表面看來，警方的證供較可信，我也得承認，被告的答辯，有點天方夜譚，令人難以置信。我在會議上亦指出這一點，並告誡他們被入罪的可能性很高，但他們仍然堅持自己的答辯。他們當然有權否認控罪，法律上他們被假定無罪，檢控的舉證責任在控方；但若連他們自己的律師也不相信他們的答辯，經驗豐富的法官又怎會相信他們？儘管如此，我還是感到有點不安。於是，我決定前往現場視察一

下。為了盡量接近案發的情況，我選擇在凌晨時分抵達現場。一如案發當晚，我視察的當晚也是下着微雨。

　　現場是一幢八層高的唐樓，這種建築在深水埗相當普遍。大廈入口在一條橫街，橫街與福華街相交，從福華街轉入橫街，大廈入口大約在橫街三分之一處，橫街另一端可通往另外一些內街。福華街是深水埗區的主要街道之一。橫街相當漆黑，雖然有幾支燈柱，但只能看到建築物的輪廓。在一個新月的晚上，人們很容易便消失在黑暗之中。當晚橫街沒有任何人，大廈入口沒有任何鐵閘，從地面走上平台有八級樓梯，平台有接近一半的地方鋪上了毛氈和雜物，看來確實有露宿者在該處露宿，而且應該是佔用了一段時間。當時並沒有人在該處，平台的面積相當細小，餘下的空間只能容一個人經過。樓梯也是相當狹窄，只能讓兩個中等身材的人並肩而行。從平台轉上上層一樓是另外八級樓梯。當然，這些唐樓不會有電梯。

　　裁判法官是一位外籍人士，幾個月前才抵港。檢控官首先傳召其中一名警察作供。警察基本上講述了控方的案情。盤問時，我要求他詳細敘述大廈的情況和環境，他的回答亦相當公允。他承認樓梯非常狹窄，只能和同僚一前一後地沿着樓梯拾級而下，亦同意平台被一些雜物佔據了近一半的面積。

第一位控方證人

　　問：「警察先生，你和你的同僚當時正在巡邏高層大廈，並從大廈的頂部沿樓梯前往地下？」

　　答：「正確。」

　　問：「你們是一前一後，你在前面，你的同僚在你後面？」

　　答：「對的。」

　　問：「當你第一次見到被告時，你是在平台向上行的樓梯的頂端，你的同僚在你身後？」

　　答：「對的。兩名被告蹲在平台，形跡可疑。我們距離平台只有幾步之遙。」

　　問：「我相信從樓梯的頂部至平台共有八級樓梯，對嗎？」

　　答：「我沒有留意。若你說八級，就依你所說吧。那是一段很短的梯級，八級應該差不多。」

　　問：「平台上有些被鋪、毛氈、煮食用具和一些雜物，對嗎？」

　　答：「同意，看來是有人霸佔了該地方。」

　　問：「當你第一次看到兩名被告，他們蹲在平台餘下的空間？」

答：「對的。」

問：「你是否同意，當兩名被告蹲在平台，平台再沒有餘下的空間？」

答：「對的。」

問：「那除非被告作出讓路，否則任何人上落樓梯都會頗為困難？」

答：「你可以這樣說，當時並沒有人上落樓梯。」

問：「你首先接近第一被告，並在平台上開始盤問他？」

答：「對的，當時我覺得他形跡可疑，所以我隨即走下樓梯，第一被告是最接近我。」

問：「當你衝向第一被告時，你的同僚仍然在你身後？」

答：「對的。第二被告開始跑下樓梯，往街道方向逃跑。」

問：「你的同僚隨即追趕他？」

答：「對的。」

問：「那條街是一條相當幽暗的橫巷，第二被告在街上，很容易在黑暗中消失？」

答：「我的同僚成功地在街上拘捕第二被告。」

問：「你怎麼知道？你當時應該還在平台？」

答：「是我的同僚事後告訴我的。」

問：「同僚可有告訴你，他在哪裏拘捕第二被告？是在大廈的入口，還是在橫巷的較遠處？」

答：「就在大廈入口。我的同僚跑得很快。」

問：「當你第一次見到被告的時候，你的同僚仍然在你的身後。你和第一被告當時應該阻擋着你的同僚，他要經過你和第一被告才能走下樓梯？」

答：「我的同僚身手敏捷，迅速越過我們，趕到街上追截第二被告。」

問：「我絕不懷疑你同僚的身手，但還是需要一些時間，由平台到地面還有八級樓梯。」

答：「他行動迅速。」

問：「你可有將第一被告推到一旁，從而讓路容許你的同僚經過？」

答：「不需要。第一被告當時蹲在地上，我將他按在地上，我的同僚從我們頭上跨越我們。」

這時候，裁判法官顯得有點不耐煩。

法官：「陳大律師，你這些盤問將引領我們往哪裏？你是否在暗示警察說謊？」

答：「法官閣下，這正是我的盤問方向，被告的答辯是他們遭誣陷。」

法官：「那你最好確保你能提出足夠理由支持你的答辯。」

從這時起，法庭的氣氛變得有點劍拔弩張，法官的介入越來越頻繁。我開始問及膠袋的事情，證人似乎訓練有素，堅持控方的版本。最後，作為我職責的一部分，我需要向證人指出被告的答辯，讓證人有機會回應。

問：「警察先生，我向你指出，這些膠袋並非來自第一被告。」

答：「我不同意，我是在第一被告身上找到這膠袋。」

問：「警察先生，我向你指出，這些膠袋其實來自閣下，你詭稱這是來自第一被告。」

「陳大律師！」裁判法官又再次打斷我的問題。「你在指控警務人員隨身帶着一包海洛英，來誣陷你的當事人，你可有深思熟慮？」

「法官閣下，不是一包海洛英，是一包粉末，內有微量海洛英。我有責任向控方證人指出被告的答辯。」

「但這是完全無稽的指控！指控警務人員將海洛英放在你的客戶身上？陳大律師，這是可笑和不可思議的！」

「法官閣下，可否讓證人回答我的問題？」明顯地，儘管控方還有一段距離才完成舉證，裁判法官似乎已經作了決定。

第二位控方證人

檢控官傳召另一名警員作第二位控方證人。一如第一位控方證人，這位證人熟讀台詞，並緊隨劇本，不多不少。任何偏離劇本的問題，他的答案總是「不知道」。

問：「警察先生，當你第一次看到被告時，你是身處在平台對上的樓梯的頂級，並在你的同僚身後？」

答：「對的。我們當時正在巡邏高層大廈，從大廈頂樓下來的時候，我的同僚在我前面。」

問：「你的同僚沿着梯級走到平台，並開始向第一被告查問？」

答：「對的。」

問：「而你則跑下去追趕第二被告？」

答：「他看到我們便即時沿樓梯逃跑。」

問：「當你走下樓梯時，你的同僚和第一被告將阻擋着你的去路？」

答：「我越過他們。」

問：「但那平台非常狹小，一半的地方放滿雜物，另一半則有兩名男子阻擋着你的去路？」

答：「我成功越過他們。」

問：「你可有將他們推到一旁？」

答：「有一點兒。」

問：「他們可有站在一旁，讓路給你？」

答：「細節我記不清楚了，總之我成功越過他們。」

問：「當你越過你的同僚和第一被告後，你還看到第二被告嗎？」

答：「他已經走出了大廈，我當時看不到他。」

問：「當你走出大廈的時候，你看到第二被告在街上？」

答：「對的。」

問：「當時街道相當漆黑？」

答：「對的，但我仍可以見到第二被告在街上遠處。」

問：「當你在街上第一次看到第二被告時，他和你距離多遠？」

答：「我記不起來。」

問：「大約呢？會不會大約是你現在站立的地方和這個法庭大門之間的距離？」

答：「差不多吧。」

問：「那大約十米左右？」

答：「大概是這樣吧。」

問：「你從後追趕並趕上他？」

答：「對的。他走得很快，但我走得比他更快。」

問：「那你拘捕第二被告的地方，應該是在街上，距離大廈的入口大約二十米左右，對嗎？」

答：「我不肯定距離多遠，但差不多，應該二十米左右。」

問：「剛才你的同事作供時，向法院宣稱，你告訴他你是在大廈入口處拘捕第二被告的。」

答：「我在街上拘捕第二被告。」

問：「那是你記錯還是你的同僚說謊？」

答：「可能是他記錯，我不知道。」

問：「當你拘捕他的時候，你在他身上找到一小包毒品？」

答：「對的。」

問：「那是一條漆黑的橫街，在你看見他時，他已走了十米。你會否同意，他在街上有足夠的時間丟棄那包毒品？」

「陳大律師，這純屬臆測，證人無需作答。請提下一條問題。」裁判法官再次覺得不耐煩。

我已得到足夠的答案證明兩位警察的口供前後矛盾，再多問幾條問題後，我便結束我的盤問。

「你是否肯定你是在街上拘捕第二被告的？」檢控官開始他的覆問。在這階段，問題只能局限於盤問時所涉及的範圍，旨在澄清盤問時的一些答案。

答：「肯定。我是追了第二被告一段路，才在街上拘捕他的。」

問：「那你可曾告訴你的同僚，你是在大廈入口處拘捕第二被告。」檢控官問。

答：「我有告訴他，我追趕了第二被告一段路才成功在街上拘捕他。」

問：「你在梯間越過你的同僚和第二被告的時候，你是怎樣越過他們的？」

答：「我忘記了。當我們見到兩名被告時，他們正在平台。他們見到我們時顯得有點神色慌張，並且站立起來準備離去。我的同事隨即上前，扣緊第一被告。我想我當時是推開他們，沿梯級走下，追趕第二被告。」

問：「你的同僚是否將第一被告壓在地上，你就跨越他們頭頂，然後走下樓梯？」檢察官問。

答：「不是。他們兩人都是站立的。」

「我沒有其他問題。」檢察官向裁判法官說，「控方的舉證完畢。」

我站立起來，裁判法官瞪着我說：「陳大律師，若果你想作無須答辯的陳詞，[1] 你可以省回了。我裁定兩名被告均需要答辯。」

「法官閣下，我並非打算提出無須答辯。我只是想向法官閣下提議，現在是否一個合適的時間作小休，讓我可以向我的當事人提供意見？」我回答說。

休息時間

法庭休庭十五分鐘，我向兩位當事人簡略分析當前的形勢。兩名警察的證供有多處地方互相矛盾，但法官似乎認為警察誣陷市民是不可思議的。當事人可以選擇不作供，法院便得在現有的證供基礎上，考慮是否已達到沒有任何合理疑點的標準。若他們選擇作供，他們將受到檢控官的盤問。我的意見是他們的證供並不會改善他們的情況，並建議他們選擇不上庭作供，但這只是建議，決定權在他們。

---

1. 當控方舉證完畢後，被告可以基於控方的證據太弱或未能就控罪的某些元素提出證據而要求法官撤銷控罪，被告無須答辯。

在我們將接近結束談話時，第一被告對我說：「陳大狀，謝謝你為我們所做的一切。你也知道我們是癮君子，我們亦有案底，也曾不止一次坐牢。故此，假若我們真的犯罪，我們並不介意認罪。對我們而言，再返回監獄也不是什麼大不了的事情，反正在監獄比住在街上受日曬雨淋來得更舒適。但這次我們否認控罪，因為我們確實是被誣陷的，這是為何我們堅持不認罪。」

我覺得這番話相當有説服力。聽了兩名警察的證供後，我已沒有當初那樣肯定，認為我的當事人的説法毫不可信。

第一被告決定作供，第二被告則同意不出庭作供，保持緘默。

法庭恢復聆訊後，氣氛似乎平靜下來，法官再沒有打斷我的發言，可能是法官覺得他已經干預得太多，或是他希望讓我盡快完成答辯，然後宣判被告有罪。法官的突然沉默，檢控官亦似乎有所領悟，盤問變得極為簡短。舉證完畢後，開始進入最後陳詞的階段。

最後陳詞

「這宗案件完全取決於兩位警察的證供的可信性，」我開始我的最後陳詞。「我無需提醒法院，案件的疑點的利益歸於被告。這裏有沒有合理的疑點？我的陳詞是肯定有的，而且疑點還不少。兩名警察的證供最少在四方面是互相矛盾的，個別來看，每一點矛盾可能都比較瑣碎，但整體來看，便不能不令人對兩位警察的證供的可信性產生不少懷疑。平台的面積狹窄，只能勉強容納兩人同時站立，樓梯亦極為狹窄，樓底亦相當矮，這方面雙方是沒有爭議的。不論第一被告和第一名控方證人站在平台（如第二名控方證人所言）或蹲在地上（如第一名控方證人所言），加上平台旁邊的雜物，他們將完全阻塞平台通道，任何人皆無法上落，除非將第一被告和第一名控方證人推到一旁。第一名控方證人形容他的同僚如何飛越他和第一被告，有點近乎武俠小説的天馬行空，亦和他的同僚的解説完全矛盾……第一名控方證人並非一名可靠的證人。

控方的案情指出，第二被告看見警察後便隨即奔跑，他距離地面只有八級樓梯，可以很快便抵達地面，然後在黑暗中消失。第二位警察第一次見到第二被告的時候，這位警察是在平台向上的樓梯的頂部。控方要法庭相信，這位警察要跑下八級樓梯，他的同僚和第一被告阻擋了他的去路，他成功越過他們，在抵達地下的時候，仍然發現第二被告。而根據這名警察的口供，第二被告跑得很快，後街環境漆黑，他絕對有足夠時間將毒品拋棄，但他卻留在身上，然後當警察拘捕他時，他馬上要求警察給他一次機會。這一連串

的事件，均有違常理。而且，兩名警察對第二被告在何處被捕的證供也是互相衝突的⋯⋯

實情是第二被告根本不在平台上，他一直在地下大廈的入口處等候第一被告，亦是在那裏被拘捕。被告根本沒藏有任何毒品，這是一宗誣陷。法院無需接受被告的證供，舉證責任不在他們，只要控方的證據有合理的疑點，罪名便不能成立。」

宣判

「被告起立。」我剛完成最後陳詞，書記隨即叫被告起立，裁判法官準備馬上宣判：

> 本席小心考慮本案的所有證據和兩位被告的大律師的陳詞，我亦有機會在庭上觀察兩位被告的表現。正如辯方大律師指出，本案的關鍵是控方證人的可信性。辯方律師雄辯地指出兩名警員之間的證據並不一致，我亦非常謹慎地考慮了這些證供衝突的地方，但我認為這些衝突並不足以令我懷疑兩名警員的誠信，我相信他們是誠實、可靠的證人。反之，我認為第一被告所提出的答辯令人難以置信。因此，本席裁定本案並無任何合理疑點，兩名被告罪名成立。

雖然我對這個判決並不感意外，但我還是感到憤怒，這並不是因為我輸掉官司，而是我覺得被告並沒有得到一個公平審訊。法官必須持平和客觀，但裁判法官似乎一早便認定被告有罪，根本無心聽取被告的答辯。可能那時候我還太年輕和經驗不足，未能掩飾我的憤怒。兩位被告都是癮君子，過往亦曾犯過一些輕微罪行，可以求情的地方並不太多。最後，裁判法官卻意外地作出輕判，被告無需失去自由；一個挑剔的看法是輕判可以避免被告上訴！

公義？

我的當事人感謝我，對他們而言，輕判幾乎等於無罪釋放，他們早已有案底，多一個案底沒有太大分別。但是，他們仍然堅持自己是無辜的。「陳大狀，這些事情對我們來說並非首次，亦不會是最後一次。癮君子、前罪犯、弱勢社群和窮人只能認命，正義並不總是在我們這一邊。」這是他們對我說的最後一句話。

　　沒有一個制度是完美的，如果盲目認為我們的法律制度不會出現公義不張的情況，這是太天真的想法。這些情況確實存在於每個法律制度之中，但這並不是一個理由去容忍甚至接受這些不公義的情況。很多時候，不公義的情況源於人為的錯誤。這樣的案件提醒我們，律師的責任是多麼沉重！人們將他們的自由交託給我們，每一宗案件，無論看來多尋常，都值得我們全力以赴，因為公義的實踐不是理所當然的。

12. 當事人的最佳利益：地鐵車票案

捍衛你認為有罪的當事人，和捍衛你認為無辜的當事人，兩者之間那樣會更困難？你個人認為當事人是否無辜或有罪，又是否有關係？

當我接到一位法律學院高我幾屆的師兄來電時，我還在有限度實習階段（limited practice），即實習期的最後六個月。

「我有一位當事人，他是我的中學同學。他需要一位大律師幫忙，但卻無力負擔費用，你可以幫忙嗎？」

「當然可以。」對一個剛出道的大律師而言，任何工作機會都已經具足夠的吸引力了。

「謝謝，那我下午五時半和他一起來你的辦公室開會。」

我的當事人是一位害羞的年輕人，他被控數項偽造文件和盜竊罪。控方指他從地鐵公司偷去五百張已經耗盡票面值的儲值車票，然後更改這些車票的磁帶程式，恢復它們原來五十元的面額，然後以每張二十五元出售這些偽造車票牟利。

1984年，體型龐大的桌面電腦已是當時的最尖端科技，喬布斯推出的蘋果百合（Apple Lily）電腦失敗後，剛剛推出一個木箱般大小的麥金塔（Mackintosh）桌面電腦。第一代的手機剛剛面世，形狀有如瓶裝水壺，又被稱為「大哥大水壺」。當時很多律師事務所仍在使用電子打字機，一枱桌面電腦必定會惹來老闆和秘書的羨慕。

當時的儲值車票和今天的八達通相類似，但儲值車票只能用於地鐵，而且不能增值。車票有不同面額，最高面額為五十元。每次使用車票時會扣除車費，當剩餘的價值不足以支付最後一程的票價時，乘客無需支付不足的車費。當儲值車票的價值耗盡時，地鐵站的出閘機會自動沒收該儲值車票。

我的當事人是地鐵公司的技術人員。他曾經提出一些改善儲值車票的建議，但主管以他的建議不切實際而拒絕接納。可是，幾個月後，他發現他的主管盜用了他的建議，將它作為主管本人的建議向管理層呈交。他曾為此提

出抗議，但不得要領，卻令他與主管的關係變得
惡劣。

不久之後，地鐵公司的儲值車票遇上一個難
題：有些儲值車票在價值尚未耗盡時便給出閘機
收回，許多工程師想盡方法仍未能解決這個問
題，當時內部更盛傳誰人能解決這個問題必定可
獲升職。我的當事人便決定研究這個問題，他使
用的只是一部笨重的桌面蘋果電腦，雖然他仍未
想出解決的辦法，但卻已找到問題的根源。由於
之前的經驗，他決定不向主管報告，希望在找出
解決辦法後直接向管理層提出。

圖六：1980年代地鐵儲值
車票。

這時候，他剛剛有一個升職的機會，負責升
職面試委員會的主席正是他的主管。他的面試並
不順利，不但不獲升職，連薪金也給凍結在當時
的水平，意味若他不獲升職便不會獲得加薪。

自然地，他對這不公平的決定感到非常氣憤，認為是主管出於妒忌而故
作刁難。在嘗試解決儲值車票的問題時，他已成功破解儲值車票上的部分磁
帶密碼。磁帶一共有約二百五十六個不同密碼，分為三組。第一組是保安密
碼，第二組是車票的價值。他已破解了這兩組的密碼。在盛怒之下，他在地
鐵公司拿走五百張沒有價值的儲值車票，然後透過改動密碼，恢復它們原來
五十元的面額，再以每張二十五元的價值賣給兩名中學同學，聲稱這是員工
購買儲值車票的折扣價。他的兩位中學同學則再以三十五元的價值將這些儲
值車票出售圖利。

怒氣過後，他冷靜下來，對自己的作為感到後悔。他沒有再拿取任何儲
值車票，並將已售出的儲值車票的金額，全數用來購買電腦書籍。

雖然他成功修改了儲值車票的面額，但卻沒有破解第三組的密碼。這組
密碼是用作覆核之用。當這批被恢復價值的儲值車票的價值耗盡後給地鐵的
出閘機收回時，地鐵公司的中央電腦系統便發現同一組密碼的車票曾經被改
動，於是地鐵公司報警。幾個月後，我的當事人被捕，並被控四項罪名，這
宗檢控隨後轉介地方法院處理。

在我們首次見面的會議上，我的當事人便將整件事件和盤托出，並表示
願意承擔後果。

雖然我的當事人承認控罪，但作為他的代表律師，我第一個責任便是要
確保他所承認的行為和事實，在法律上確實構成罪行。經過仔細研究後，我

的結論是就盜竊罪而言，他並無任何抗辯的理由。至於偽造文件方面則可能有爭拗的地方。這一宗檢控，相信可能是香港首宗電腦罪行案件，香港當時的法律並沒有針對電腦罪行，將一般刑事罪行引用至電腦罪行時，當中有些地方會有一些相當新穎和技術性的理據可供爭議，但這些理據並不容易說服法院。若要有任何成功的機會，當事人可能需要一位比我經驗更豐富的資深大律師作代表。但明顯地，我的當事人無力負擔資深大律師的費用。與此同時，若偽造文件罪成，一般的判刑均會是監禁。

大律師的責任是維護當事人的最佳利益，他必須向當事人提供獨立和專業的意見，有時候這些意見不一定是當事人希望得到的。在刑事案件中，抗辯不一定是當事人的最佳利益。大律師有責任向當事人提出忠實的意見，在分析案情及證據後，指出抗辯的成功機會。刑事案件的舉證責任在控方，但若控方的證據確鑿、當事人抗辯的成功機會渺茫時，大律師有責任指出抗辯失敗可能會令刑罰加重，抗辯不一定符合當事人的最佳利益。然而，大律師只能提出意見，最後的決定權還是在當事人手中。畢竟，刑事檢控涉及的是當事人的人身自由，故是否提出抗辯的決定也只能由當事人自行作出。

在我解釋了他的選擇和結果後，他同意承認控罪。對於可能被判監，他自然感到憂慮和沮喪。接下來的事情便是準備求情的工作。

當事人被控四項罪名，當中最嚴重的是偽造文件一項。四項控罪似乎多了一點，在和控方討價還價之後，控方同意若我的當事人承認偽造文件和盜竊罪，控方將不會對餘下的控罪提出證據。

第一次上庭聽取答辯是當事人最早可以認罪的機會，若他否認控罪，法院一般會擇日審訊，並會延長他的保釋。若他承認控罪，法院則會讓他作出求情，然後決定作出判刑或索取相關報告，另定日子再作判刑。首次上庭的案件會集中在答辯法庭（plea court）處理，答辯法庭的日情一般會相當忙碌，因為法院要在一個早上處理大量的案件。若被告有律師代表，法院一般會按慣例先處理這些案件。

由於自己準備了頗長的求情陳詞，我決定讓法官先處理妥當當天早上的所有案件，讓他在沒有其他案件的壓力下聽取求情。於是，我請法庭書記不按慣例先處理我的案件，而是留到當天最後才處理我的個案。幸而當天並不算太忙碌，法院在十一時許的小休前便已處理好當天所有的其他案件。十多分鐘的休息後，法官呷過咖啡，精神抖擻，開始處理當天最後的一宗案件。

一切如計劃中順利進行，我的當事人承認偽造文件和盜竊兩項控罪，偽造文件涉及五百張被重新恢復面額的地鐵儲值車票，而盜竊則涉及五百張已耗盡價值的儲值車票。嚴格而言，若沒有改動磁帶密碼，這五百張已耗盡

價值的儲值車票只屬廢紙，並無任何價值。控方同意對餘下的控罪不提出證據，並確認我的當事人並無任何刑事紀錄。此時，我整頓一下大律師的長袍，開始我的求情陳詞。

我娓娓道出當事人的故事，他的背景，他與主管先前的不愉快經驗，他不獲晉升的憤怒，如何觸犯案件，他隨即的悔改，沒有繼續偷取地鐵車票，從而支持他犯案的動機只為洩憤而非貪念，不然的話，他絕對可以偷取更多的儲值車票，而從他將賣出儲值車票的金額用作購買電腦書籍，亦可見犯案的動機與金錢無關。他的驕傲，驅使他去解決一個相當棘手的電腦問題，主管對他的偏見令他犯上罪行。他願意承擔責任，承認控罪，誠心悔過，並獲家人和未婚妻的支持。畢竟，他是一個非常聰明的年輕人，能夠以一部桌面蘋果電腦攻破一些極其繁複的電腦密碼，法院應該給他一個機會，讓他可以以他的才華貢獻社會。

在我以後的職業生涯中，我見過不少例行公事式的求情。就像好的書面陳詞，好的求情必須有仔細而充足的準備和計劃。求情並非只是向法院陳述事實，而是向法院訴說一個故事，並以恰當的方法打動法官，贏取法官的同情。

求情陳詞用上了個多小時，剛在午膳時間前結束。法官判處當事人兩年監禁，但緩刑兩年。這表示他可獲自由，只要在兩年內不再犯事，判刑便會了結。對他而言，這是他最所能期望的最佳結果。他的家人和未婚妻如釋重負，終於可以為事件畫上句號。我留意到公眾席內一些地鐵公司的高層職員，他們對這結果似乎不大高興。

我的當事人確實開展了新的生活，他遭地鐵公司解僱，但獲家人和朋友的支持，籌集了一些資金，開設了一間小型電腦公司，並向小朋友提供免費電腦課程，算是對社會的回饋。幾個月後，我收到他的邀請，出席他的婚禮。我去到大會堂，遙望一對新人沐浴在冬日早上的和暖陽光下。看到他們的幸福快樂，我忽然決定離開大會堂，給他們遙寄祝福，因為我覺得讓他們放下這段不愉快的經歷會更美好。

13. 遲來的認罪

　　你怎樣為一個你明知他犯了罪的人辯護？相信每一位法律學生都曾經被問到這個問題，答案當然不止一個。看電影或電視劇時，我們知道哪個是罪犯，因為我們自己在現場目睹犯案的經過，但在現實生活中，事實和證據會是模糊得多的。在大部分的案件中，根本沒有獨立的人證，唯一在現場的人是罪犯和受害人，受害人的證據和觀感未必可靠，其他證人的證據也如是，包括控方和辯方的證人。有時候，或許我們有書面記錄或其他獨立的證據，但在大部分的刑事檢控中，主要的證據還是來自受害人，而受害人往往在事發多月甚至幾年後才在法院依靠記憶作出證供，要證實在過去某一段日子內所發生的事，而且要令法院信納為沒有任何合理疑點，這絕對不是一件容易的事。

　　大律師公會的專業守則中，對如何為一個承認控罪的人辯護有詳細的指引和限制。第一項原則是什麼才構成刑事罪行乃一個事實和法律的問題。當事人承認事件的經過並不一定代表當事人已觸犯刑法，律師必須肯定當事人在法律上已觸犯了罪行。例如被告人承認他犯了謀殺罪，但若死者在他行兇前已死去，那法律上他便沒有觸犯謀殺罪。第二項原則是在我們的法律制度下，舉證責任在檢控方，檢控官必須證明被告有罪，而非由被告證明自己是清白無辜的。控方的舉證必須達到沒有任何合理疑點的標準，才能將被告入罪。故此，若檢控官提出的證據不足，未能令人在沒有任何合理疑點下信納被告人已觸犯法律，法院便會判被告罪名不成立，而非判被告清白無罪。由於舉證責任在控方，被告便有權質疑控方提出的證據。

　　第三項原則是律師對法院肩負重大的責任，例如律師不能誤導法院。根據這項原則，在當事人認罪的情況下，律師仍然可以質疑控方證人的證據，以指出證據存有疑點，但律師卻不能提出證據指被告無罪，例如提出被告不在場的證據，或在盤問證人時提出聲稱當事人無罪的問題。故此，若當事人承認控罪，律師在辯護的時候會受到很多限制。

第四項原則是律師有責任向當事人提出獨立的意見。若當事人的案情薄弱，律師有責任向當事人如實解釋，並嘗試制定最符合當事人最佳利益的方案。有時候，勉強否認控罪不一定是當事人的最佳利益，因為當控方證據確鑿，而被告又未能提出任何合理的辯護理由時，或被告在沒有合理理由的時候堅持要盤問一些無關痛癢的證人，當被判罪後，這些行為均會被法院考慮作為加重判刑的理由。故此，若果有需要的時候，律師甚至可以堅定地建議當事人認罪，但即使如此，律師只能作出建議，最後是否認罪必須由被告人自行決定。

以上談的是原則，在現實世界中，雖然也有不少被告願意承認過失和認罪，但在承認過失後仍堅持不認罪的被告卻屬少數。更常見的情況是被告堅持自己清白無辜，並提出多種辯護理由，但這些理由可能相當牽強，甚至互相衝突。須知在法庭舉證並非信口開河，提出的理據要獲法院信納，天方夜譚的詭辯是令人難以相信的。在自己的專業生涯中，也曾遇過不少這類的當事人，以下是其中一位。

通往新界新娘潭的道路既黑且窄，道路蜿蜒曲折，是非法賽車的熱門地點。非法賽車不僅是一項非常危險的活動，更往往會影響其他道路使用者的安全。參與這項不負責任的活動的參加者來自不同背景，亦有不同的原因。有些是瘋狂的汽車愛好者，純粹享受賽車的興奮；有些是專業人士或來自相對富裕家庭的年輕人，他們無法想到更好的方法對待自己的生命！

在一個冬天的晚上，清晨二時左右，在大圍一間著名的粥麵店外聚集了約十五部汽車。各人蓄勢待發，在發號施令者所手持的毛巾一揮之下，每部汽車發出震天的咆吼聲，全速疾奔新娘潭方向。由大圍至大埔的一段高速公路是理想的賽車起點，汽車的時速可以超過二百公里，在公路上你追我逐，但當汽車離開公路轉入蜿蜒曲折的大埔道時，情況便變得極為凶險。在這單程路上，各人不減車速，甚至故意以陡峭的角度入彎，以炫耀他們的技術。

警方早前已收到線報，預先在新娘潭附近布下天羅地網，並在接近新娘潭的一個迴旋處停放了一部警車；另一部警車則在抵達新娘潭較前一段的一個隱蔽處埋伏，待賽車經過後，兩部警車一前一後，便可將所有賽車夾在其中。

行動按計劃進行，當賽車手接近迴旋處看到警車時，他們嘗試掉頭離去，卻發現來路已給另一輛警車堵截，最後十七人當場被捕，全部被控非法賽車，大部分的汽車亦發現曾被改裝。

我是其中一位賽車手的代表律師，開會時他誓神劈願說自己是清白無辜的，他指當晚正在回家的路上，當抵達大尾篤的時候，忽然發覺有大批汽車

從後趕上，他被夾在汽車群中，因為道路相當狹窄，他在無可選擇下唯有跟隨眾車輛。他計劃在抵達新娘潭的迴旋處時便會有機會離開車隊，但可惜為時已晚。他堅稱沒有參與非法賽車，他的汽車也沒有改裝，他亦確實住在現場附近。我告訴他這個故事不是很有說服力，他則堅持他願意向全能的上帝發誓，所說的均為事實和事實的全部，並無虛言。

開審當天，十七名被告分別由四位律師代表，所有被告均否認控罪。控方傳召的第一位證人是當日負責行動的警方指揮官。他是一位外籍警官，態度有點不必要的傲慢，在作證時有些地方明顯誇張了他的證據，在另一些地方則閃縮迴避，甚至是毫無必要的。有些細節他明顯已忘記，他其實可以坦白承認忘記這些細節，而這些細節無關痛癢，可是他卻堅持自己的證據，結果在盤問時錯漏百出，最後令人質疑他的主要證供的可信性。第一天審訊結束後，這位證人的證供多處前後矛盾，恐怕難以令法官信納。

第二天，控方的第二位證人亦未能力挽狂瀾。控方面對的一個問題是被捕的人數多於汽車的數目。明顯地部分被告是司機，亦有部分被告是乘客，但警方當時沒有清楚確認誰是司機，誰是乘客。午膳時，檢控官看到控方的形勢不太好，便開始和被告進行商議，最後大家達成協議，若果所有被告同意監守行為，控方便不再提出證據。原來預期要審訊多天的一宗案件，結果在第二天便夭折了！

案件在下午結束，所有被告簽守行為後便可自由離去。在這宗案件中，公義是否得到彰顯，我確實是有疑惑的，但就如法律界泰斗余叔韶（Patrick S. S. Yu）所說，很多刑事案件檢控失敗並非因為辯護律師了得，而是控方證人太想被告入罪，以致失去客觀性和可信性。當我離開法院時，我的當事人上前向我道謝，然後他告訴我：「現在事情經已告一段落，我可以老實告訴你，當晚我確實有參與賽車。」他還提議開車送我返回辦公室，我禮貌地拒絕了。

這就是他在審訊前所堅稱的所謂「事實和事實的全部，並無虛言」。我並不感到驚訝，因為從一開始我便不相信他的版本。然而，他有憲法的權利要求控方提出足夠的證據作出檢控，這權利屬於他所有，而非他的律師。若控方未能成功檢控，他只是罪名不成立而非清白無辜。在我們的法律制度內，我們相信寧縱毋枉，寧願讓一些有罪的人逍遙法外，也不願冤枉一些無辜的人。在這制度下，總會無可避免地有些犯了事的人可以逍遙法外，但也可以說，這是自由社會的代價。

我已忘記了當天的檢控官是誰。十五年後，當我獲委任為資深大律師的時候，我收到李定國資深大律師（John Reading SC）的一封祝賀信，他在親切的祝賀中，提到我們這宗十五年前由他負責檢控的案件！

VI.

混亂的公共行政：公義與
行政方便

14. 朋友如霧：患難見真情

　　我們如何確定誰是朋友？在日常生活中，「朋友」是一個常用但並不精確的詞語，誰被視為朋友可能取決於上文下理或環境情況。在教會裏，每個成員都是兄弟姊妹，不論相識與否，每位教友都是朋友。在有些情況下，支持一些有意義活動的人士或為共同目的結合起來的人士皆會視大家為朋友；或如英語諺語所說：「在有需要時伸出援手者便是朋友。」(A friend in need is a friend indeed.) 中國人也有一些類似的說話，如「四海之內皆兄弟」或「患難見真情」等。在今日科技一日千里的年代，不少同事朋友可能素未謀面，一直以電郵或互聯網互相通訊。那麼，是否一定要互相認識才可被視為「朋友」？這個看似無聊的問題，竟然在香港一宗刑事案件中出現，案中人來到香港大學法律學院的臨床法律教育計劃要求我們的援助。

代客探監服務

　　案中人溫先生曾經犯事而入獄。在獄中，他發現許多在囚人士均渴望得到家人和朋友的探望，但由於種種原因，家人和朋友無法探視他們。被判罪的囚犯，親戚朋友每月只能探訪兩次，每次三十分鐘。至於未被判罪但不獲保釋的囚犯，則每天可以有十五分鐘的探望時間，但由於行程和輪候需時，一次十五分鐘的探訪，家人可能要用上半天。有些家人可能因為工作關係，難以請假半天作十五分鐘的探訪。亦有一些情況是，家人年紀太大或身體不適，無法前往探訪。亦有一些囚犯，尤其是海外人士，在香港沒有親戚朋友，而海外的親戚朋友亦難以專程來港作短暫的探望。

　　於是，我們這位當事人在獲釋後，決定提供代客探監服務，代表囚犯的親戚或朋友向在囚人士提供食物和日常用品，令一些在囚人士仍然感覺到親戚朋友的關心。對於那些不熟悉懲教系統的人來說，試圖為在囚人士提供食品和生活必需品可能是一場惡夢，因為懲教署對食品的種類，甚至品牌均有

嚴格的規定，要符合這些規定才獲允許送給在囚人士，例如只允許某一牌子的牙膏、魷魚絲等。

溫先生成立了一間服務公司，收取少量服務費用，提供代客探監服務，一方面可以令在囚人士仍然感受到親戚朋友的關心，一方面又可以減省親戚朋友未能親自探望的煩惱。他招募了一些兼職和義工進行探訪服務，而探訪的對象則局限於還押候審人士，即那些被拒絕保釋而遭羈留等候審訊的在囚人士。在法律上，這些人士仍被假定無罪，故即使在還押期間，他們仍然享有較高度的自由，例如不需要穿着在囚人士的制服、剪短頭髮。他們可以選擇指定店鋪提供的食物和餐飲，甚至包括享用葡萄酒，亦可以擁有較多數量的香煙。即使每次探訪只能持續十五分鐘，但與那些已被定罪的在囚人士，每月只能有兩次探訪，每次只有三十分鐘的限制相比起來，這些尚未判罪的還押人士仍是自由得多，亦較容易為他們的親戚朋友安排代客探監服務。

刑事檢控

所有探望在囚人士的親友，在抵達懲教院所後要先作登記。除了特許人士如律師外，其他探訪人士只限於親戚和朋友，懲教署職員會在登記的時候把探訪人是屬於親戚還是朋友的身份輸入電腦，電腦系統亦只能識別這兩個身份。由於我們的當事人和他的僱員並不認識要探望的在囚人士，於是在填寫關係一欄中，都選擇了「朋友」這個身份。這項代客探監服務營辦了好一段日子，後來引起媒體的報導。這些報導均非常正面，但卻引起懲教署的憂慮。署方向律政署尋求意見，並不動聲色地對訪客作出監視。溫先生和他的僱員每次探訪均會穿着同樣顏色的服飾，而且沒有刻意隱瞞他們是代客探監。儘管懲教署已能識別溫先生及其僱員，但他們並沒有採取任何行動。直至八個月後，警方突然採取行動，拘捕了溫先生及另外八位兼職員工，包括一位義工。他們被控什麼罪名？串謀詐騙罪！這是一項非常嚴重的指控，最高可以被判處七年監禁！根據警方的指控，被告並不認識在囚人士，卻串謀訛稱自己是在囚人士的朋友，欺騙懲教署的職員，令他們作出違反公職的行為，即容許被告與有關在囚人士接觸。

各被告向我們的臨床法律教育計劃求助，我們決定協助他們。這是一項有意義的社會服務，應該受到讚揚而非檢控。若懲教署擔憂他們的探訪會對署方造成安全的風險，恰當的做法是對他們的服務作出規管，而非檢控禁止這項服務。案件取決於《監獄規則》內對「朋友」一詞的定義。懲教署本身並沒有任何文件對「朋友」作出定義或指引，在實際運作上亦採取一個相當寬鬆

的解釋；他們同意親戚的朋友可被視為「朋友」，一位在囚人士年紀老邁的母親的鄰居，即使不認識在囚人士，但當他代表年老的母親探訪在囚人士的時候，仍可被視為「朋友」。

在裁判法院，溫先生由臨床法律教育計劃的義務律師郭憬憲大律師代表，主任張達明老師則代表第二、第八和第九被告，當中兩人為家庭主婦，兼職進行代客探監服務，溫先生以略高於最低工資的酬勞作為薪酬；另一名被告則是義工，認為代客探監是一種有意義的服務，自願提供協助。

第一位控方證人是懲教署的助理主任。他作證時相當坦率，證供亦相當持平。以下是控方引導證人作供的節錄，控方正在詢問要求訪客填寫與打算探訪的在囚人士的關係的表格：

問：咁呢個有乜重要性喺，佢嘅關係係乜野？

答：佢關係……因為我哋電腦記錄每一次探訪，都要有個朋友關係，我哋要……要 Mark 低嘅，即係電腦係需要有呢個資料嘅，所以朋友呀、父母呀、兄弟姊妹全部都有個代號嘅。

問：咁是否朋友對於你哋處理呢個訪客嘅申請，申請嚟探某一個犯人呀，或者被收押嘅人士？有冇關係，有冇影響呢？是否朋友同你哋會唔會接受……

答：其實係冇嘅。

問：吓？

答：冇嘅。

問：咩野意思？

答：即係就算朋友或者父母呀，其他……我哋只係電腦度有個紀錄係嗰個訪客同個犯人嘅關係嘅啫。

問：明白。咁如果嚟探嗰個不是朋友，聽清楚個問題，周先生。

答：係。

問：如果嚟探嗰個喺呢一欄，「關係」呢一欄唔寫「朋友」，即係冇寫「朋友」。

答：係。

問：你哋會唔會容許佢去探呢位……接受呢個申請去探訪呢位被收押人士呀？

答：唔寫，唔會。

　　控方引導證人作供完畢後，辯方律師開始盤問證人，相比於控方引導證人作供的主問（examination in chief），針對這份表格的盤問（cross examination）更為有趣：

問：咁如果佢屋企人搵佢隔離嗰個鄰舍，話你可唔可以幫我帶啲嘢俾呢個被羈留人士，呢個會唔會都係你頭先提到除咗宗教人士之外，係另一個例子你哋會接受佢哋係朋友呢？

答：過程佢叫邊個嚟我唔清楚喇，總之佢嚟如果係普通「朋友」嘅身份嘅，我哋都係要俾佢探㗎喇。

問：我想接著頭先郭大律師佢提及，佢哋探訪嗰個人，佢同你嘅職員純粹講解佢同嗰個囚犯嘅關係係乜嘢，我舉個例子，佢走嚟同你講，我係受佢媽媽所托，要帶啲香煙或者帶小食俾佢嘅，咁你哋點樣處理……即係呢個咁嘅提出呢？

答：都係叫佢填張表，填番晒啲關係㗎咋喎。

問：叫佢填「朋友」喇？

答：唔係我叫佢填，咁你識唔識佢吖，都係咁樣問嘅咋喎，如果你識佢嘅咪即係朋友囉，係咪？

問：佢已經同你解釋咗我唔係直接識佢，我識佢媽媽嘅，佢媽媽叫我嚟嘅啫。

答：咁佢哋自己都係話自己係朋友嘅咋。

問：即係所以就係咁嘅情況，就你哋即係可以會同佢講咁你咪可以填朋友囉，同唔同意呀？

答：會提議佢囉。

　　《監獄規則》第48條容許在指定條件下讓囚犯的親戚朋友探訪，這規則屬一般性條文，適用於所有囚犯，除非規則另有規定。還押候審的囚犯受《監獄規則》第二部分規管，當中第203條指出囚犯可獲一名訪客探訪。在裁判法院，辯方指出，第203條所指的「訪客」，包含的範圍較廣，不限於「親戚」和「朋友」。再者，當被告是代表親戚和朋友的時候，並考慮到懲教署實際上亦對「朋友」一詞採納一個非常寬鬆的解釋，法院應該視被告人為「朋友」。

　　裁判法官並不接納這些論點，她認為第203條所指的「訪客」，只能是指「親戚」或「朋友」，而「朋友」是指「彼此有交情的人」，必須是互相認識的。各被告與他們探訪的在囚人士素未謀面，不能被視作「朋友」。裁判法院最後裁定所有被告罪名成立，但刑罰相對為輕，各人被判社會服務令。

上訴一波三折

　　四名被告不服，向原訟法庭提出上訴。他們認為，在考慮「朋友」的定義時，必須同時考慮這些在囚人士仍被假定無罪。故此，除了行動受限制外，他們應該盡量享有一般人的正常權利，包括接見訪客的權利，這無罪假定的推論受到《人權法案》的保障，《監獄規則》第203條內所指的朋友，必須得到一個廣義的解釋。由於這論據對懲教署的訪客政策會有深遠影響，原訟法庭法官決定將案件移交上訴法庭處理，法官還建議被告轉聘資深大律師。張達明問我能否拔刀相助，我答應聯同郭憬憲大律師代表第一被告溫先生，而張達明則繼續代表第二被告。其餘兩名被告則另聘律師代表。

　　上訴聆訊安排在2015年5月進行，這距離他們被控罪名成立已差不多兩年。由於案件的重點涉及法律的解釋，而控辯雙方均有律師代表，我們早前便向法院索取指示，上訴是否可以以英語進行。上訴法庭拒絕這個要求，因為原審和相關的紀錄均以粵語進行，故上訴沿用中文會較為方便，無需翻譯大量文件。我同意上訴法庭的決定有它的理據。於是，我們的上訴文件和書面陳詞均以中文書寫。

　　上訴聆訊開始，我作了開案陳詞，並引領法官審視案中重要的證據。正當我準備就法律的解釋作陳詞時，法院認為就懲教署的訪客政策方面未有足夠的證據，打算讓控方提出補充證據，對此我表示反對：

律師：法官閣下，在訪客政策方面，控方第二證人已就此方面作出證供。

法院：我有留意他的證據，但第二證人的職級較低，懲教署必定有其他更好的理由採納現時的訪客政策。

律師：法官閣下，我不會說會有其他更好的理由。檢控的舉證責任在於控方，檢控官有全權決定提出什麼證據和理由支持現行的訪客政策，這是控方的責任。但在上訴時，我們只能局限於在原審法庭所提出的證供。

法院：但你現在提出《人權法案》的辯護理由，並要求法院就《監獄規則》及懲教署現時的訪客政策的合憲性作出裁決。在沒有所有有關的理據下，我們難以就這樣影響深遠的問題作出裁決。我們打算只容許檢控官就現時的訪客政策的理據提供新的證據。

　律師：法官閣下，但這是一宗刑事上訴。上訴人已就上訴作出開案
　　　　陳詞，而且已準備就法律觀點作出陳述。若在這麼後期的階
　　　　段容許控方提出新的證據，恐怕對我的當事人並不公平。

　法院：我們會讓你的當事人有機會就控方所提出的新的證據作出回
　　　　應。

　　於是，法院押後聆訊，容許控方就現行的訪客政策提出新的證據，以及
讓各被告回應這些證據。

　　控方隨後提出詳細的證據，一共有三份誓章，當中包括了一些統計數字
和內部指引。一如所料，在一些較灰色的地帶，控方亦提出一些補充證據，
以彌補在原審時證據不足的地方。控方的證據集中在探訪對懲教署的安全和
紀律造成的風險及威脅，被告亦提交兩份誓章，一份由一位前在囚人士闡述
懲教署當時的安全程序和對進入懲教院所的物品的檢測程序的實際情況。另
一份誓章則由一位專門探訪在囚人士的牧師所作，指出探訪對於在囚人士在
適應、心理健康和更生方面的好處。

　　控方的誓章和書面證據均以英文書寫，他們同時要求法院更改先前的決
定，將上訴的語言改為英語。法院批准這項要求，這不單需要將原審法庭的
紀錄和證人的證供全部翻譯成英文，就連我們先前提出的書面陳詞也要翻譯
成英語。法院前後矛盾的決定令人費解。法庭的用語，影響的不單是在法庭
上使用的語言，同時會影響文件、證據和紀錄，控辯雙方要做大量的翻譯和
校對，這對資源並不充裕的被告，會造成相當大的壓力和不公。

　　上訴亦因此拖延了將近一年，至2016年5月才恢復聆訊。我們指出，在
囚人士並不會失去所有的基本權利，這是行之已久的普通法原則，對那些還
押候審的人士而言，這原則更形重要，因為他們仍是被假定無罪的。故此，
他們仍然享有《人權法案》所保障的各項權利，包括享有私生活的權利，只
要這些權利和監禁沒有抵觸。這方面，維持社交和與家人接觸是他們的重要
權利。因此，在解釋《監獄規例》對訪客的規定時，對何謂「朋友」不應採取
太過狹窄的解釋。而且，從法律條文的歷史發展來看，還押候審的在囚人士
一直享有較寬鬆的待遇，這一點又再一次反映他們在法律上被假定無罪的原
則。過往百多年來，從第48條和第203條的草擬歷史可以看到，對候審的在
囚人士的訪客一直沒有什麼限制。我們同意監獄的安全和有限的設施是合理
限制訪客類別的理由，但我們認為，對訪客採納一個較寬鬆的解釋，例如接
受親戚朋友的代表為訪客，並不會影響監獄的安全。至於設施方面，從懲教
署所提供的數據，現時的設施遠遠未達飽和的階段。簡言之，控方並未能提

出足夠的理據支持為何訪客只局限於親戚朋友,而且將「朋友」限於互相認識的人士,會對不少人造成不公,例如那些來自海外的在囚人士、在香港沒有親戚朋友的在囚人士、因工作關係未能抽出時間探訪在囚人士的親戚朋友(尤其是每天要為口奔馳的勞工階層),以及年老或體弱多病的親戚朋友等。在考慮監獄安全和在囚人士的權利之間,政府未能作出合理或相稱的平衡。

上訴法庭並不接受我們的理據,它認為懲教署署長為最適當考慮監獄的設施和安全需要的人士,法院不適宜介入這些細節。法院亦認為草擬歷史的幫助不大,甚至在判詞中亦沒有提及這方面的理據。它同意候審的在囚人士可以獲得較寬鬆的待遇,但卻指出他們在多方面已經獲得較寬鬆的待遇,例如相比於被判刑後的在囚人士,他們享有更多的探訪次數和時間,因此沒有理由讓他們在訪客類別中也要獲得更寬鬆的待遇。而且,若有需要時,懲教署署長有權容許親戚朋友以外的訪客探訪。基於這些理由,上訴法庭駁回上訴。

至此,幾位被告都感到有點心灰意冷,部分人決定放棄上訴,但溫先生和那位義工最後還是決定要繼續向終審法院提出上訴。我們感到上訴法庭的理據並不充分,例如候審的在囚人士在其他方面獲得較優惠的待遇,並不構成在訪客方面便不能獲得更優厚待遇的理由,任何對他們基本權利的限制必須要有足夠的理據支持,而法院有責任詳細審閱這些理據,尤其是當相關的措施影響到一些基本的權利。

終極上訴

2018年,案件終於來到終審法院。[1] 在終審法院,我們強調,對法律條文的解釋,必須考慮條文背後的目的。現代監獄的目的不單是在懲罰犯人,更重要的是協助犯人更生和出獄後重新融入社會。在這個過程中,讓在囚人士保持社交和連繫至為重要。親戚朋友的探訪,不但能協助他們更生,一些正常的探訪亦會促進心理健康,對維持監獄的秩序大有裨益。至於還押候審的人士,他們很多時候是在被捕後遭拒絕保釋而還押監獄,這突如其來的改變,會大大影響他們的生活節奏,亦需要一定時間適應監獄的生活,一個較寬鬆的訪客定義,便可以幫助他們適應監獄的生活。而且從官方數字看到,由於排期需時,候審的時間有時長達一年半載,維持適度的探訪和提供物質與心理上的支援,對這些仍被假定無罪人士的適應和日後重返社會更為重

---

1. *Thomas Wan v HKSAR* (2018) 21 HKCFAR 214.

要。這對一些所謂「無人無物」的「死火山」而言，即指那些沒有親戚朋友或是海外的在囚人士，訪客對他們尤其重要，代客探監的服務正好滿足這方面的需求。

終審法院接受我們的見解，一方面它並不同意第203條中所指的訪客和第48條所指的親戚朋友可以作不同的理解，從《監獄規則》的其他條文整體考慮，「訪客」一詞明顯是指「親戚」和「朋友」。另一方面，法院同意解釋「朋友」一詞的涵義時，原則上的處理方法是參考朋友探訪候審囚犯的目的，然後採納一個與立法目的相符的解釋。被告提供的代客探監服務，向候審囚犯所提供的支援，正是《監獄規則》下候審囚犯預期可得到的支援。

於是，法院認為，第48條規則下的「朋友」一詞，不應界定為僅與候審囚犯認識的人士，還需包括符合下列條件的人士：（一）被要求探訪囚犯的人士，不論該要求由囚犯本人直接提出，還是透過囚犯的親戚或與囚犯相識的人間接提出；（二）在符合探訪該類囚犯的法定目的之情況下，希望探訪囚犯以期向他提供精神或物質支援的人士；及（三）囚犯願意接見的人士。倘若符合上述條件，訪客應客觀地被視為相關囚犯的「朋友」。因此，在正確的詮釋下，懲教署職員容許被告進行探訪，並沒有違反公職。換言之，被告並沒有作出誘使懲教署職員作出違反其公職的行為，因此串謀行騙罪名並不成立。

再者，「朋友」一詞本身的涵意絕不清晰，不論在《監獄規則》或懲教署本身也沒有對該詞的涵意作出指引。因此，被告絕對有可能相信他們是《監獄規則》所指的候審囚犯的朋友，他們作出這陳述，並不代表他們不誠實或虛假表示他們的身份，更遑論作出這陳述是為了誘使懲教署職員准許他們以訪客身份進行探訪，這絕不是唯一及無可抗拒的推論。法院於是推翻原判，還兩名被告清白之身。

由原審被判有罪至終審法院推翻控罪，前後經歷了五年時間，溫先生和該位義工最終獲得公義，我們隨後亦協助其他沒有提出上訴的被告，要求控方撤銷他們的控罪。在上訴的過程中，律政署基本上沒有質疑代客探監服務的價值，可惜，被告早已結束這項服務。長達五年的檢控，除了摧毀一項很有價值的社會服務外，對公眾利益有何裨益？若果當初政府不是採取一種僵化的官僚態度，而是考慮如何可以將這服務規劃化以平衡懲教署對安全的考慮，例如仿效提供膳食予候審囚犯的制度，向相關的商戶發牌認可，一項有意義的服務便大可延續下去，令懲教署、在囚人士和被告達致三贏的局面，無需花費五年多的時間和精力作出訴訟。其實，只要政府願意採納較開明和有彈性的態度，很多社會上的爭議是完全可以避免的。

15. 律師代表的權利

律師代表的權利被認為是影響法治的一項基本權利，箇中原因相當明顯：對一個不懂法律的人而言，在沒有律師代表的情況下，要駕馭錯綜複雜的法網，即使並非不可能，也會是非常困難和痛苦的經驗。法院是執行公義的地方，但若沒有適當的導航走出法律的迷宮，可能永遠無法到達神聖的公義殿堂。然而，即使律師代表的權利是多麼不可或缺，這權利並非總是受到歡迎的。

現代社會的一個特徵是出現了一系列負責公共決策的行政機構，它們有多種名稱，例如審裁處、委員會、專家小組等。法例賦予它們權力，作出對普羅市民生活有深遠甚至嚴重影響的決定，例如延長公屋租戶的租賃期、拒絕續發小販牌照、或對違紀的學生作紀律處分等。這些行政機構的另一個特點是成員一般沒有任何法律訓練或背景。這些委員會同時有權決定它們所採納的程序，一般而言，這些程序都沒有規定可獲律師代表的權利。

常理並不尋常

蔡女士是當時仍稱為香港理工學院的學生，修讀酒店餐飲管理高級文憑課程。因表現不佳被要求退學，她就此向學術上訴委員會提出上訴。上訴聆訊之日，她聘請了麥高義大律師（Gerard McCoy SC，後來成為資深大律師，並於 2020 年過身）作為律師代表。律師團隊還有律師事務所一位實習律師、一名速記員和學生會一位代表，麥高義要求整個代表團可以出席上訴聆訊。面對這樣龐大的陣容，委員會顯得有點不知所措。當中有人指出，根據相關的上訴規則，每名學生只可以由一人代表。所以，蔡女士必須作出選擇由誰來做代表。毫無疑問，蔡女士當然希望麥高義代表她，但根據大律師的專業守則，麥高義必須在事務律師的陪同下才能代表當事人（在這情況下，事務律師包括實習律師）。

　　經過一輪洽商後，委員會同意麥高義和實習律師可以出席聆訊，條件是該名實習律師不能積極參與上訴。這條件不必要，亦沒有任何實際作用。首先，讓實習律師出席聆訊，很難看到會對上訴程序有何影響。其次，在一般情況下，實習律師的角色是被動的，陳詞主要由大律師作出。令人感到意外的倒是麥高義認為若實習律師不能夠積極參與上訴，他便無法有效代表他的當事人；他甚至認為這條件會令他違反大律師的專業守則。這一點無疑是誇大其詞，後來亦遭法院駁回。[1]

　　這是一個典型小事化大的例子，若雙方願意用普通常識來處理問題，事情本來很容易便可以解決。蔡女士這時候忽然作出了一個出人意表的決定，她辭退麥高義，並親自提出上訴。在聆訊將近結束時她要求休會，以提出進一步的上訴理由。委員會拒絕了她的要求，繼而否決了她的上訴。她其後就這決定提出司法覆核。

　　基於這些事實，法院認為蔡女士沒有律師代表是咎由自取，委員會容許麥高義在實習律師陪同下代表蔡女士的決定屬合理決定。再者，委員會是否容許律師代表須視乎一系列的因素，包括相關程序的複雜性、需要處理的問題的性質、是否涉及法律觀點的爭議、決定的後果的嚴重性，以及學生代表自己的能力等。在這宗案件中，涉及的問題相對簡單，上訴委員會要處理的主要問題是該學生的學術表現是否未如理想，並足以要求她退學。案件並不涉及任何複雜的法律問題，在這情況下，法院認為委員會可以行使酌情權拒絕律師代表。

　　如果上訴委員會沒有附加條件限制實習律師的角色，司法覆核或許可以避免，而正如上文所述，該附加條件完全沒有必要，亦沒有任何實際作用。假如決策者願意以常理考慮，很多爭端其實可以避免。可惜，常理絕非尋常，很多時候，法律背後的爭端往往涉及一些人事衝突的問題。

　　很大程度上，《林少寶》案也是涉及人事問題，但這宗案件還涉及一個制度上的問題。[2]

一位警察的故事

　　長期以來，警隊一直關注警務人員的財務狀況，尤其是因賭博而招致的巨額財政負擔，因為這很容易導致他們疏於職守，甚至作出違紀違法行為。

1.　*R v Hong Kong Polytechnic, ex parte Jenny Chua* (1992) 2 HKPLR 34.
2.　*Lam Siu Po v Commissioner of Police* (2009) 12 HKCFAR 237.

因此，警隊制定了相關的政策和程序，處理那些負有「無法控制的債務」的警務人員（officers with unmanageable debts，簡稱 OUD）。根據這些政策和規定，警務人員不得承擔他們無法負擔的支出，「對那些因輕率理財引致無法控制的債務，因而影響他們的行動效率的警務人員，警方不會寄予任何同情。」事實上，對那些負有無法控制的債務的警務人員，警方一律採取紀律處分，一般的懲罰會是強制性退休和延期獲得發放甚至沒收退休金。

林少寶是一位有出色表現的警務人員。有別於那些因賭博而負債累累的同僚，林少寶在股市投資紅籌股失利而招致巨額債務，雖然有些人會認為兩者分別不大，股票市場其實是香港最大的賭場！他在股票市場的交易金額是他月薪的八十倍，最初他以自己的積蓄投資，後來投資的金額越來越大，他唯有使用信用卡及向不同的財務公司借貸。當他負債接近五十萬元時，他發覺自己已無法負擔這些債務。2000 年 5 月左右，他向上司報告他的債務狀況，並申請破產。

上司並沒有即時對他採取任何行動，只限制他不准處理任何錢財，但仍然可以繼續履行其他日常職責，包括攜帶槍械。在他向上司報告他的債務和最後獲法院頒發破產令的幾個月之間，他成功拘捕了警察通緝令內多名人士。最後，警方向他提出紀律聆訊，指他違反《警察通則》PGO 6-01（8）條。這一條指出：

> 警務人員必須謹慎處理他的財務，因輕率處理財務導致嚴重的財政
> 困局，因而影響行動效率，將會面對紀律處分。

林少寶先後經歷兩次紀律聆訊。2001 年 1 月，在紀律聆訊中他獲得一位高級督察作代表，並對控方證人作出盤問。2001 年 3 月 23 日，林少寶被裁定紀律控罪罪名成立，判處即時辭退。這是最嚴重的紀律處分，他不但失去了工作，退休金亦被沒收。五個月後，警方作覆檢時，發覺原審出現嚴重的程序錯誤和不公平的地方，於是推翻原來的判決，並下令重新展開聆訊。

第二次聆訊在 2001 年 12 月進行，換了主審的官員，檢控官和證人則維持不變。可是，當日代表林少寶的高級督察未能再次代表他，鑒於後果的嚴重性，林少寶極為期盼可以有恰當的律師代表。根據《警察（紀律）規例》第 9（11）條及第 9（12）條，他只能選定具有大律師或律師資格的警務人員代表他，但在警隊中並沒有太多警務人員具有大律師或律師資格，而當中願意在紀律聆訊中作為律師代表的警務人員更是鳳毛麟角。作為紀律部隊，警隊的主流文化是對上司的命令絕對服從，不會容忍任何的質疑，但在警隊的紀律聆訊中，律師代表往往需要盤問證人，而這些證人的官階可能比律師代表更

高。事實上，在當時整個警隊中，只有不足十名具有律師資格的警務人員願意充當律師代表。

於是，在第二次聆訊中，林少寶在尋找願意代表他的警務人員遇上很大的困難，這是毫不奇怪的，最後他終於獲得另一名高級督察協助，但很快他對該名高級督察失去信心，並辭退了他。林少寶要求紀律審裁小組讓他聘請執業律師作代表，或從政府另一部門或輔警中尋找有律師資格的公務員作代表，但審裁小組拒絕他的要求。他唯有作出自辯。

明顯地，林少寶並不知道如何作辯護或盤問證人，並在聆訊中作出了一些對自己極為不利的言詞。審裁小組裁定他罪名成立，並勒令強制退休，但助理警務處長覆核後，將刑罰改為即時強制退休及延遲發放退休金。2002年10月21日，警務處長確認這判決，林少寶遂提出司法覆核。

林少寶自行草擬的司法覆核申請書，內容凌亂，幸而他獲得法律援助，並獲法援指派吳靄儀（Margaret Ng）代表他。吳靄儀是一位出色的大律師兼立法會議員，她首先修訂了申請書，指出林少寶被剝奪律師代表的權利，有違《基本法》第35條及《人權法案》第10條。她並指出，即使林少寶陷入財務困境，但他的工作效率並未因此受到影響。然而，在原訟法庭作出判決前，終審法院在另一宗案件中指出，[3]《基本法》第35條只適用於正式的司法程序，但不適用於紀律聆訊，原訟法庭因而駁回林少寶的司法覆核。上訴時，上訴法庭認為它受先前另一宗判例所約束，這宗判例指出，法院不會接納任何用以顯示申請人的工作效率不受影響的證據，因為這是財政困局的推定結果。[4]至於《基本法》第35條，雖然這條文並不適用，代表律師仍努力爭辯，指出根據《人權法案》第10條，他仍然被剝奪了律師代表的權利。上訴法庭駁回這論點，部分原因是他的紀律聆訊上訴注定失敗，以致是否有律師代表均不會改變結果。

就如她對很多其他事物均有強烈看法一樣，吳靄儀對上訴法庭的判決感到強烈不公。有一天，我剛經過她的辦公室，大家在下午茶聊天的時候談及這宗案件，我說儘管第35條並不適用，但《人權法案》第10條仍然適用。當終審法院將第35條局限於正式的司法程序時，這便對非司法程序是否可以獲得律師代表的問題留下一大缺口，而這缺口正好可以由《人權法案》第10條來填補。吳靄儀對喝茶有很高的品味要求，她所提供的下午茶，對茶味和茶具均非常講究，精緻的茶具配以香醇的茶味，總給朋友帶來一種莫名的喜

---

3. *Stock Exchange of Hong Kong v New World Development Co Ltd* (2006) 9 HKCFAR 234.
4. *Leung Fuk Wah v Commissioner of Police* [2002] 3 HKLRD 653.

悦和吸引力。那個下午的對話令她雀躍萬分,而我在品嚐芬芳濃郁的下午茶時,沒想到這番對話令我捲入終審法院一宗影響深遠的案件。

向終審法院提出上訴是需要批准的。由於吳靄儀的謹慎草擬,在司法覆核的申請書中已列出了《人權法案》作為申請的依據,故儘管在原訟法庭沒有提出這方面的論據,在上訴法庭亦只是輕輕帶過,我們仍然成功說服上訴法庭批出上訴許可,證明上訴涉及「重大廣泛的或關乎公眾的重要性」的問題,值得由終審法院作出判決。我們提出兩點上訴的理由:第一,《警察(紀律)規例》第 9(11)條及第 9(12)條是否符合《人權法案》第 10 條;第二,上訴法庭認為從負債必然可以推定行動效率受影響,這推定是否正確。

終局上訴

2009 年 3 月 10 日,終審法院開始終局上訴的聆訊,這時距離紀律聆訊的裁決已接近七年。

終審法院坐落於炮台里的頂端,前身為法國傳教士大樓。大樓經過精心改裝,並設置了一間極為優雅的圖書館。大律師的更衣室寧靜舒適,從窗外望,可以俯瞰廣場法院的入口和聖約翰大教堂。原來的教堂被改裝成為主審法庭,法庭的頂端正是教堂的拱型圓頂。這是一個較細小但舒適的法庭,由於主審法庭面積較小,雙方的大律師往往已佔了所有座位,遇上一些重大案件,大律師甚至要自備活動書架以安放文件!大律師和法官之間只有很短的距離,但由於法庭內的音響效果頗不理想,對坐在兩側的法官的發言,大律師有時只能猜測法官的問題!不過,大律師和法官之間那些高質素的交流對話,足以彌補這些缺點。終審法院的法官溫文有禮,法庭內的辯論是活潑和極具挑戰性的,這令到出席終審法院的聆訊成為一種享受和榮幸。

上訴由首席法官李國能主審,合議庭的法官包括包致金法官、陳兆愷法官、李義法官和海外法官胡佛勳爵(Lord Woolf)。胡佛勳爵在普通法制內享負盛名,他在英國提出的民事訴訟司法改革,又稱為胡佛改革(Woolf Reform),成為不少普通法地區民事司法制度改革的藍本。警務處長由周家明資深大律師代表,他是一位十分能幹的大律師,也是我教的第一批學生,其後加入司法行列,成為原訟法庭法官。他公平地接受第 9(11)及 9(12)條的效果相等於完全排除律師代表的權利,但他認為《人權法案》第 10 條並不適用,這方面的辯論引發出普通法制和歐陸法制之間一些有趣的差別。我同意並不是在所有情況下都必須容許律師代表,決定的因素是當沒有律師代表的時候,是否仍然可以達致公平審訊?因此,相關的審裁處必須要有酌情

權，在考慮到個別案件的情況下，因公義所需而酌情容許律師代表。但在這案中，立法機關在沒有足夠理由下剝奪了這種酌情權，以致無法達致公平審訊。終審法院接受這些論點，認為第9（11）及9（12）條因為違反《人權法案》的保障而遭撤銷，這宗判案，亦成為律師代表和公平審訊的憲法權利的主要判詞。

毫無疑問，在沒有律師代表的情況下，林少寶在紀律聆訊中處於相當不利的位置，這從他毫不專業的辯護中便可見一斑。但上訴還需要克服另一個困難：即使有律師代表，會否改變紀律聆訊的結果？這便視乎上訴的第二項理據是否成立，即林少寶是否可以就他的行動表現提出證據？相關的《警察通則》清楚指出，要構成紀律罪行必須符合三項條件：第一，草率處理財務；第二，因此導致財務困難；第三，因而影響行動效率。從條文的草擬方法以致邏輯的推理方法，第一項和第二項條件並不會導致第三項條件自動成立，這是三項獨立的條件，缺一不可。當林少寶在申請破產後仍然成功拘捕大批被通緝人士，這怎能說他的行動效率受到影響？就這方面的判決，終審法院亦毫不猶豫地推翻了上訴法庭的判決。

公義獲得實踐嗎？

經過七年漫長的訴訟，林少寶終於推翻了紀律聆訊的裁決。終審法院作出判決後，我和他沒有再聯絡，聽聞他經歷第三次的紀律聆訊。雖然這次他獲得律師代表，但審裁處還是判他罪名成立，並給予同樣的刑罰。終審法院的勝利並沒有給他帶來任何實質改變，法院給他帶來公義，但事實上公義是否獲得實踐？他處理他的財務可能有不恰當的地方，但辭退他是否一個相稱的解決方法？還是這只是對一名敢於挑戰權威的人士的懲處？無論如何，香港可能因此失去了一名好警察。

至於律師代表的權利，相關的規例其後被廢除，並賦予審裁處酌情權，根據每宗個案的具體情況考慮是否容許律師代表。案件的影響遠超於警隊本身，不少其他紀律部隊甚至專業團體，隨後亦相繼修改它們的紀律聆訊規則，加入這項酌情權。

第9（11）及9（12）條其實反映了一種相當普遍的態度，即律師往往會令事情變得複雜，因而許多行政機構並不歡迎律師介入。很可惜，這種態度並非完全沒有根據。另一方面，只有警務人員才能明白警方的紀律行為這論據顯然不具說服力，但警方仍然以同樣論據支持由警務人員調查對警務人員的投訴。這兩宗案件凸顯了一般審裁機構對律師代表的不同觀感，而對於這種

負面的觀感，律師本身也要負上一定的責任。包致金法官在他的判詞中便作出了恰當的提示：[5]

> 律師代表在某些紀律審裁處是相當普遍的，律師應該明白，他們的責任不只僅限於他們的當事人，而是包括審裁處，這是訴訟律師的傳統和責任。律師肩負憲法責任，但亦必須緊記這責任，不能濫用律師的身份。當然，大部分律師均不需要這樣的提示，但若有些人可能需要這種提示時，我謹此提出，並無任何冒犯之意。

這宗案件的後遺症亦同樣精彩，不少在終審法院判案前被紀律處分的警務人員，紛紛希望藉着他們也曾被拒絕律師代表為理由，推翻他們的紀律裁決。這樣的案件超過八十多宗，相關的警務人員認為他們的定罪並不合憲，但幾乎在所有案件中，上訴期限均已屆滿，故他們同時要求法院容許他們在上訴期限屆滿後仍可以提出上訴。對法院而言，問題是當相關法律在判案後被認為是違憲的時候，法院是否應該批出逾越上訴期限的上訴許可？當中有些案件，涉及的判決已經是五、六年前的事；有些案件，相關的警務人員並沒有質疑控罪；也有些案件，申請人完全沒有提出《人權法案》的論據。在《林少寶》案後的一段時間，法院的決定顯得相當混亂，有些法官容許上訴許可，另一些法官則認為訴訟總得終結，不能無了期地不斷重新審視多年前作出的決定。經過一段時間，這問題終於由終審法院作出定奪。法院認為單單因為事後相關的法律被裁定為違憲，這理由並不足以推翻先前的決定，法院只會在極例外的情況下，才會在上訴期已屆滿的情況下批出上訴許可。雖然終審法院解決了這些上訴，但仍留下一個更根本的問題：當一條存在已久的法律條文被宣告為違憲而遭撤銷時，這個違憲的決定會否影響遠古的寧靜，又或許在可見的將來，因法律真空而帶來動盪的漩渦？這將會是另外一個故事。[6]

---

5. 見判詞第254頁。
6. 本書英文版第14章對此問題有較詳細的討論。

16. 三姊妹案

　　李柱銘資深大律師（Martin Lee SC）有兩個廣為人知的習慣。首先，他喜歡在家裏而非在其事務所內舉行會議。第二，當他在處理一宗案件時，只要想起一些論點，便會隨時找法律團隊內的其他大律師討論，時間日夜並不在他的考慮之列。故此，當我在一個寒冬的早上六時接到他的電話，並不感到奇怪，他對我已經相當容忍，在其他案中，他曾經在早上凌晨四時打電話給胡漢清資深大律師（Alan Hoo SC）討論案情！

　　那是剛在農曆新年不久之後，是一個寒冷的早晨。我抵達他家時，一如往常，李太親切地為我提供了溫暖而窩心的早餐。

　　我們的當事人是三位飽讀詩書、溫文爾雅的女士。她們在青衣和大嶼山之間的一個小島馬灣擁有一塊土地，馬灣後來更成為世界知名的青馬大橋的中途立足點。大橋當時還處於規劃階段，根據當時的規劃，馬灣將有一條接駁公路連接大橋與外界。當時的馬灣仍是一個只有數百名居民的寧靜小島。隨着青馬大橋項目的開展，發展商決定在島上興建一個以中產階級為主的大型住宅區。為了贏取政府對該住宅項目的批核，發展商建議將受影響的島上居民重新安置到島上的另一個村落，並將在島上建立一個主題公園，亦即後來的挪亞方舟主題公園。那時候，迪士尼樂園還未進駐香港。我們當事人的土地正位於地產商擬作興建主題公園的範圍內。由於該主題公園為政府是否批准興建住宅項目的主要因素之一，發展商極為渴望能收購我們當事人的這片土地。日後在法庭的文件上亦顯示，根據政府和發展商的協議，發展商須盡一切努力收購我們當事人的土地。當然我們的當事人當時並不知道發展商和政府之間有這樣的條款，發展商亦從沒有向我們的當事人提出任何書面的收購建議，雙方亦未能就收購達成任何協議。在商討的過程中，發展商曾一度表示，假如雙方未能達成任何協議，發展商將會邀請政府強行徵收土地。談判最後失敗，雙方未能達成任何協議。1995年，運輸司司長建議從青馬大橋興建出口接駁公路前往馬灣，並有一緊急道路前往建議中的主題公園，

這道路的設計會將我們當事人的土地割為四份，令該土地完全喪失價值。該建議亦預期政府可能會強行徵收我們當事人的土地，以作興建該段道路的用途。這段道路的設計，令人感覺政府和發展商好像互相串通，迫使我們的客戶以並不吸引的價錢，將土地售賣給發展商。

「我想這當中存在官商勾結，我認為我們該修改我們的訟書，提出政府濫用權力這論據。」這就是李柱銘在清晨六時想起的念頭。

「我恐怕我們並沒有足夠證據證明這一點。官商勾結是一項非常嚴重的指控，根據《香港大律師專業守則》，在作出這樣的指控前，我們必須非常慎重和仔細地作出考慮，是否有足夠證據支持這樣的指控。」我回答說。

我們用上了個多小時討論這個問題，最終我說服李柱銘這並不是一個很好的主意。

《人權法案》並沒有保障財產權，於是我們決定以較迂迴的公平審訊權質疑相關的規劃程序。該段道路計劃是由運輸司司長提出，並遭我們的當事人反對，這反對被行政長官會同行政會議駁回，而這決定便是終局決定，沒有任何上訴的途徑。這方面的法律相對簡單，決定某人權利的人必須公平公正地行事，這是一項行之已久的原則，但若法例已規定設立一個審裁處作出判決，而這審裁處在制度上存在先天性不公平的時候，那應該怎麼辦呢？在這宗案件裏，唯一的審裁處便是行政長官會同行政會議，但行政長官作為特區之首，在處理對其下屬司長的一項投訴時，行政長官會同行政會議又怎能被視作公平公正的審裁處？由於成文法凌駕普通法，故若行政長官會同行政會議作為最終審裁處是由成文法律規定，普通法的公平公正原則並不適用。幸而，根據《人權法案》，若我們的當事人的財產權受到影響時，她們擁有憲法的權利，可以獲得一個獨立和公正的審裁處作出審理，我們的論點便是在處理她們對道路規劃的抗辯時，她們並未得到一個獨立和公正的審裁處作出審理。

然而，這看似簡單的公平審訊的原則在引用至行政審核時，卻會引起不少困難。這項原則比較適用於法院，但對於一個主要由非法律界人士組成的行政審裁處，而他們所作的決定是根據政策和效率而非嚴謹的法律原則時，公平審訊的要求便顯得有點格格不入。

這些困難在早前的一宗案件已經出現。在《關光有限公司訴城市規劃委員會》案（下稱《關光》案）[1] 中，我和李柱銘亦曾提出類似的觀點，但這觀點遭上訴法庭駁回。我們面對的主要困難是《人權法案》中的公平審訊的權利只

---

1. *Kwan Kong Co Ltd v Town Planning Board* (1996) 6 HKPLR 237; [1996] 2 HKLR 363.

適用於在確定某人的權利和義務的「訴訟案件」（suit at law），從字面的釋義來看，「訴訟案件」似乎是指法院的民事訴訟，《人權法案》中同一句句子提到刑事案件，更加強「訴訟案件」意指民事訴訟這一推論。而在該案中的城規會，或是本案中的行政長官會同行政會議，都只是一些行政審裁處而非法院的訴訟案件。

誠然，行政審裁和法院的民事訴訟確實有很多不同之處，但這並不表示公平審訊的原則在行政審裁處並不適用。這是一個相當重要的問題，在日常生活中，有不少對市民有重大影響的決定都是由一些行政審裁處作出的。例如不少專業團體或紀律部隊的紀律委員會，他們的決定會影響到相關成員的前途或退休金；又例如房委會決定驅逐一名公屋住戶的決定；或酒牌局決定不再延續一間小規模食肆的酒牌，而酒牌生意可能是持牌人一家人賴以維生的經濟來源。當重要的公民權利受到威脅時，我們不可能在法院有一套公平審訊的原則，但在行政審裁處卻有另一套的審訊原則。

為了克服在《關光》案所遇到的困難，我們提出「訴訟案件」一詞並非指法院的訴訟，而是指涉及一切與民事權利和責任相關的裁決，因而該憲法權利亦適用於本案。我們試圖以《公民權利和政治權利國際公約》的法文版本和《歐洲人權公約》的英文版本作比較，來印證我們的論點。我們的《人權法案》來自《公民權利和政治權利國際公約》，就「訴訟案件」這一詞，這兩份公約的法文版本是一致的，法文的意思亦是指民事權利和責任，但《歐洲人權公約》的英文版本在最後一刻將「訴訟案件」改為「民事權利和責任的裁決」，原因是這個英文翻譯比較貼近法文原文。透過這段草擬的歷史以及條文背後的目的，我們邀請法院對「訴訟案件」一詞作出一個更為寬大的解釋，以保障在日益增加的行政審訊案中，市民亦得到公平審訊的保障。在《關光》案中，原審法官王式英（William Waung J）認為我們的解釋過於迂迴而拒絕接納，上訴法庭亦同意他的見解。在這宗案件中，原審法官祈彥輝（Brian Keith J）認為他受上訴法庭的約束而判我們敗訴。在上訴時，我們便得說服上訴法庭不要跟從之前在《關光》案的判決。

我們對當事人解釋了我們對上訴成功機會的評估，她們很耐心地聆聽，只是偶爾以最親切的態度來澄清她們的理解。很明顯，她們完全掌握我們的論點，儘管祈彥輝法官判我們敗訴，她們對法律團隊仍是充滿信心和信任的。不知何故，她們令我想起數十年前合同法中一宗著名的判例。[2] 該宗案件也是涉及三姊妹，由丹寧勳爵（Lord Denning）主審。在該案件中，三姊妹受

2.　*Ingrams v Little* [1961] 1 QB 31.

一名騙子欺騙，願意接受騙子的支票以出售她們的汽車。隨着故事的開展，支票不兌現，汽車後來被賣給一名無辜的第三者，在庭上他和三姊妹爭奪汽車的合法擁有權。丹寧勳爵以他一貫維護公義的決心，開始宣讀他的判詞。判詞開始對原告的描述是三位無辜的女士，這個描述已足以令讀者猜測到判決的結果，同樣的事情會否發生在我們的當事人身上？

上訴法庭的聆訊持續了兩天，行政長官會同行政會議由戴啟思資深大律師（Philip Dykes SC）代表。戴啟思是一位相當優秀的大律師，他曾任律政署的民事法律專員，後來他離開政府，我們屬同一大律師事務所，其後他更兩度出任大律師公會主席，廣受法律界的尊重。上訴法庭很有耐心和禮貌地聆聽我們的陳詞，之後又用了一個月的時間才作出判決。[3] 上訴法庭同意我們的觀點，認為對「訴訟案件」一詞應該給予較廣泛的解釋，包含任何對權利和義務的裁決，但法院並不認為這宗案件涉及對民事權利的裁決，這情況只會在政府決定徵收土地的時候才出現，而政府並未作出如此決定。再者，道路規劃涉及高度敏感的政策決定，並不適宜由一個獨立公正的審裁處作出覆核。換言之，我們贏了法律的論據，卻在事實方面輸了官司。對當事人來說，這個說法並不會給她們帶來太多的安慰。

三姊妹欣然接受這個結果，並決定不再上訴。我其後在不同的場合數次遇見她們，每次她們都給我一個溫暖的問候，令我感受到她們已視我為朋友，而不是一位曾經在某一段時間介入她們生活的一位律師。我每次經過青馬大橋的時候，總會想起這三姊妹和這宗案件。有時候，我也不禁猶豫，若當日我沒有成功說服李柱銘放棄官商勾結的論據，案件的結果會否不同？

贏得法律的論據並沒有帶來進一步的改變，而只是出現了兩個互相抵觸的上訴法庭的判決。再過十年，我終於有機會將這問題提交至終審法院。在《林少寶》案[4] 中，我的當事人是一位警務人員，他在警隊的表現出色，過往的紀錄幾乎無懈可擊，直至有一天他在股票市場投資失敗而被迫宣布破產。警隊認為他的財務狀況令警隊尷尬，並影響了他的工作效率，因而提出紀律聆訊，儘管他在等候法院宣布破產期間，仍然成功拘捕了警方通緝令上多名疑犯。根據當時的法例，他不能有律師代表出席紀律聆訊委員會的紀律聆訊。其後他被定罪，遭警方解僱及喪失退休金。普通法雖然保障公平審訊，但當法律明文規定他不能有律師代表的時候，普通法的保障便愛莫能助。在提出司法覆核的時候，我們便得質疑相關法例的合憲性。《基本法》有保障向

---

3. *Ma Wan Farming Ltd v Chief Executive in Council* (1998–99) 8 HKPLR 386; [1998] 1 HKLRD 514.

4. *Lam Siu Po v Commissioner of Police* (2009) 12 HKPLR 237. 並見第 15 章。

法庭申訴的權利,但終審法院在之前的一宗案件已作出判決,這項權利只適用於正規法庭,而不適用於紀律審裁處。[5] 於是我們再一次要依賴《人權法案》內的保障,紀律聆訊是否屬於《人權法案》所指的「訴訟程序」?

這時,法律上我們還遇到另一個困難,就是國際間就此問題亦出現了兩個不同的判決,根據《公民權利和政治權利國際公約》成立的人權委員會,同意對「訴訟程序」一詞採納一個寬鬆的解釋,但卻認為這解釋並不適用於公務員的紀律聆訊,因為他們和政府之間存在一種特別的信任和忠誠的關係。歐洲人權法庭則持相反意見,但我們的《人權法案》是跟隨《公民權利和政治權利國際公約》,理論上人權委員會的決定應該較具權威。解釋《歐洲人權公約》的時候,還要面對歐陸法對公法和私法有嚴謹的分別,而這些分別並不存在於普通法,這些發展都令到在終審法院的辯論變得充滿挑戰性。

一如既往,終審法院非常有耐心地聆聽雙方的陳詞,大律師和法院的對答,都是極高學術水平以及極具思考和挑戰性的對話。正如對任何法律的解釋一樣,我們必須以法律所代表的價值作為指引,而不能盲從字面的意思,這在解釋憲法時尤其重要,因為憲法正代表這個社會的基本價值,但這並不表示法院可以隨意離棄文字的框架。畢竟,法律的原意必須透過文字演繹,法官是釋法而不是立法,所以在作出法律解釋的時候,法院仍然受到一定的限制。終審法院最後同意我的觀點,並在該案判我勝訴,這亦終於確認十年前我在三姊妹案中的陳詞是正確的。法院的判詞由李義法官撰寫,這份判詞值得細心閱讀,他詳細解釋了公平審訊在現代社會中的重要性。這是一個重要的判決,令到很多行政審議都受到公平審訊的憲法保障,任何削弱在行政聆訊中對公平審訊的保障的法律,必須經得起《人權法案》的審視。這宗案件以後,政府多個部門的紀律聆訊和不少專業團體的紀律聆訊均要作出程序上的改善,以符合《人權法案》的要求。這對提高行政審訊的公平性是踏前了一小步,但對很多受這些決定影響的普羅百姓而言,卻是一大保障。

不過,這個判決亦引起了不少後續的憲法問題。過往有不少警務人員因違反紀律行為而被定罪,他們均沒有得到律師代表的權利,這宗案件引發很多警務人員提出司法覆核,亦引申出憲法判決的追溯效力及引起法律真空的情況應當如何處理的問題,不過這會是另一個故事。

當我閱讀判詞的時候,我又想起那三姊妹和十年前我們早上的那個會議,至少在法律上我沒有令她們失望,雖然要經過十年的時間,才能證明我當日的論點是對的。至於她們在馬灣的那塊土地,政府最終決定修改道路計劃,不再影響那片土地。

---

5. *Stock Exchange of Hong Kong v New World Development Ltd* (2006) 9 HKCFAR 234.

17. 給予理由的責任

在莎士比亞名劇《亨利四世》中，懦夫 Falstaff 的謊言被人當眾拆穿。哈爾王子質問他，當時的環境漆黑，伸手也不見五指，他怎會看到襲擊他的人身穿綠衣？Falstaff 拒絕解釋，還口出狂言地說：「任他理由多如地上的黑莓，我也不會在強迫之下給任何人作出解釋。」（《亨利四世》第一部，第二場，第四幕）

早在 1971 年，丹寧勳爵已說了：「提供理據是良好管治的基本要求。」[1] 然而，數十年間，雖然普通法在建立公共行政部門要公平行事的責任方面成效卓然，但不知為何，法院至今仍不願意訂立提供理據的一般責任。是否提供理據需要視乎情況，包括有關法例的架構、在當時的情況下怎樣才符合公平的尺度，以及若果不提供理據的話，有關決定會否顯得違反常理等等。整體而言，法院傾向在一般情況下均有提供理據的責任。香港終審法院在一宗案件中幾乎踏出了這一步，確立提供理據的一般責任，可惜法院最後還是在門前止步。[2]

事緣東方報業有限公司（簡稱「東方」）被控在《東方日報》刊載了一些不雅文章及圖片，但刊物沒有加上封套及警告字眼，違反了《淫褻及不雅物品管制條例》（下稱「條例」）第24條的相關規定。涉案文章是三則關於在韓國及澳洲發生的事件的報導。第一則報導是關於一個人體繪畫的展覽；第二則報導是關於一些另類生活的方式，其中顯示裸體婦女在跳舞的圖片；第三則報導則描述周年裸體購物日。三則報導皆附有圖片展示赤裸女體，但乳頭部位有打格子掩蓋，私處亦被各樣東西遮擋。東方否認控罪，裁判官遂根據條例將這些報導交付淫褻物品審裁處評審。

---

1. *Breen v Amalgamated Engineering Union* [1971] 2 QB 175, at 191.
2. *Oriental Daily Publisher Ltd v Commissioner for Television and Entertainment Licensing Authority* (1997–98) 1 HKCFAR 279.

　　怎樣評審什麼是「淫褻」或「不雅」? 原來我們有一套很奇怪的制度。按照條例，審裁處行使兩項性質不同的管轄權。其一是行政評級，其二是司法裁決。行政評級是對相關物品作出評審，評審結果不會有刑事責任，只是讓相關人士了解物品的評級後能相應自處。在法例下，有一系列人士可以向審裁處提交物品，要求審裁處裁定屬哪一類別，如屬第一類，則適合向一般公眾發布；第二類屬「不雅」，不適合向十八歲以下人士發布，發布亦必須遵從有關包裝及警告文字的條件；第三類屬「淫褻」，禁止發布。在收到相關物品後，審裁處會先作暫定分類，若在指定時間內沒有人對此暫定類別提出異議，這暫定類別便成為最終類別；若有人對暫定類別提出質疑，審裁處會在聆聽各方的陳述後作最終評定。這項程序的原意是讓有關人士如作者或出版社在發布物品前能先確定該物品的類別，以免觸犯法網。可是，實際上，向審裁處提交物品要求鑒定者往往並非作者或出版機構，而是檢控機關，而這項鑒定程序則變相成為警方決定提出刑事檢控的基礎。

　　司法裁決是在刑事檢控程序中裁定有關物品是否淫褻或不雅。由於條例賦予審裁處全權處理這類裁決，故大凡在刑事程序中涉及有關淫褻或不雅的問題，所有法院 (一般是裁判法院) 均將相關事項交付審裁處評審。此時，審裁處的程序便屬於刑事程序的一部分。審裁處由一位裁判官及兩位或以上的審裁員組成，審裁員由司法常務官從審裁委員小組中選出，該小組的成員為香港通常居住及在港居留最少七年，並通曉中文或英文的非法律界人士，由首席法官委任。在行使刑事管轄權的時候，審裁處具有與裁判法院相等的權力。

　　發布任何淫褻物品，或向十八歲以下人士，或在沒有加上封套和警告字眼的情況下發布任何不雅物品，均屬刑事罪行。何謂「淫褻」和「不雅」? 法律上的定義令人有點啼笑皆非。條例第 2 條說：「任何事物因為淫褻而不宜向任何人發布，即屬淫褻；及任何事物因為不雅而不宜向青少年發布，即屬不雅。」「青少年」指十八歲以下人士。這種莫名其妙的定義，恐怕只有高深莫測的律政署法律草擬科的官員才能明白。條例進一步指出，「淫褻」及「不雅」包括暴力、腐化和令人厭惡的事物。條例第 10 條較為可取，為審裁處提供一些較為實用的指引：

> 審裁處須考慮以下各項——
> (a) 一般合理的社會人士普遍接受的道德禮教標準……
> (b) 物品或事物整體上產生的顯著效果；
> (c) 如屬物品，其發布對象、擬發布對象或相當可能發布的對象是那些人，或是那一類別或年齡組別的人；

(d) 如屬公開展示的事物，該事物正在或將會在何處公開展示，以及相當可能觀看該事物的是那些人，或是那一類別或年齡組別的人；及

(e) 該物品或事物是否具有真正目的，或其內容是否只是掩飾，以使其任何部分成為可予接受者。

審裁處席前的聆訊

檢控一方指出，《東方日報》是公開發售，這些圖片在刊出的那一頁佔據頗大篇幅。在發布這些圖片時，報章並沒有任何警告標誌或封套包裝。在考慮到這些報導的內容和效果後，這些報導顯然並不適合十八歲以下的青少年，因而構成不雅刊物。

代表《東方日報》的資深大律師麥高義在陳詞中辯稱，首先，半裸的人體圖片在香港隨處可見；其次，乳頭和私處已被遮蓋；第三，在地鐵站內和不少報章中均可以看到「比這個更差」的東西；第四，這些報導旨在提供資料，讓讀者知悉世界不同文化地區所發生的「荒誕事情」；最後，這些圖片刊登於該報的成人版，而非頭版或兒童版。大律師指出，這些報導可能屬輕佻甚至品味差劣，但不會對什麼人造成損害，故不應成為刑事檢控的對象。

審裁處不接受《東方》的申辯，並作出以下裁決：

本審裁處已考慮了辯方律師的所有陳詞，並特別注意到《淫褻及不雅物品管制條例》內第 2 (2) (b) 及第 10 (1) 條的規定，更提醒自己本案所適用的舉證標準是刑事案件的標準，即「舉證標準須達到沒有任何合理疑點的標準」。本審裁處一致裁定所有物品俱屬「不雅」，原因如下：

(1) 涉案的每一張圖片均超越一般合理的社會人士普遍接受的道德禮教標準；

(2) 涉案的所有圖片在整體上產生的顯著效果是不雅的；

(3) 涉案的每一張圖片均因其不雅的性質而不宜向青少年發布。

我們可以看到，上述理由只不過是照搬條例第 10 條所列出的標準，《東方》於是提出上訴，理據是審裁處沒有充分指出裁決的理由。

上訴

原訟法庭和上訴法庭均一致認同審裁處有提供理據的責任，但亦同時認同審裁處所提供的理據已經足夠。時任原訟法庭法官楊振權（Wally Yeung J）表示，何謂不雅是個極為抽象的問題，審裁處沒可能詳盡解釋其理據。上訴時，高等法院首席法官亦認同淫褻和不雅是眾所周知的抽象概念，涉及難以言傳的主觀價值判斷。他認為這些圖片本身已說明一切，並無可置疑地屬不雅物品，因此同意在這情況之下，審裁處所提供的理據已經足夠。《東方》遂向終審法院提出上訴，爭辯的問題是審裁處所提供的理據，在法律上是否已滿足了提供理據的責任。

終審法院

終審法院的聆訊，《東方》由資深大律師戴啟思代表，控方則由時任高級助理檢控專員、資深大律師布思義（Andrew Bruce SC）和後來成為法律專員（Solicitor General）及資深大律師的高級政府律師黃惠沖（Wesley Wong）代表。

基於條例內相關條文的解釋，控辯雙方均同意審裁處有提供理據的責任，但首席法官李國能則希望進一步考慮是否可以從普通法的原則中推演出提供理據的一般性責任。他指出近年一個明顯的趨勢是要求決策過程具更高透明度，法院亦同時傾向在不同情況下裁定有提供理據的責任。首席法官明白履行提供理據的責任可能增加決策者的負擔，但他認為決策者要以積極的態度看待和面對這項責任。他繼而詳細列出制定提供理據的責任所帶來的好處：

> 首先，這責任逼令決策者作出理智的分析，並將注意力集中在相關的問題上。這種紀律有助確保所作的決定是基於適當的考慮因素，令審裁處能更有效地處理它的工作。
>
> 其次，提出理據將有助審裁處向涉案……各方顯示案件得到認真的處理，從而能令各方理智地決定下一步應採取的行動……同時，這也對社會大眾及可能受到影響的人士提供指引……
>
> 第三，審裁處提供的理據會推動及加強其裁決的貫徹性，並協助執法機關及檢控部門作出檢控決定。
>
> 第四，提供理據的做法讓審裁處向社會闡明其運作妥善，從而增強公眾的信心。

　　基於審裁處的性質、它所需作出的決定，以及相關條例的規範，首席法官李國能總結指出，公平的原則要求審裁處必須提供理據，條例亦沒有和這原則相悖的規定或意旨。這差不多等於說，除非當時環境另有所指，否則須假設決策者有提供理據的法律責任。可是，由於在這宗案件中，審裁處在法律上是否有提出理據的責任並不具爭議，雙方亦未有就提供理據作為一般性的法律責任這問題提出法律論據，故法院認為不宜就這一般性的法律責任作出裁決。

　　雖然上述的理由是針對審裁處的運作而確定，但這些理由同樣可以應用於很多其他法定組織或行使公權的組織，例如由公帑資助的大學。當立法機關賦予任何決策者作出可以影響他人的決定的時候，必然同時要求決策者在行使權力的時候必須符合公平、合理和合乎法例目標的原則。假如決策者無需提供理據，又怎能說得上是符合公平及恰當地行使職權的要求？良好的管治必然要求公共決策者對其決定提供理據，這是理性處事的起點。只有當抉擇者提供理據的時候，公眾才能客觀地去判斷這個決定是否正確，受影響者才能決定是否提出上訴。這不單關乎公平及公開透明處事，更是法治的核心。提供理據對加強公眾的信心十分重要。上訴法庭法官司徒敬十年後在另一宗案件便有力地重申了這幾點：[3]

> 當行政當局需要為行政決定提供理據時，良好的公共行政要求這些理據必須清晰和充分。這是健全的公共行政的要素，因為公開透明的事情比黑箱作業更能建立公眾對政府行政的信心。同時，要求針對有關的爭議給予清楚和充分的理由，本身能鼓勵決策者以嚴謹的態度處理需要裁決的問題。但最顯而易見的是，提供理據的責任源於公平的要求，因為這樣，受到該決定影響的個人或團體，才能得悉該決定的考慮過程、決策者是否已考慮到他的申訴理由，以及是否有質疑這個決定的合理基礎。同一道理，清楚和充分的理據，會讓法院在透過司法覆核程序監督行政當局的時候，能更適切地評審受到挑戰的決定是否合法。

　　這段判詞亦強調提出的理據必須充分及容易令人明白。法院接納公共行政人員和行政審裁處及法定機構的成員大多不是法律界人士，不可能要求他們書寫司法論文。法院亦不會像操手術刀的醫生那樣銳利地分析他們所提供的理據。這些理據可以用日常的語言簡潔地道出，只需要針對主要的問

3.　*Capital Rich v Town Planning Board* [2007] 2 HKLRD 155, at [97].

題而無需觸及每一項分歧。但這些理據必須讓讀者明白決策者怎樣達致他們的結論，考慮了那些證據，怎樣處理具爭議的問題和各方所提出的論據。如果任何一方提出了具體的理據，決策者應在所提供的理據中回應這些論點。在《東方》這宗案件中，首席法官便認為審裁處權當「理由」的，其實只是他們的結論。審裁處單單重複法例所述的準則並不足夠，讀者在看過這份裁決後，對審裁處為何決定這些物品屬「不雅」，仍然摸不着頭腦。法院指出，審裁處其實應該處理《東方》所提出的證據和主要的法律論點。首席法官更為何謂「充分的理據」提供了一個很有用的大綱作參考：[4]

> 審裁處所提出的「理據」其實是他們的結論，因為這些所謂「理據」，既沒有顯示審裁處如何處理辯方提出的爭論，亦看不到它如何得出不雅的結論。辯方提出，在有關的照片內，乳頭和私處已被遮掩，這類圖片在公眾地方及報章均隨處可見。換言之，這關乎如何評估社會一般接受的道德標準，審裁處是否接納這個說法？若果接納，它如何得出這些物品逾越社會的道德標準而該被視為不雅？辯方又指出，有關文章是向本地社會提供異地文化和具新聞價值的資訊，審裁處對這個說法又有什麼看法？辯方再稱，這些物品是在成人版刊登的，這點是否獲審裁處接納？審裁處是否認為同一份報章的不同部分不能作個別處理？

雖然法院已趨向要求更高的透明度和公平水準，但不少公共行政人員，不論來自行政機關、法定團體還是公共機構，仍然非常不願意提供決策的理據。他們不時以行使絕對酌情權作為拒絕提供理由的依據。其實法律上並沒有「絕對酌情權」這回事，所有公權均必須合理、公平地行使，未能提供理據往往是任意作出決定的標誌。在《東方》案中，終審法院不接納淫褻及不雅為眾所周知的價值判斷，所以不能提供解釋這個說法。審裁處要維護它的裁決，就得顯示裁決是合理的，並根據法例所定立的準則及考慮有關證據之後所達致。法院亦不會輕易接受因保密責任或酌情權而無需提供理據的說法。畢竟，按公平的原則，受公共機構決定影響的人士，有權得知決定的理據，以便決定如何應對。公共機構不履行這個責任即有負公眾的信任。

現在是時候重新審視這方面的法律，並應該規範所有公共行政部門及公共團體均需對其決定提供理據，除非證明在當時的案情下提供理據並不適合，但這只適用於極為罕有的情況。公平的原則要求決策者提供理據，這是所有行使公權者的責任，不折不扣。

4.　判詞第273–294頁。

VII.

法律程序的迷宫和民事司法制度改革

18. 延誤的公義等同拒絕公義

法律界有句諺語說，延誤的公義等同拒絕公義（Justice delayed is justice denied）。雖然大多數市民都預期司法程序需時，但一般人不會想到原來要苦候多年才會等到法庭聆訊案件，至於要完成整個訴訟程序，那就更遙不可及了。當然，要怪責律師玩弄程序故意拖延並不難，這情況亦事實上存在。不過，如果律師透過複雜的程序去為客戶爭取最大的利益，那又如何？民事訴訟程序錯綜複雜，縱橫交錯，猶如星羅棋布，當中有不少空間可以供人利用作策略性部署，這些策略性的行動未必完全符合推動公義的目標；但另一方面，我們亦不能忽視整體制度上的問題，追求效率與達致公義往往難以兩全其美。

就以下這宗涉及香港一份周刊和一家大學的訴訟為例，[1] 1994年9月，這份周刊發表了一篇報導，指香港這家大學漠視對它一些教職員偽冒資歷的投訴，大學於是入稟法院，控告該周刊誹謗。案件共有三名原告人：該大學、大學校長及被該周刊點名的一名教職員。

傳訊令狀在1995年4月存檔。同年5月，周刊存檔抗辯書，否認指控及作出答辯。原告以抗辯書內部分抗辯內容並無法律理據為由，向法院申請剔除其中部分抗辯理由。1995年10月，法院同意刪去抗辯書部分答辯，但周刊隨即作出申請，要求法院准許它修正抗辯書。

原告跟著向法院申請，要求被告披露一些指定的文件。由於周刊的報導中有很多具體的細節，明顯地周刊的消息來源來自大學內的人士。原告要求索取匿名被訪者的訪問紀錄。周刊承認一共有四卷錄音帶，但以新聞工作者特權為理由拒絕披露，因為披露錄音帶便會暴露消息來源，這將嚴重影響新聞自由。這項爭議又帶來另一輪的訴訟。到了1995年11月，雙方同意，在不會直接或間接暴露消息提供者身份的情況下，部分錄音帶可以披露。法庭於

1.　*Hong Kong Polytechnic University v Next Magazine Publishing Ltd*, HCA No 3238 of 1995.

是要求周刊呈交一份完整的錄音內容謄本，並在謄本上註明那些部分為了保護受訪者的身份而不能披露，然後由法院決定那些擬刪除的部分是否需要向原告披露。

與此同時，周刊決定還擊。它引用一宗英國判例，當中裁定國家大臣無權提出誹謗訴訟，因這有違公眾利益，高官政客應採用政治渠道回應而非訴諸法庭。周刊稱這宗案例可用諸大學身上，若受公帑資助的大學能禁制一項涉及重大公眾利益的傳媒報導，必然會對言論自由產生寒蟬效應。周刊要求法庭剔除大學和大學校長兩名原告，理由是根據普通法，作為公共機構及其首長，他們無權提出誹謗訴訟來壓抑一項關乎公眾利益的報導；用另一個說法，周刊稱，容許他們這樣做便會違反《人權法案》所保障的言論自由。周刊這項申請既是維護言論自由，亦無疑是出於策略考慮，因為若果申請成功的話，第三原告，即那名被周刊在報導中點名的教職員，就只能自費繼續打官司，而不能依賴大學的資源。1996 年 4 月，這項申請被高等法院聆案官駁回，周刊不服上訴。1996 年 6 月，高等法院法官祈彥輝推翻聆案官的裁決，剔除原告人大學及大學校長，理由是在《人權法案》下，公共機構及其首長無權就影響公眾利益的問題提出誹謗訴訟。原告不服上訴。[2]

1997 年 5 月，上訴法庭推翻祈彥輝法官的裁決，認為大學有權保護自己的聲譽。列顯倫法官對官司曠日持久表示震驚，該報導已在三年前發表，而官司仍停留在最早期的狀書階段！[3]

案件發回高院陳振鴻法官（Jerome Chan J）繼續聆訊。這時候，有關訪問謄本及擬要刪除的部分已呈交法院，陳振鴻法官亦已聆聽了所有的錄音訪問，謄本哪部分可以披露仍有待他作出裁決。同時，周刊提出修訂抗辯書的申請也有待處理。

不幸地，陳振鴻法官尚未能處理這些程序上的爭議便病逝了。

延誤的公義形同拒絕公義。可惜，司法延誤並不罕見，《竹篙灣》案是另一個戲劇性的例子。[4] 這宗案件涉及在 1990 年代中期的一宗填海賠償事件。事緣政府當時計劃在大嶼山沿岸填海作為興建貨櫃碼頭的用途，填海計劃影響一家在該地點營運多年的船廠。這間船廠聲稱，由於船廠只能從海面抵

2. *Hong Kong Polytechnic University v Next Magazine Publishing Ltd (No 2)* (1996) 7 HKPLR 41; [1997] HKLRD 102.

3. *Hong Kong Polytechnic University v Next Magazine Publishing Ltd* (1997) 7 HKPLR 286; [1997] HKLRD 514.

4. *Penny Bay Investment Co Ltd v Secretary for Justice* [2006] HKEC 1145; [2009] HKEC 22 (CA); (2010) 13 HKCFAR 287 (CFA); [2014] HKEC 1695 (Lands Tribunal); [2016] HKEC 1078 (CA).

達，失去海面通道，船廠便無法繼續經營下去，因而要求賠償。政府的回應則是，貨櫃碼頭計劃包括修築道路，屆時船廠可以由陸路抵達，該地皮的升值足以彌補船廠的一切損失，故此政府無需作任何賠償。雙方談判期間，政府改變了計劃，不再興建貨櫃碼頭，改為興建主題公園，船廠最後將其地皮賣給政府，這便是今天迪士尼樂園的所在地。但船廠仍然要求就填海引致其無法營運作出賠償，一個有趣的爭議是政府能否仍然維持先前所說，船廠的任何損失都會因政府先前計劃的陸路交通得到充分賠償，即使政府已放棄這築路工程。船廠提出訴訟向政府索償，這個爭議成為正審之前先要裁決的問題，雙方便就這問題一直爭議到終審法院。船廠的申索陳述書由當時代表它的大律師黃仁龍（Wong Yan-lung）簽署，其後他獲委任為資深大律師，之後更出任律政司司長達七年之久。到他卸任後，這案件仍然未有裁決。直至2010年，這個法律觀點的爭議才由終審法院最後裁決，那已是政府批准填海計劃的十五年後了，但終審法院的裁決只是將訴訟帶回第一階段，正審尚未開始！案件聽聞到2020年雙方才以和解收場。

　　同樣，在 *Agrila Ltd* 一案，[5]當中涉及尚未發展的土地應該根據什麼原則來評估應課差餉租值這法律問題，雙方同意在正審前就這法律觀點進行爭辯，這項爭議最終要由終審法院作出裁決，之後案件便進入評估應課差餉租值的階段。就這釐定應課租值問題，案件又再返回終審法院，雙方藉着評估租值的問題，又再試圖重新爭論終審法院先前已經裁定的評估原則，這宗官司打了差不多二十年，仍然是沒完沒了！

　　無可諱言，上述兩宗商業糾紛均涉及非常龐大的賠償金額，但司法延誤並非只是這些勞斯萊斯式的商業訴訟所獨有。在《孔允明》案，[6]申請人是一位來港新移民，當時政府將申領綜援的資格由原來的一年居港要求大幅提升至七年居港要求，她入稟法院質疑這新增居港年限資格違反《基本法》賦予她獲社會福利的權利。案件經歷原訟法庭和上訴法庭，在她上訴至終審法院時，她已經符合了居港七年的資格。終審法院席前的聆訊，也諷刺地成為只具「學術性質」的辯論！

　　這類案件正好揭示民事訴訟程序的弊病。民事訴訟程序的一大特色是它容許大量非正審程序或所謂的旁枝程序。假若訴訟各方有意，便絕對能夠利用這些旁枝程序製造種種爭議。當然，有些旁枝程序是合理的，但也絕對有

---

5. *Commissioner of Rating and Valuation v Agrila Development Co Ltd* (2001) 2 HKLRD 36 (CFA)；在第二輪的聆訊，原告由另一公司取代：*Best Origin Co Ltd v Commissioner of Rating and Valuation* (2012) 15 HKCFAR 816。

6. *Kong Yunming v Director of Social Welfare* (2013) 6 HKCFAR 950。詳見第6章。

一些旁枝程序的目的並非為解決訴訟需要面對的問題，甚至是只為消耗對方的資源和精力。司法機關後來終於對民事訴訟作出全面檢討，改革的大方向是加強法院對案件進度的管理，法院從一開始便介入訴訟，並限定訴訟各方在起步階段便要做足準備工作，及在每一階段監督案件的進度，務求令案件處理能更加快捷。不過，這項改革也迅速被批評為增加前期的工作和支出，不少民事案件最終雙方能在庭外和解，無需對簿公堂，在這情況下，前期的工作便往往成為浪費資源。

　　民事訴訟程序改革，至今已實施多年，但整體制度是否變得更有效率？不少人感到其實沒有顯著的改善。到了2018年，案件輪候審理的時間比改革前有過之而無不及！這情況其實也不令人感到意外，因為改革只是針對了部分的延誤原因，即辯論式的訴訟程序以及雙方均策略性地利用程序去爭取最大的利益，但卻未有處理其他制度上的因素。近年，沒有律師代表的訴訟人越來越多，他們不熟悉訴訟程序，往往未能配合程序的要求，訴訟延誤便無可避免。法官人手短缺是另外一個問題，2018年，差不多各級法院都有大量暫委和署理法官，不少退休法官重新受聘，出任暫委法官，如果這只是短期現象便無需憂慮，但若法官短缺成為制度性問題，那便令人擔憂。[7]

　　效率和公平並不一定能並存，因此案件管理不應只着眼於效率；另一方面，延誤的公義往往形同拒絕公義，任何民事程序改革必須在效率和公平這相互衝突的目的之間小心找到平衡。與此同時，參與民事訴訟的所有人士，包括法官、律師及訴訟各方必須緊記，民事訴訟的規則是為達致公義而非阻礙公義，程序和規則既能載舟亦能覆舟，民事程序能否達致公義，最終有賴參與這制度的各方人士對程序把持通情達理的態度。

7.　一位前高院法官也曾對大量暫委法官的情況表示憂慮：See Anselmo Reyes, "The Future of the Judiciary: Reflections on the Present Challenges to the Administration of Justice in Hong Kong" (2014) 44 *Hong Kong Law Journal* 429。

19. 無理纏繞的訴訟人

　　向法院申訴的權利，是法治社會的基本憲制權利，但當一些人濫用這權利時，他們進入公義殿堂的權利便可能需要受到限制。這類人普遍稱為「無理纏繞的訴訟人」（vexatious litigants），他們一個常見的特色，是向法院不斷提出大量的訴訟申請，並同時堅拒接受法庭所作的裁決。他們的訴訟有時針對個人或某間公司，有時又會針對某些官員甚至法官。訴訟申請的內容往往包括完全沒有事實或法律根據的荒誕指控，甚至有時只是文理不通的胡言亂語。這些狀書通常以中文書寫，訴訟人一般沒有律師代表。驅使他們這樣做的動機不一，有些是因受到不公義對待而深感冤屈，有些則是惡意煩擾，有些訴訟人則可能神經錯亂。終審法院常任法官李義對這些訴訟人作了貼切的描述：[1]

> 這些濫用法庭程序的行為的形式和動機多樣化，有時是被告人精心計算，以達到拖延必然對他不利的裁決或這些裁決的執行；有時可能是針對某名對頭人而發動的惡意煩擾戰略。有些不知所謂或無聊的訴訟，則可能由不幸精神有問題的訴訟人提出。有時這些無理纏繞的行為源自某次敗訴後，訴訟人感到無法彌補的憤憤不平而不斷提出訴訟。這些無理纏繞的訴訟人通常親自行事，特性是永不接受對他們不利的訴訟結果，並固執地不斷試圖重複提出毫無理據的申請。這些行為可以變得不能自拔，包括不顧一切地對法庭、對方的律師代表或對他們深信犯了過錯的知名公眾人物作出瘋狂的指控。他們可能提出無數訴訟，及在每宗訴訟中提出無數的旁枝申請。

　　我自己也曾淺嘗被無理纏繞訴訟針對的滋味。2005年，我在兩個月內接連收到五份由同一名我並不認識的原告發出的申索陳述書。陳述書以中文手

---

1. *Ng Yat Chi v Max Share Ltd* [2005] 1 HKLRD 473, at [48].

寫，篇幅冗長，但內容卻完全無法理解。第一份陳述書共有七十二名被告，我是第十九名被告。至於控告我什麼事情，我則無法弄清楚。

大約在這個時候，李義法官答應在法律學院的普通法講座系列（Common Law Lecture Series）發表演說。這個系列是由地位崇高而顯赫的法官和學者主講，由於終審法院剛頒布了一宗有關無理纏繞訴訟人的判決（《吳逸志》案），我遂邀請李義法官就這個主題作演講。李義法官曾經是我在法律學院就讀時的老師，他離開大學教席之後，改任私人法律執業，以卓越表現獲任命為資深大律師，其後獲委任為法官，是終審法院任期最長的法官。多年來，他一直熱心支持法律學院，從來不吝與學生分享他深博的學識和經驗。在《吳逸志》案中，終審法院定立了若干程序，限制無理纏繞的訴訟人濫用法庭的行為。扼要而言，法院確認有權發出命令阻止一名無理纏繞的訴訟人在現存訴訟中提出新的旁枝申請，或未經法庭許可提出新的訴訟程序。

李義法官的演講十分精彩。這個題目令我興奮得一時忘形，在介紹講者的時候，我詳細解釋了《吳逸志》案的內容。李義法官並不以我的不自制為忤，反而在開始演講時便笑說我已講了他一半的演詞！

這次演講十分成功。一星期後，我又收到該位原告的另一份申索陳述書。這次一共有七名答辯人，包括李義法官、香港大學和我自己。李義法官的罪名是他毀謗該訴訟人，當然這是毫無事實根據的，演講的內容只是針對無理纏繞訴訟人一般所作的濫用法庭程序的行為。至於我的罪名，則是邀請李義法官就這個主題演講，因而創造機會給他毀謗訴訟人！

接着的幾個星期，我又多收了幾份來自同一原告的申索陳述書，答辯人包括幾位法官。最後，律政司司長向法院提出申請，剔除這位原告人的種種申訴申請，及宣告原告為無理纏繞訴訟人，令他以後在未經法庭預先批准前不得入稟提出任何新的訴訟申請。

在過往的歲月中，曾出現不少無理纏繞的訴訟人。限制一個人向法庭申訴的權利是極其嚴重的事情，沒有任何法院會輕率處理這類申請，但正如首席法官指出，向法院申訴的憲制權利並不包括濫用法庭程序的權利，法院的限制令並不禁止申請人提出法律程序，而只是要求訴訟人先向法院顯示有正當的理據提出法律程序，在獲得高等法院的許可後才可以提出任何訴訟。限制令沒有取消而只是規範訴訟人向法庭申訴的權利，從而在尊重和避免濫用這權利之間作出平衡。

限制令雖然能夠防止無理纏繞的訴訟人濫用法庭程序，卻無法阻止這些訴訟人在公眾地方對個別法官作詆毀批評。有一位人士便每天站在高院大樓前展示詆毀幾位法官的紙牌，一站便站了好幾年。司法機構採取容忍的態

度，完全沒有干預他的行為，這正好成為我們優秀的司法機關和社會對言論自由的尊重的最佳明證。

多年來我在評論法律和憲法問題時，居然也引來不少侮辱信件，這些信件通常以中文書寫，無姓無名更無發信人的地址，內容一般是一些空洞的指控和毀謗，或是發洩式的辱罵，或是內容根本無法理解。我從不會把這些信件放在心上，倒是為社會上有些人可以以卑劣的方法作人身攻擊而感到悲哀，可能這就是自由社會需要付出的代價吧！我總相信，當一個人要倚靠人身攻擊的時候，顯然已經到達詞窮理屈和無理取鬧的地步，而最適當的反應自是一笑置之，然後將信件扔入垃圾箱。

HCA 918 2005

Date: 31.5.05
Gf　RF　　PF
File Ref

VC	Reg	✓
DVC	DR ( )	
PVC (	DER	
AR (	SAR ( )	
AA	EO ( )	

香港特別行政區
高等法院
原訟法庭
2005 年第 978 宗

馬桂珍　　　　　　　　　　　　　　　　　　　　原告人

及

香港特區政府　　　　　　　　　　　　　　第一被告人
前香港特首董建華　　　　　　　　　　　　第二被告人
香港終審法院首席法官李國能　　　　　　　第三被告人
香港終審法院常任法官李義　　　　　　　　第四被告人
香港大學　　　　　　　　　　　　　　　　第五被告人
香港大學校長徐立之　　　　　　　　　　　第六被告人
香港大學法律學院院長陳文敏　　　　　　　第七被告人

（姓名或名稱）香港特區政府、前香港特首董建華、香港終審法院首席法官李國能，香港終審法院常任法官李義、香港大學、香港大學校長徐立之、香港大學法律學院院長陳文敏。

（地址）中環下亞厘畢道政府總部（第 1−2 被告人）香港中環炮台里 1 號香港終審法院（第 3−4 被告人）香港薄扶林，香港大學（第 5−7 被告人）。

本傳訊令狀已由上述原告人就背頁所列出的申索而針對你發出。

在本令狀送達你後（14 天）內（送達之日計算在內），你必須了結該申索或將隨附的送達認收書交回高等法院登記處，並在認收書中述明你是否擬就此等法律程序提出爭議。

如你沒有在上述時限內了結該申索或交回送達認收書，或如你交回送達認收書但沒有在認收書中述明擬就法律程序提出爭議，則原告人可繼續進行訴訟，而判你敗訴的判決可隨時即在無進一步通知發出的情況下予以登錄。

本令狀於今天，即 2005 年 27 MAY 2005 月　　日由高等法院登記處發出。

司法常務官

重要事項

關於送達認收書的指示載於隨附的表格

圖七：一名無理纏擾的訴訟人所發出的傳訊令狀。

VIII.

自由言論

20. 人權並非絕對：有誹謗的 權利嗎？

　　近年我們總不時聽到「人權並非絕對」這論調，倡議者往往以此作為限制人權的充分理據。人權當然不是絕對，但若因而推論任何對人權的限制也是恰當的，便有點混淆視聽。正如終審法院法官包致金所說：「我們必須小心在意，不要大開中門讓有意收窄人權的人可以為所欲為，不論這些人是為貪一時方便還是有更差劣的目的。」[1]正因為人權並非絕對，真正的問題是什麼樣的限制才合理，並且符合推動相關的人權和自由背後的崇高目標。

　　就以言論自由為例，很少人會認為言論自由包括發表誹謗言論的自由，但何謂誹謗及對誹謗的指控有何抗辯理由，均足以決定言論自由的空間。言論越容易構成誹謗，言論自由的空間便越狹窄；可供抗辯的理由越寬，言論自由的保障就越大。法院在裁定誹謗的範圍時，便須在保障個人名譽和言論自由之間取得平衡。在某些情況下，公眾利益甚至凌駕個人聲譽，以致有些人士在法律上無權提出誹謗訴訟。2013年2月，時任行政長官梁振英，對聲譽卓著的時事評論員練乙錚在《信報》發表對他的批評十分不滿，於是向《信報》發律師信，聲稱會對《信報》提出誹謗訴訟。[2]我當時正駕車返回大學途中，在電台的早晨節目聽到這則消息後，感到氣憤難平，決定隨即打電話給節目主持人，指出按照普通法的原則，政府或行政首長無權提出誹謗訴訟以窒礙對政府的批評，因為這有違公眾利益。政府若要討回公道，應藉政治辯論的渠道而非訴諸法庭。幾年後，這位特首又大動肝火，這次是不滿傳媒不斷提到他上任前夕收受鉅款，涉嫌違反操守，而他認為這個說法毫無根據。不過這次他沒有說會提出誹謗官司了，改為威脅會入稟法院，控告《蘋果日

1.　K. Bokhary, *Human Rights: Source, Content and Enforcement* (Hong Kong: Sweet & Maxwell, 2015), 63, paras 7.026 and 7.027.
2.　〈特首發律師信要求撤回「涉黑」評論練乙錚評梁振英：處理方式未盡其責〉，《信報》，2013年2月8日，A10及《明報》，2013年2月8日，A1。

報》損害他參選連任特首的權利！[3]這項申索頗難理解，因為他當時根本沒有表示將會競逐連任特首，更遑論純屬指稱之事，在法律上根本不能構成阻礙他參選的理由！有趣的是，這趟他至少沒說將提出誹謗官司。2017年初，他入稟法院，控告一位立法會議員就同一事件所發表誹謗他的言論，該立法會議員提出同樣的公眾利益作答辯，輾轉數年，該訴訟仍處於膠着狀態。

當言論涉及對公共事務的評論時，法院通常會給予言論自由一個相當廣闊寬鬆的空間，因為公共機構的透明度和問責性是現代公民社會的基石。普通法以公允評論（fair comment）作為對誹謗的辯護理由，由來已久。要提出公允評論作為辯護理由，必須證明這幾點：該評論是基於事實，內容關乎公眾利益，而且明顯屬於評論而非事實。該評論亦需直接或間接指出評論所憑據的事實基礎，而且該評論是一名誠實的人基於這些有憑據的事實可能持有的真誠意見。長久以來，法律界一般的看法認為，若該評論是出於惡意及非評論者真誠的意見，那麼公允評論這個辯護便不能成立。所謂惡意，是指出於仇視、敵意、個人恩怨等目的。換言之，公允評論這個辯護理由，只能用來保障真正的公眾討論，不能作為出於惡意目的而誹謗別人的言論的擋箭牌，法律從而為保障言論自由及個人名譽之間作出平衡。

然而，這個平衡點在《鄭經翰對謝偉俊》一案中受到挑戰。[4]這宗案件涉及本港兩位公眾人物，而終審法院在這個問題上的裁決，亦成為全球普通法制地區的主要判例。

鄭經翰先生是電台節目《風波裏的茶杯》的一位主持。這個早晨時事節目廣受歡迎，影響力巨大，據說其內容甚至影響政府訂立當日要務的議程，鄭先生更一度被譽為「九時前的特首」。謝偉俊先生是一名律師兼立法會議員，為立法會旅遊業功能界別的代表。

區永祥先生是一名導遊。他入職旅行社幾個星期，便被指派帶團到菲律賓。豈料一抵達馬尼拉機場，他就和一名團員黃先生一起被菲律賓當局以販毒罪名拘捕，最終罪名成立，被判終身監禁。這事情在香港引起極大的公眾關注，社會普遍認為他是清白無辜的。於是，不同的團體紛紛成立，意圖營救區先生。鄭經翰和謝偉俊分屬不同團體，也參加了營救兩人回港的工作。經過五年的不斷努力，兩人終於獲釋，在鄭經翰和謝偉俊陪同之下，凱旋回港。鄭經翰和謝偉俊兩人亦一如所料地各自為成功營救而邀功。

3.　〈梁向《蘋果》發律師信斥社論「阻連任權利」記協表震驚遺憾〉，《明報》，2016年9月30日，A10。

4.　*Albert Cheng v Tse Wai Chun Paul* (2000) 3 HKCFAR 339.

　　回港後，區永祥先生遭僱主解僱。由於他是在工作期間被捕和遭監禁，他是否有理由就受僱期間被菲律賓當局監禁一事向僱主索取賠償？鄭經翰鼓勵他索償；謝偉俊作為旅遊業界的代表，則認為索償對僱主不公平。

　　鄭與謝之間的爭論越來越激烈，鄭經翰更利用自己作為電台主持之便，在節目上發表了若干攻擊謝氏人格的言論。謝氏對這些攻擊大為不滿，於是提出誹謗訴訟，控告鄭經翰、他的節目拍檔林郁華，以及播放節目的香港商業電台。被告提出公允評論作為辯護理由，謝氏則回應，指鄭經翰所發表的言論出於惡意，故公允評論的辯護並不成立。陪審團裁定鄭經翰和林郁華誹謗成立，並裁定謝氏可獲八萬元賠償，但對商台的誹謗訴訟則不成立。上訴法庭駁回鄭經翰和林郁華的上訴，兩人再上訴至終審法院，至此，唯一的爭議點是他們的公允評論辯護，會否因為存有惡意而不能成立。

　　謝偉俊一方在終審法院的陳詞內這樣描述惡意：一，被告罔顧他們的評論是否屬實；二，鄭氏發表的評論是為了發洩他對謝氏及區永祥僱主的仇視，以及貶低謝氏在營救區永祥所作的努力。謝氏指出，公允評論這項辯護理由的目的是便利在公眾利益的事務上進行真正的公眾討論，而非讓被告濫用以發洩他個人對謝氏的仇恨。謝氏反問，為何法律要保護為發洩仇恨而發表的誹謗言論？他又以「有限度特權」（qualified privilege）的辯護理由作比較，根據這辯護理由，在一些特殊的情況下，某位人士需要從某個來源獲得關於某方面的坦白無隱的資訊時，例如要求一位教授為前學生就應徵一份工作提交的評審推薦信，公眾利益要求推薦人作出坦白客觀的評核，撰信人只要符合有限度特權的要求，便可依賴這辯護理由而無須為信件的內容負上誹謗的責任。謝偉俊辯稱，一如公允評論，有限度特權這辯護理由亦會由於存有惡意而不能成立；這兩項辯護理由均屬特權，而特權會因濫用而失去。

　　鄭和林由資深大律師李柱銘代表，他們挑戰「存在惡意就不能作公允評論辯護」這項流傳了超過一個世紀的法律原則。

　　終審法院的判決由 Lord Nicholls of Birkenhead 頒布，這位終審法院海外法官同時是英國最高法院的法官。他首先指出公允評論的客觀界限，特別提到公允評論只限於公眾利益事務上的評論及必須根據真確的事實，同時評論須是一個誠實的人在相關情況下所能作出的。接着，法庭審視設立公允評論辯護的原因，這是「便利關乎公眾利益事宜的評論得到自由表達」。這個辯護的準繩是，誠實的意見應予自由發表，只要不逾越公允評論辯護的客觀界限，而這些界限足以保證讀者會有資料讓他們自行判斷是否同意這個評論。法院強調，公共事務得到自由自在的討論是防止不負責任的政治權力的基本保障，以及支持個人自由的基礎。在這個理據之下，評論的動機並不重要。其

實，在社會及政治範疇，發表公眾評論的人有不同的目標並不罕見，當中可能包括自我宣傳及提高知名度，或期望得到某些結果，例如推動自己的私人議程或挫敗他人所推動的目標、推許某人或貶低另一人等。這是政治現實，正如 Lord Nicholls 所指出：「這些人在發表評論之際並非完全不帶感情或只是為傳遞資訊，他們當然有其他動機。」但這有沒有關係？Lord Nicholls 認為：

> 這些動機的存在，並非排除公允評論辯護的理由，這是處理當前問題的關鍵。發表意見者持有類似現時那些動機，並不等如公允評論辯護即被濫用。舉例來說，假如在某方面的動機涉及的事項正是令這件事件關乎公眾利益，那麼因為存有〔其他〕動機就不能引用這個辯護理由，顯然絕無道理。
>
> 　剛好相反，只要是關乎公眾利益而且是真誠持有的意見，這個辯護理由正是為了保護和推動這樣的評論，發表這種評論的自由，正是公允評論辯護的核心，也是這辯護理由存在的目的。評論人不論持有任何立場，都有權推動自己的議程。政治人物、社會改革家、好管閒事之徒、有政治雄圖或其他雄心壯志、或毫無志向之士，皆可以各抒己見。公允評論這個辯護，預期每個人都可以自由發揮己見，去推動自己的社會及政治議程，只要他們，我再次重複，他們不逾越這個辯護的客觀界限。

由是，Lord Nicholls 區分了公允評論和有限度特權兩個辯護理由的不同論據。後者是基於履行責任或保護利益的理念，因此，若一名前僱主在介紹信裏作出誹謗言論而動機主要是在於毀掉前僱員的事業，則這名前僱主就是濫用特權，因而失去有限度特權這個辯護理由。相形之下，公允評論並不依賴有任何特殊關係作為基礎，而是基於保障及推行每個人在任何時刻，不論出於任何動機，都有權自由評論與公眾利益有關的事務。

Lord Nicholls 初時對於完全出於怨恨而作出的評論亦感到難以定斷，但最終認為在這種情況下所作的評論，不大可能滿足公允評論的客觀界限，特別是該評論須是一名誠實的人所能作出或真誠持有這項條件。同時，要分辨純粹出於惡意的評論和混合動機的評論亦十分困難，在現實生活中，大部分評論者均可能同時懷有不同的動機，因此，只要該評論符合公允評論的客觀界限，即使動機完全出於怨恨，這個辯護理由仍應該適用。

在作出上述結論之後，Lord Nicholls 再檢視過往的判例，從中找到支持他的觀點的論據。法院過往已裁定非理性、愚蠢、頑固等都不構成惡意，甚至

存心令對方尷尬或對他不利亦不足以構成惡意，最重要的條件是評論者必須真誠相信該意見，法官最後作如此結論：

> 在公允評論辯護的客觀界限之內作出的評論，只會在證明被告並非誠實持有這項意見，才會失去這辯護的理由。誠實的信念是試金石，發自怨恨、敵視、意圖令人受到傷害、意圖挑起爭端或其他任何動機，甚至這是主要或唯一的動機，也不能因此令這辯護理由失效。然而，若能證明這種動機，本身可能成為推斷評論者並非真誠相信他所發表的意見的證據，甚至是難以抗拒該推論的證據。

法院裁定上訴得直，並下令重審，官司其後可能得到和解，但這官司的重大意義是，這判決逆轉了過去一百五十年來認為惡意足以摧毀公允評論作為辯護理由的原則。這案例亦很快成為普通法內的指標案例，並獲其他普通法地區的法院跟隨。

這宗案例亦是一個典型的例子，提醒我們必須常常對法律的目的尋根探秘。我常常教導學生，法律不是一成不變的，它是為公義服務。普通法很多時被理解為一個遵從先例的法律制度，我們向判例尋求指引，這是為了維持法律的穩定和明確性。與此同時，在適當的情況下，我們的法院亦會因公義而改變過往的裁決。在普通法制度內，新的指標性判例不時會出現，這些判例，或破舊立新，或在法律的叢林中另闢新徑。出現這個情況，皆因我們不會盲從過往的判例和權威，律師和法官敢於從新的觀點審視問題，不甘於受先例的限制，同時更因為我們有熾熱的心和重大的責任去維護公義。公義必然要針對現實情況，這迫使我們不斷尋找法律發展的新方向。我們的法律訓練，一方面令我們尊重權威案例，另一方面要求我們不斷質疑權威判例。不加批判地全盤接受權威和先例，其實是有違我們的法律訓練和感召。或許，這就是為何律師往往會被因循的管治當局視為麻煩分子，不論管治的是國家、政府或機構。

「人權不是絕對」這論調，往往意味人權可以受到任意限制，這案例正好顯示這論調的謬誤。言論自由是文明和民主社會的核心，而文明和民主社會的標誌包括多元化、思想開放和包容。言論自由得到高度重視，卻並非絕對，但這並不表示只要有好的理由便可以對言論自由施加任何限制。保護個人名譽是一個好的理由，但如果限制不得其所，誹謗官司可以被濫用以窒息言論自由。良好的理由只是限制一項基本權利的起點，限制是否合憲，還需經過一段複雜的分析和探討。

21.「我沒有向他報告」：狗仔隊案

　　當你知道被送往監獄的人只是代罪羔羊，這是令人沮喪的；而當這個人是一位有二十四年經驗的資深記者的時候，那就令人更加沮喪。

　　在他的判詞中，時任原訟法庭首席法官陳兆愷節錄了我們的開案陳詞，這陳詞總結了這宗案件：[1]

> 這是香港有史以來最嚴重和最公然的藐視法庭案。對司法機構的攻擊是前所未有的，亦是延續不斷的。在超過一個月的時間，香港市民每天被重複餵飼令人髮指的無聊攻擊，而且不單是針對一名或兩名法官，而是針對整個司法機構。最後對法治空前的挑戰，莫過於以教育為名，以一隊狗仔隊全天候跟蹤一位上訴法庭的法官達三日之久。

　　是什麼導致這些對司法機構駭人聽聞的攻擊？觸發點是兩系列的案件：第一系列的案件涉及兩家互相競爭的媒體之間，就一名香港著名歌手的圖片所引起的爭執。另一系列的案件則涉及刊載於《東方日報》，被淫褻物品審裁處評定為不雅的一系列圖片。

　　《東方日報》是一份暢銷的中文日報，每天的讀者人數接近二百三十萬，約佔百分之五十三的報章媒體市場佔有率。它不時刊載一些被認為是旨在滿足部分讀者的淫慾的照片，因此它曾多次被控違反出版不雅物品的罪行，而且罪名成立。《東方日報》對此甚為不滿，認為淫褻物品審裁處的成員對該報章存有敵意和偏見。這種看法亦不無道理，因為審裁處有些不雅的裁決確實令人費解，就如曾將米高安哲羅舉世知名的大衛雕像的圖片列為不雅！1996年6月，《東方日報》兩次刊載了一些裸體女士的照片，這些照片被評為不雅。同樣的照片在另一中文報章刊登，亦被評為不雅。該報章成功上訴，案

1.　*Secretary for Justice v Oriental Press Group Ltd* [1998] 2 HKC 627, 640 (CFI).

件發還審裁處重新審定，審裁處重審後仍然評定該圖片為不雅。相對而言，《東方日報》的上訴則先後遭原訟法庭及上訴法庭駁回。上訴法庭認為審裁處有責任交代理由，但認為審裁處所提供的理由已經足夠。[2] 上訴法庭亦拒絕批出向終審法院提出上訴的許可，最後由終審法院批出上訴許可。

導火線

曾經有一段時間，香港有不少傳聞，指流行樂壇超級巨星王菲懷有身孕。有一天，《東方日報》一名記者在北京機場的貴賓室遇見王菲，從她的衣着看來，明顯是懷有身孕。記者馬上拍下王菲的照片，而這明顯並沒有得到她的同意。該照片其後成為東方報業集團旗下周刊《東周刊》的封面照片，周刊並說首次證實王菲懷孕。

幾天後，該照片連同《東周刊》的封面被刊登在《蘋果日報》，該報是《東方日報》的競爭對手。雖然《蘋果日報》有列明圖片的出處，但卻沒有得到東方報業集團的同意刊載該照片。不出意料，東方報業集團向《蘋果日報》提出侵犯版權的民事訴訟。《蘋果日報》對責任問題並不提出嚴重爭議，反而是問東方報業集團要求多少賠償。東方報業集團最初要求賠償二十七萬元，後來在開庭時減至十九萬五千元，但另加訟費十萬元。《蘋果日報》則作出反建議，提出以一萬元作和解。雙方未能達成協議，東方報業集團遂繼續民事訴訟。

作為一種訴訟策略，《蘋果日報》公開提出以一萬元作為和解，羅傑志法官（Rogers J）其後認為，這公開建議相等於將這筆錢存放於法院（payment into court）。意思是說，東方報業集團可以隨時提取這筆款項並終止訴訟；可是，若東方報業集團不接受這提議並堅持訴訟，而訴訟的結果是它所獲得的賠償少於這建議的數目，這會對訟費的計算有嚴重影響。在民事訴訟中，一般的原則是敗訴一方需要負責勝訴一方的訟費，當中最昂貴和佔最大部分的是律師費。如果建議和解的數目高於法院最後裁決的賠償，這表示被告的建議是一個合理的嘗試去避免訴訟，但原告不接受這個合理的建議，硬要拖被告上庭，令被告要花律師費作出辯護，在這情況下，一般訟費的原則便不適用。反之，敗訴一方可以要求原告賠償訟費，因為原告堅持上庭並無必要亦不合理。將一筆錢存放於法庭是一項普遍的訴訟策略，這策略若要成功，建議的賠償數目需要令原告面對一個困難的選擇：要麼接受這個較低的賠償額，或

---

2. [1998] 1 HKLRD 253。關於此案，詳情請參閱第 17 章。

是冒險堅持訴訟,希望最後的賠償金額比這個建議金額為高。當然,法官並不會知道有這筆存款,以免影響他們對案件的判決。

羅傑志法官就責任問題作出裁決後,便將焦點放在評定因為侵犯版權所招致的損失,這取決於王菲那張照片的價值。[3] 東方報業集團認為這張照片價值不菲,可與戴安娜王妃撞車前和傳聞中的新戀人所拍的照片,或是國際紅星麥當娜懷孕的照片,或是鄧小平在病榻中逝世前的照片相比,法院認為這些比較並不合適,最後法院裁定賠償金額為八千零一元,這是低於《蘋果日報》所建議的和解金額。

這時候,《蘋果日報》向法院透露它的和解建議,並成功獲得法院頒令獲取訟費。[4] 於是,東方報業集團獲得八千零一元的賠償,但卻因為不合理堅持訴訟而需要負責《蘋果日報》的訟費,這筆訟費遠遠超過賠償金額。一如所料,東方報業集團提出上訴。

1997年9月19日,上訴法庭維持原判。[5] 在判詞的末段,高奕暉法官(Godfrey JA)指出,照片並沒有得到王菲的同意,她亦極可能拒絕同意。高奕暉法官提出質疑,假若一張照片是以侵犯他人私隱而獲得,這張照片是否仍然應該受到版權法的保護?這種意見法律上稱為「判詞之外」(*obiter dicta*),即這不屬於判詞理據的一部分,而是法官對當時法律的個人反思。這種意見,往往能令政府正視法律上的一些缺失或一些需要檢討的地方。高奕暉法官這一段判詞對日後事情的發展極為重要,值得全文摘錄如下:[6]

在公眾場合(例如在電影首映禮從豪華轎車落車時)拍攝公眾人物,這當然是合法的,但在私人場合,沒得到他們的同意而拍攝這些公眾人物的照片,則是另一回事。過往法院曾經指出,基於公共政策的理由,一般被視為冒犯性的事物,並不受版權法所保障。當然,這裏所指的冒犯性,必須是具嚴重不道德傾向的事物,才會被排除在版權法之外。關鍵是法律應該和能夠反映公眾的價值,以侵犯公眾人士私隱的照片獲取巨利,這反映了出版商的貪婪和讀者的淫慾,社會大眾對此開始反感。若立法機關不介入的話,現在可能是適當的時機由司法機關介入(就如英國上訴法院首席法官賓漢勳爵

---

3. *Oriental Press Group Ltd v Apple Daily Ltd* [1997] 2 HKC 515.
4. 羅傑志法官認為《蘋果日報》的和解建議的信件等同將款項存放於法院,上訴法庭並不同意,但接納這建議是考慮訟費的相關因素,最後法院推翻羅傑志法官的判令,改為雙方各自負擔己方的訟費:見下文。換言之,即使《蘋果日報》在原訟法庭敗訴,也不用支付勝方的訟費。
5. [1997] 2 HKC 525.
6. 於 529H–530B 頁。

〔Lord Bingham of Cornhill LC〕所建議），法院對那些在私人場合，未得到公眾人物同意所拍攝的照片，可以拒絕給予版權法的保障。（註釋省略）

這段判詞日後受到《東方日報》的批評，指高奕暉法官誣陷《東方日報》的記者為狗仔隊。這似乎是無中生有，因為這段判詞完全沒有提及狗仔隊。

1997年9月，在上訴法庭頒布判決後幾天，《東方日報》開始刊載一連串的文章，這些文章最初攻擊高奕暉法官，指他為「無知」和「不合理」、「荒謬」和「武斷」、「偏見」和「傲慢」。[7]這些攻擊很快便擴展至淫褻物品審裁處的成員，繼而遍及整個司法機構。他們指稱司法機構對東方報業集團不公平，前港英政府透過檢控和淫褻物品審裁處對東方報業集團加以迫害。個別審裁處的成員被公開針對和唾罵，指他們為「愚蠢、卑鄙和無知」和「渣滓」。[8]這謾罵的言論幾乎每天出現，並延續了好幾個月。報章亦重新刊登被法院確定為不雅的照片，此舉其後被法院形容為「毫無保留地藐視法院的判決和對法治的挑戰」。[9]

變本加厲的攻擊演變為狗仔隊的追蹤

1997年12月9日，上訴法庭推翻羅傑志法官的訟費命令，改為在原訟法庭時，雙方各自負責自己的訟費，而在上訴法庭的訴訟，東方報業集團須支付《蘋果日報》三分之二的訟費。[10]一個月後，即1998年1月8日，上訴法庭在王菲案中拒絕批出向終審法院提出上訴的許可，這宗案件到此終結。

同時，1997年12月10日，就淫褻物品審裁處關於裸體女士照片的案件，上訴法庭拒絕批出向終審法院提出的上訴。隨後，《東方日報》功夫茶專欄開始變本加厲地攻擊司法機構，1997年12月11至15日期間所發表的一系列文章，成為第一部分藐視法庭的控罪。這些文章，有針對羅傑志法官和高奕輝法官的惡毒攻擊，亦有延展至整個司法機構。正如法院所描述，這些攻擊盡是一些粗鄙的辱罵、冒犯和詆毀的言詞，持續帶有種族的意味，不但沒有任何支持理據，更有一些對淫褻物品審裁處成員和法官的威嚇和警告。[11]這些

---

7. [1998] 2 HKC 627, 643.
8. 於644頁。
9. 於644頁。
10. 這意味東方報業集團雖然勝訴，贏得八千零一元，但卻要支付己方在原訟法庭和上訴法庭的律師費及《蘋果日報》在上訴法庭三分之二的律師費，相信總數估計以百萬元計。
11. 於645、646、647及648頁。

言詞太過粗鄙,不宜在這裏複述,但從部分文章的標題亦可略為感受文章的性質,這些標題包括「大法官白皮豬,審裁處黃皮狗」、「羅傑志的卑劣,高奕暉的錯亂」和「讀者聲援痛摑審裁狗」。

1998年1月12日,上訴法庭在王菲案拒絕批出向終審法院提出上訴的許可之後幾天,《東方日報》刊登了全版聲明,指控法院聯同前殖民政府迫害東方報業集團,並抗議高奕暉法官錯誤地將拍攝王菲照片的記者稱為狗仔隊,聲明誓言要摧毀淫藝物品審裁處,將「視死如歸,玉石俱焚」,原訟法庭形容這篇聲明幾乎是「一篇宣戰的聲明」。[12]

隔天,功夫茶專欄另一篇文章宣布,將會對高奕暉法官進行狗仔隊追蹤(paparazzi chase),以「教育」他何謂真正的狗仔隊。這些對高奕暉法官的攻擊極為不公平,從上文所引述的判詞可以看到,他從沒有指控該名記者為狗仔隊;事實上,他整篇判詞也沒有引用這個名詞。功夫茶的文章還闡述如何執行追蹤法官的計劃。

這事先張揚的狗仔隊追蹤計劃確實付諸實踐。連續三天,《東方日報》記者清早便在高奕暉法官的住宅守候,並連續七十二小時跟蹤他。他們尾隨他上班,坐在他的法庭內,跟蹤他出外午膳,下班後尾隨他。這項追縱行動刻意高調進行,還公開警告高奕暉法官,只要他有任何行差踏錯,他們的鏡頭便會馬上捕捉下來公諸於世。這項狗仔隊追蹤計劃吸引了大量傳媒的報導。第一天,大量傳媒在高奕暉法官的住宅外聚集以報導事件。在上班途中,當《東方日報》記者超越法官的汽車試圖拍照的時候,汽車轉向迴避,幾乎釀成意外,差一點撞到尾隨的記者。

狗仔隊追蹤計劃持續了三天,並為香港的傳媒廣泛報導。第三天結束時,《東方日報》宣布計劃經已達到教育的目的,並終止該行動。這事件令整個社會震驚,律政司司長隨後決定向東方報業集團提出以污衊法院為基礎的藐視法庭(contempt by scandalising the court)的檢控。

忍無可忍:藐視法庭的檢控

有鑒於這是回歸後首宗對新聞媒體的檢控,再加上控罪的政治敏感性,律政司決定委任私人執業大律師提供意見。湯家驊資深大律師和我獲聘在刑事檢控中代表律政司司長。

---

12. 於650頁。

我們第一個要處理的問題便是決定誰是被告，報章的總編輯當然難辭其咎，可憐這位總編輯，他在發動這一系列攻擊之前才剛獲晉升此職位。從一開始，他和其他被告已分開由不同的律師代表，他亦準備承擔全部責任。

報章的擁有人是另一個明顯的被告，根據《本地報刊註冊條例》的紀錄，《東方日報》的東主、承印人和出版人是東方日報督印有限公司（Oriental Daily Publisher Ltd.），這是一間空殼公司，只有兩名名義董事，這間公司由東方日報有限公司（Oriental Daily News Ltd.）全資擁有，這是另一間空殼公司，佔有其百分之九十九股權的母公司為東方報業集團有限公司（Oriental Press Group Ltd.），母公司是一間上市公司。

雖然東方日報督印有限公司是報章的註冊東主、承印人和出版人，但它卻不承擔任何出版報章的支出。報章的印刷由東方報業印刷有限公司（OPG Printing Ltd.）負責，這是另一間空殼公司，新聞紙則由東方報業財務有限公司（OPG Finance Ltd.）支付，報章的員工則由東方報業人事資源有限公司（OPG Human Resources Ltd.）聘用和借調給報章。這些公司全部來自東方報業集團，但母公司東方報業集團有限公司和報章最少有兩層的距離。

鑑於案件涉及對司法機關和法治前所未有的攻擊，如果只是僅僅起訴一間空殼公司，恐怕難以符合公眾利益。但若要檢控幕後人士，便得揭開有限公司和一系列子公司的面紗，這絕不容易。最後，我們決定檢控六名被告：（1）東方報業集團（第一被告）；（2）東方報業集團主席馬澄坤（第三被告）；（3）東方日報督印有限公司（第二被告）；（4）第二被告的兩名名義董事（第四及第五被告）；（5）東方日報總編輯（第六被告）。

藐視法庭可以分為兩類，傳統的藐視法庭是指一些干預即將或正在審理的案件的行為，而該行為將危害審訊的公平。這種藐視法庭的理由是訴訟人有權得到法院的公平審判，而不是由傳媒或社會作出審判。因此，任何試圖干預法院所要裁決的事情的行為，均屬侵犯訴訟人獲得公平審訊的權利。這方面，藐視法庭和言論自由之間有一定的衝突。多年來，法院逐步收窄藐視法庭的適用範圍。以往一個人可以通過發出法庭傳票窒礙公眾就有關公眾利益的事務進行討論，即俗稱的所謂「堵嘴令」（gagging order），但這已遭廢除。除非有關的言論或干預是在審訊即將進行前發生，從而造成影響公平審訊的真正風險，否則法院假設專業法官並不會受到公眾評論的影響，因此在上訴法庭或以上級別法院的案件較少涉及藐視法庭。相比之下，由於陪審團是公眾人士，較容易受到公眾評論的影響，故大部分藐視法庭的案件均涉及陪審團參與審理的案件。

另一類的藐視法庭，相關的行為並非針對某一特定的案件，而是針對整體執行公義的制度，這種藐視法庭又稱為污衊法庭（scandalising the court），主要目的是維護公眾對執行司法公義的信心。這方面，藐視法庭和言論自由之間的衝突便更加明顯，一方面，保持公眾對執行公義的信心非常重要；另一方面，法院的判詞必須受到公眾的監察和批評，公義並非一株脆弱的小花，容易在批評的熱浪中凋謝。法院亦接受，不是所有批評都是溫文有禮或合情合理，尤其是來自案件中失望的一方，這是自由社會的代價。與此同時，在面對惡意的辱罵時，法院難以自辯，因為法院並不適宜介入公眾辯論。假若這些攻擊變得持續、普及和誇張，這便會削弱公眾對執行公義的信心，最後更會危害法治。十九世紀末期，一般人以為這類的藐視法庭案會逐漸消失，但這預測並未成真。今時今日，在不同的普通法地區，仍不時有這類的藐視法庭案，如何在言論自由，容許對法院的批評及保障公眾對執行公義的信心之間取得平衡，絕不容易。

法院的審訊

污衊法庭的控罪基於兩方面的行為，一是主要在《東方日報》功夫茶專欄內的八篇文章，二是以狗仔隊追縱高奕暉法官的行為。在庭上，總編輯承擔所有責任，並向公眾致歉。他由資深大律師清洪（Cheng Huan SC）代表，其餘的被告由資深大律師和前律政司祈禮士（John Griffiths SC）代表。鑒於案件的嚴重性，法庭由陳兆愷法官及祈彥輝法官組成合議庭。陳兆愷法官後來成為終審法院法官，他中英雙語流利，能夠直接審閱文章的原文。祈彥輝法官其後移居英國，在倫敦高等法院出任法官。法庭的公眾席座無虛席，記者佔了絕大部分。

很明顯，辯方的策略是將所有的責任推給總編輯，以免除東方報業集團董事會主席馬先生的責任。[13] 東方報業集團雖然是母公司，它的答辯是在處理子公司的出版物時，充分尊重編輯自主。祈禮士在最後陳詞中這樣說：「當然，我接受《東方日報》是一份重要的小報（tabloid），在香港廣為閱讀，但正如荷馬（Homer）也會打瞌睡，總有一些時候，報章的總編輯在打瞌睡，然後作出了錯誤的決定。」他繼續指出，文章對法院的攻擊是如此荒唐和荒謬，

---

13. 原訟法庭在判詞中表示懷疑總編輯「被東方報業集團董事局（包括馬先生在內）指示或最少被鼓勵進行這次行動，即使行動的細節交由總編輯和他的團隊決定」（683頁）。同時，「已經作出安排，讓總編輯承擔所有責任，以免除其他人的責任。」（684頁）

社會上沒有合理或正常思考的人士會對這些攻擊認真看待。這些文章是由一些在訴訟中落敗後，深深不忿甚至有點精神錯亂的訴訟人所撰寫，由於香港公眾對法治有非常高水平的認識，律師指出公眾不太可能受到一張小報的文章所影響。我在法庭上聽到一張在香港最高銷量之一的報章，要透過其律師在公開的法庭上承認它只是一張小報和它刊載的文章無需認真對待這樣的陳詞，心裏實在感到可悲！

控方的論點是即使總編輯享有編輯自主，但這樣大規模和有系統的攻擊，很難想像只是出於總編輯個人的愚昧，若說集團完全沒有參與，這是難以置信的。雖然沒有直接的證據，控方要求法院作出推論，這些攻擊基本上是東方報業集團作為一個集團，因不滿其所受到的待遇而作出的控訴，而非僅僅關於《東方日報》。這些文章中亦有多處指出這是東方報業集團的投訴。不僅如此，控方還進一步指出，對法院的攻擊，若非得到集團主席的同意，也必然得到集團主席的默許。

東方報業集團傳召主理主席助理麥先生作供。他的證供基本上是指主席和這些文章或狗仔隊的行動沒有任何關係，他說主席並沒有閱讀《東方日報》或集團其他刊物的習慣！事實上，即使這些刊物和報章是集團的主要收入來源，主席並沒有對這些刊物花上太多的時間。麥先生的證據相當滑稽，更不用說也是相當荒謬的。盡我記憶所及，部分盤問是這樣的：

問：麥先生，你的職銜是主席助理？

答：是的。

問：那麼你是否同意，你的主要工作是協助主席？

答：但當你談到職責時，作為助理，我當然要協助主席，但這並不表示我不處理別的事情。

……

問：麥先生，東方報業集團非常關心集團的形象，對嗎？

答：對的。

問：你的其中一項主要職責是領導一個小組，監察香港的電視和廣播節目以及報章和雜誌，對嗎？

答：這個所謂小組，只是在圖書館工作的同一小組，這是他們順帶的工作，翻閱所有的東西。

問：你是否確定你沒有貶低他們的工作或他們的工作的重要性？

答：你的意思是什麼？

問：請你翻閱你的供詞，第592頁，這是你在一宗涉及毛孟靜的案
　　件中的供詞。

答：是的。

問：在那份供詞中你指出，你需要向主席和集團的管理層報告所有
　　涉及集團及其子公司的運作的相關事情：

　　「為了跟進上述事宜，我們成立了一個由集團職員組成的專案小
　　　組，這小組至今仍然在運作，它的工作是審閱電視和電台的廣
　　　播節目以及報章和雜誌，並就所有涉及集團及其子公司的事項
　　　作出報告。」

這是否正確？

答：是的。

問：他們向你報告？

答：是的。

問：你則向主席匯報？

答：不是，正如我早前告訴法庭，那些需要由主席處理的事項，我
　　會向他作出報告。其他的事項，我會向管理層報告。

問：在這情況下，誰是管理層？

答：關於這份供詞，容許我這樣說：因為我們有兩位主席。1996年
　　7月1日前，主席是馬澄坤先生。當我作這份供詞的時候，我所
　　指的主席是當時的主席馬澄坤先生，管理層則主要是指我自己。
　　1996年7月1日之後，我們設立了總經理一職，從那時起，當
　　我說管理層，我是指總經理辦公室。

……

問：如果你遇到一些對集團非常重要的事情，你會否向主席報告？

答：這視乎事情的重要性。

……

問：讓我更加具體。麥先生，假如你注意到東方報業集團可能觸犯
　　刑事案件，並且即將被起訴，你會否認為這是你需要向主席報
　　告的事項？

答：我會向總經理報告。

問：你不會向主席報告嗎？

答：不會。

……

問：在當時，以狗仔隊追蹤高奕暉法官，受到傳媒廣泛的報導，對嗎？

答：我相信是的。

問：這事件甚至被電視台所覆蓋？

答：是的。

問：那你的專案小組有沒有向你報告此事？

答：我不確定，但我相信有的。

問：那你怎樣做？你有沒有向主席報告？

答：若我有看到那些報導，而我相信當中有些問題，我會把它們轉交法律部門。若沒有什麼問題，我會將它們轉交總經理辦公室。

問：麥先生，我不是問你一個假設性的問題。我是問你當時的事實。你有沒有將這事情向主席報告？

答：首先，我不能確定我曾否閱讀這一段所提到的所有報章，但我想或許我有。假設我有閱讀過，而我認為有些嚴重的批評或誹謗的話，我會將它們轉交法律部門跟進。否則，我會把它交給總經理。

問：麥先生，我不明白你的答案。我以為這是一個很簡單的問題：你有，還是沒有向主席報告這些事件？

答：……但我沒有告訴主席。

問：那你沒有？

答：對的。

問：你認為這是一件很小的事，是嗎？

答：當時有很多這類的報導和文章。

問：當整個社會都在報導以集團名義所做的事情，你認為無需要向主席報告？

答：正如我剛才所說，在我協助他的範圍以外的事情，我無需向他報告。

問：那麼，你做了什麼？

答：我什麼事情也沒有做。正如我所說，若我認為〔當中〕沒有批
　　評，我便將它交給總經理存檔。

問：甚至沒有將這件事情轉交法律部門，那裏有三名合資格的律
　　師？

答：我不肯定我有沒有這樣做。

……

問：但我們有證據當時在這件事情上，其他報章正向其他人士跟進
　　事情，例如大律師公會主席、民主黨主席等，他們都說，你們
　　做了一件很錯的事。

答：是的。

問：這些事情會影響集團的形象嗎？

答：我想，好吧，讓我說我並不熟悉法律，所以我只能基於我自己
　　的想法。我的意見，無論我認為那是否批評，我會將它轉交總
　　經理。這純粹是我的意見。

……

陳法官：我有幾個問題。今年1月12或13日，主席可有和你提及狗
　　　　仔隊行動？

答　　：沒有。

陳法官：他不關心嗎？

答　　：他沒有向我提及。

陳法官：他在1月14日有和你提及嗎？

答　　：我想沒有。

陳法官：那15日呢？

答　　：沒有。

陳法官：那他什麼時候第一次，或他有沒有和你談過狗仔隊的行
　　　　動？

答　　：沒有，他根本沒有向我提過。我對這狗仔隊行動的了解是
　　　　從報紙上看到的。

陳法官：據你所知，他當時是否知道這個行動？

答　　：我不知道他是否知道，因為他從來沒有向我提及。

陳法官：直到現在，你可有和他談及這事？

答　　：直到這件案件發生，我告訴他我在哪一天要上庭。

陳法官：他有什麼反應？

答　　：我看不到他的反應，因為我在打電話——我的意思是，我和他是以電話傾談。

主席對這持續針對法院的攻擊和狗仔隊的行動一無所知，這種說法是荒謬的。麥先生重複說：「我沒有向他報告」，聽來像是莎士比亞的名劇《凱撒大帝》中的名句：「布魯圖斯是一個正直誠實的人」！

除了否認責任之外，被告亦提出憲法的質疑，指稱普通法中污衊法庭的罪行有違《人權法案》對言論自由的保障。法院不為所動，甚至一度指出，若一個人採取行動污衊那些負責執行公義的人士，因而危害法治，那人便不能說是在行使他的言論自由，因此亦無需考慮對言論自由的限制是否合憲。[14] 我們拒絕法院這個提議。與其爭論這是否行使言論自由，從而導致將來有很多不必要和不恰當的爭論，較佳的做法是提出理據支持限制的合憲性。當法官建議你可以採納某一論點的時候，實在很容易令人心動，但在我們的法律制度內，檢控官的責任並非不惜一切去贏取官司，這一點同樣重要。

判決

法院作出裁決：總編輯被控的所有藐視法庭罪罪名成立。法院指出，《東方日報》對法院的攻擊，在近代絕無僅有，這種長期和持續的行動的特點，包括文字的惡毒、荒謬的指控（文章指其攻擊對象的動機〔即司法機關與港英政府聯手逼害〕之說實屬荒謬），以及影響公眾對香港法官公平公正執行公義的能力的信心，後者的影響可以從《東方日報》自稱收到許多讀者的支持信可見一斑，若這聲稱是可信的話。[15] 狗仔隊追蹤行動的真正目的，是報復法院對東方報業集團不利的判決和對相關法官作出懲罰，[16] 旨在「教訓法官」（to teach the judge a lesson）。法院懷疑針對司法機構的行動並非總編輯自己的意思，他可能只是被指示執行這個行動。[17] 雖然總編輯承擔所有責任，但法院懷疑當中可能有某些交易，讓他承擔所有責任，以免除其他人的責任。[18] 法

---

14. [1998] 2 HKC 627, 668D–H.

15. 於681頁。

16. 於666–667頁。

17. 於683頁。

18. 於684頁。

院以八個月監禁為起點，在考慮過所有的求情因素後，減免為四個月監禁。這是香港首次有報章的總編輯，因為報章所發表的文章而被判藐視法庭入獄。

　　總編輯聞判後木無表情，我望着他的眼神，那是沒有生命、沒有希望、也沒有將來的眼神。這令我想起阿爾柏仙奴（Al Pacino）在《追魂交易》（*The Devil's Advocate*）這齣電影中的一幕，阿爾柏仙奴將他的靈魂賣給魔鬼。

　　其他人又如何？

　　儘管集團有複雜的公司架構，法院認為「東主」一詞的一般意思是指《東方日報》的真正東主，這是東方報業集團有限公司。法院亦注意到在王菲案中的原告正是東方報業集團有限公司，而當時原告聲稱，圖片的版權屬於東方報業集團有限公司。正如陳兆愷法官指出，「如果只因為註冊這項事實便認定一間只有兩名名義董事，沒有資產也沒有業務的空殼公司是一張報紙的東主、出版人和承印人，這是完全脫離現實的。」[19] 至於報章的承印人和出版人，法院認為分別是東方報業印刷有限公司和東方日報有限公司，因此，第二被告雖然登記為《東方日報》的東主、承印人和出版人，但事實並非如此，故第二被告及其兩名名義董事獲無罪釋放。不過，陳兆愷法官同時補充說：「我們將交由律政司司長決定，是否根據《本地報刊註冊條例》第11條起訴那些確認該等資料為正確的人士。」[20]

　　作為《東方日報》的東主，法院認為東方報業集團必須為其報章發表的文章負責，這些文章持續了兩個多月，東方報業集團不可能不知情。即使它將出版的責任交托給出版人和總編輯，也即使它完全尊重編輯自主，集團仍然不能以不知情並對持續和污衊的文章不聞不問，以逃避責任。這些文章給人的感覺是它們代表集團發言，攻擊法院的文章和其後為其立場辯說的聲明均多處提及集團，當一張受歡迎的日報犯上非常嚴重的藐視法庭罪，為一己的目的以史無前例的形式中傷和侵害司法機構時，法院並不接受該日報的東主可以袖手旁觀，置身事外。至於追縱高奕暉法官，雖然這是行動的一部分，但這卻不是出版人或編輯一般的正常活動。集團可以將出版的責任交托出版人和編輯，在沒有證據顯示集團有積極參與這些行動時，集團不應對這些超越出版人和編輯正常責任的行為負責。

　　法院認為這是一宗最駭人聽聞的藐視法庭案件，要求對東方報業集團的綜合帳目作出分析。對一間公司而言，法院所能做的只是罰款。法院指出，罰款是懲罰性的，而懲罰須要令到公司感到痛楚。儘管東方報業集團已作出

---

19. 於676頁。
20. 於676頁。

毫無保留的道歉，但法院仍然判處五百萬元的罰款，這是史無前例的，並同時命令集團須全數支付律政司的訟費。

那東方報業集團的主席又如何？

法院毫不猶豫地駁回主席對針對司法機構的行動一無所知的說法，陳兆愷法官甚至指出，作出這樣的提議也是天真的。[21] 雖然麥先生的證據甚為荒謬，但單單知曉該項行動，或沒有嘗試阻止該項行動，這本身並不足以將主席入罪。要構成藐視法庭罪，主席必須有一定程度的參與。控方無法證明，更遑論沒有合理疑點，指馬先生發動這項行動或促使發布這些文章。他被判無罪釋放。

上訴

對總編輯的判刑，可能比總編輯本人預期的更為嚴厲，他提出上訴，並由另一位著名的倫敦御用大律師肯特里奇（Sydney Kentridge QC）代表上訴。[22] 他辯稱污衊法庭罪違反《人權法案》所保障的言論自由，因為這罪行並不需要證明對任何正在或即將進行的司法程序作出干預。上訴法庭並不接納這論據，污衊法庭的控罪的目的並不在於保護法官不受批評，而是保護執行公義的進程。批評的道路是一條公開的道路，法院需要接受批評，也得接受有些來自失望的訴訟人或其律師的批評可能會超越禮貌的界線，但對持續的、惡意的和污辱性的攻擊若不加制止，便肯定會影響到執行公義的持續進程。這對香港尤其重要，因為香港只是一個很小的司法區域，維護公眾對執行公義和法治的信心至為重要。只有當執行公義受到真正干預的危機，以及有充分的證據證明這不單是一個風險，而且是有很確實的可能性會削弱公義的執行時，這才會構成這種藐視法庭罪。判刑方面，鑒於案件的嚴重性屬前所未有，上訴法庭認為八個月監禁的起步點已經「相當克制」，並在考慮所有求情因素後減為四個月，這是相當「溫和」、恰當和必須的。[23] 法院駁回上訴。

四個月後，終審法院上訴委員會拒絕批出向終審法院提出上訴的許可。[24] 列顯倫法官在判詞中指出，「若認為這宗判案有實質及嚴重的不公平情況，這是荒謬的，判刑亦顯得極為仁慈。」[25]

---

21. 於 679 頁。

22. *Wong Yeung Ng v Secretary for Justice* [1999] 2HKC 24 (9 Feb 1999).

23. [1999] 2 HKC 24, 48.

24. *Wong Yeung Ng v Secretary for Justice* [1999] 3 HKC 143 (25 June 1999).

25. 於 147 頁。

這個決定，為香港新聞自由的歷史不太光彩的一頁畫上句號。我們的法律是否應該保留污衊法庭這項控罪？英國在2013年廢除了這項控罪，但新加坡則嚴格執行。這控罪在加拿大、新西蘭和澳洲均被保留。正如香港的情況一樣，在這些地方，只有出現真正的風險，削弱公眾對司法制度的信心，才會引用這控罪，否則便會影響言論自由。這控罪的目的不在於保護個別法官，法院的理據必須公開和讓公眾審閱及批評，公眾批評法院的判詞並無任何不妥，我們亦要接受，不是所有批評都是甜言蜜語的。可是，近年有一種趨勢，就是以一己的政治尺度來批評判決，因為判決不符合某些人的政治理念，便對法院作出肆意攻擊，甚至對個別法官作出人身攻擊，這些攻擊既不恰當亦沒有理據，只會削弱我們的司法制度。當我們削弱公眾對司法制度和法治的信心時，我們將會發現，我們正在摧毀保護我們的自由和權利的架構。

新聞自由是社會的另一重要支柱，必須加以保護。我一向非常尊重香港的記者，包括《東方日報》的記者。在我的專業生涯中，我遇過很多記者，當中有些成為好朋友，也有些是我的學生。他們對工作的熱誠、投入和執着皆是無可匹比的。因此，當我看到一位資深的記者被判刑時，感覺特別傷感。那天是1999年6月25日，夏日熾烈的太陽已稍稍來臨，當我離開法院，沿着炮台里下行時，有位記者問我對這案件的觀感，我嘆了一口氣說：相信這只是一時的過失，希望明天會更美好。

IX.

公平審訊和人身自由

22. 審訊觀察員和人道救援工作

　　儘管接受公平審訊的權利是世界上最受廣泛承認的權利之一，但在不少國家，這項程序的保障只是有名無實，不少異見分子未經審訊便遭收押監禁。然而，公平審訊的權利卻具有強大的道德力量，以致即使最專橫的政權，有時候也感到有必要進行一些示範式的審訊，用以駁斥對異見者的拘留出於政治迫害的指控。有些政權更可能因應一些國際組織的要求，容許它們派觀察員旁聽一些敏感的審訊，以消除外界視該審訊為一場政治表演的疑慮。觀察員通常是來自外國的專家，他們的角色只限於作為旁觀者，不會參與審訊，但他們的出現已對法庭施加某種紀律和壓力，迫令有關人等加倍留神地保障程序公義和公平審訊。

　　我第一次擔任審訊觀察員是在 1980 年代後期，當時應國際特赦協會倫敦總部的要求，前往台灣就一宗對一些前政治犯作重審的案件當觀察員。該案的兩名被告許曹德和蔡有全，為台灣戒嚴期間被判刑的政治犯。他們獲釋後，加入了台灣政治受難者聯誼總會。在總會的成立大會上，他們提出了對總會組織章程的修正案，要求加入台灣應該獨立的條文。當時的台灣政權仍然堅持光復大陸的信念，提出台灣獨立便等如分裂中華民國的國土，因而他們被指控陰謀竊據國土罪。原審持續至晚上十時許，甚至在其中一名被告身體支持不住需要醫療下，法院仍堅持繼續進行審訊。審訊結果毫不意外，兩名被告均被判罪名成立，分別被判監禁十年及十一年。事件在台灣及國際社會均引起不少迴響。上訴時，上訴法庭以原審程序不公平為由推翻原判及下令重審。我獲邀擔任重審時的國際觀察員。

　　擔當這類觀察員需要大量的準備工作，除了需要在很短時間內熟悉當地的司法程序和相關法律外，還要掌握當地的社會狀況、政治環境及相關人物。審訊觀察員亦須遵從嚴格的行為守則，一般而言，審訊觀察員須保持中立持平，就其所觀察的相關審訊是否公平和符合當地的司法程序提交報告。審訊觀察員的出席通常會引起很多媒體的關注，所以必須謹慎避免捲入不必

要的政治爭論，亦須小心慎言，面對媒體時，小心衡量什麼評論該說、可說和不應說。

　　作為一個非政府組織，國際特赦協會只有有限的資源，所以不要指望觀察員會入住五星級酒店或受到任何貴賓式的接待。那一次還是我第一次到訪台灣。案件安排在一個星期五開審，我在星期四晚上抵達台北。當時在野民進黨的一位陳女士在機場接我，她負責我在台北當地的安排。在我抵埗前一天，南部的農民進行了大規模的示威，其後演變為大規模的警民衝突，多名示威者被捕。在往酒店途中，陳女士向我簡報了這次示威和拘捕的情況，並希望我能接觸被羈押的示威者。這當然是在我作為審訊觀察員的範圍以外的事情，經過與倫敦總部商討後，倫敦方面認為我可以盡量搜集事實資料，但絕對不能發表任何公開評論。

　　我下榻於西門町的一家小旅館，距離法院不遠。西門町是當時非常時尚的地區，也是台北著名的夜市之一。霓虹燈飾璀璨耀目，那一區還有很多理髮店。當旅館侍應帶我到房間後，他忽然問我是否需要理髮。我一時有點丈八金剛摸不着頭腦，已經是近晚上十時，怎會在這時間理髮？況且為準備明天與農民會面，我還有大量文件需要閱讀，理髮自是我最不關心的事情，便隨便拒絕了。後來我才明白，所謂理髮，其實是指性服務，這是當時任何熟悉台灣情況的人都會明白的！

　　審訊在早上九時開始，法庭內外均早已擠滿了支持者和記者。有關方面已通知法庭我的到訪，並且在公眾旁聽席給我一個指定座位。開庭前我向檢控官作禮貌性的簡介，大家並簡單地傾談了一會，他亦很簡略地介紹了一會開庭審訊的程序。由於被告仍在還押不獲保釋，故我在審訊前並沒有機會與被告交談。開庭後，法官亦禮貌地向我點頭示意。檢控方面主要依賴書面證據。可能是因我在場的緣故，檢控官仔細宣讀及解釋有關文件，並就修訂協會的章程反覆陳詞，甚至有點累贅。兩名被告均否認控罪，並親自答辯。由於案件涉及本土自決，被告決定使用台灣本土的閩南話自辯，這是司法程序容許的。由於法庭內每個人均諳熟閩南方言，法庭沒有特別安排傳譯，幸好我熟悉潮語，而潮語和福建閩南方言有一些相似之處，若知悉上文下理，我還勉強可以聽懂六成左右的辯詞！

　　儘管被告的發言有點重複，法院仍耐心聆聽，給予被告充分時間作出陳詞。在下午法院決定提前休庭後，我才有機會和被告簡短交談，他們對審訊結果並不樂觀。離開法院後，在陳女士的陪同下我前往羈留中心會晤在示威時被捕的農民，然後隨即直奔機場返回香港。於是，我第一次訪問台灣，就只有參觀了法庭和羈留中心！

　　法院在兩個月後恢復審訊，這又是一次旋風式的訪問台灣，法院當天結束審訊並休庭押後宣判。第三次前赴台灣是往法院聽取判決，兩名被告均再次被定罪，各被判入獄七年。這是非常嚴峻的判刑，他們所做的只不過是在大會上提出修正案。當時戒嚴令仍然生效，相關的法律非常嚴苛，但就審訊的過程而言，我沒有太多的批評。他們得到了公平的審訊，但結果是否公正？

　　鑑於我訪問的敏感性，我沒有約見任何朋友，也沒有太多的機會在台北觀光。此後，我多次訪問台灣，在接下來的數十年裏見證了台灣很大的變化，特別是在廢除戒嚴令之後，台灣已經成為一個更加文明和開放的民主社會。我沒有再接觸被告，聽說他們在服刑兩年後獲李登輝總統特赦出獄，蔡有全於2017年5月逝世。我也沒有再遇見陳女士，不過，多年以後，當民進黨掌權時，我聽說她已成為政府的高層官員。

　　幾年後，另一國際組織邀請我前往斯里蘭卡，作為一個國際小組的成員監察當地的大選。我對斯里蘭卡的政局並不熟悉，剛巧我那時督導的一位博士生 Jayantha Jayasuriya 正是來自斯里蘭卡，他隨即給我上了一課斯里蘭卡的歷史和政局。他告訴我的第一件事是，斯里蘭卡的最後幾位總統皆是被暗殺的！在首都哥倫布以外的地方，除外國遊客外，幾乎所有人都是武裝的！1983年內戰爆發，至2009年內戰結束時，估計有八萬至十萬平民遇害，有人指控斯里蘭卡軍方和泰米爾猛虎組織干犯戰爭罪行，不過指控不了了之。我被要求監察北部的選區，這正是泰米爾猛虎組織的基地。大選前兩周，政府宣布實施戒嚴令，軍方授權士兵可對任何疑犯就地正法。最終我因事未能成行，家人倒是舒了一口氣。多年後，我到斯里蘭卡參加學術會議，並高興當地恢復了秩序和治安。我的博士生 Jayasuriya 於2015年獲任命為斐濟上訴法院法官，並於2016年獲任命為斯里蘭卡律政司司長，其後更獲任命為最高法院首席法官。

　　回歸後不久，我隨香港紅十字會往雲南進行災後重建的審核工作。雲南在一年前發生大地震，當時香港人透過香港紅十字會捐贈了大量資金，以協助災後救援工作。代表團由當時香港紅十字會主席行政長官夫人董趙洪娉率領，在我們抵達昆明當晚，雲南省省長大排筵席，給我們安排了一頓相當豪華豐盛的歡迎晚宴。這倒是相當諷刺，我們是一個非政府組織，前來做救濟工作，但當晚卻美酒佳餚。我懷疑這一席晚宴足夠養活不少平民百姓好一段日子！宴會至晚上十一時許才結束，一些來自西雙版納紅十字會分會的朋友希望在晚宴後與我們會面，商討資助當地的一些水利項目。從西雙版納到昆明約要八小時車程，抵埗後他們還等候了我們幾個小時，故即使我和同事在

宴會結束時已相當疲憊，還是覺得應該和他們會面。大家談到深夜一時，倒是當天最有意義的活動！少睡片刻，在凌晨四時左右便得往機場乘內陸機飛往麗江。董太當然不會隨我們入山區！她在第二天早上回港，前往機場前還要專程往市場買髮菜，省長當然安排車隊護送。

到訪麗江的第一站是當地一間醫院。我們早上七時左右抵達，院方在會客室給我們安排了早點，簡單的豆漿和油條，卻比前一晚的山珍海味更美味。在醫院進行短暫的會議後，我們便乘吉普車向玉龍山進發，這裏接近海拔六千多呎，山峰仍蓋着白雪，風景宜人，但路途崎嶇顛簸，加上前一晚睡眠不足，當中午抵達災區的一條村莊時，大家均疲憊不堪。地震相隔一載，不少房舍已重新蓋建，但仍瓦礫處處。當日天搖地動，一瞬間，不少家人便陰陽相隔，不少孩子頓成孤兒，但這裏的人仍很樂觀，沒有怨天尤人。當地的診所已經建成，但與設計圖則不盡相同，原來應該被用作治療區的部分面積被改作為銷售藥物、紀念品和各種雜項的小商店。我們和負責人進行了很好的討論，總建築面積並沒有減少，但他們需要一個店鋪來補貼診所的運作。這是該地區唯一的診所，有些病人可能需要花幾個小時的路程才能到這裏治療。診所有自己的管理層，當地紅十字會的職員負責監工，但他夾在管理層和地方政府之間，當中又涉及一些人事問題。雖然律師在救災的前線一無是處，但在往後的審核工作，律師的訓練和經驗倒還有一點點用處。

我們再訪問了幾個地點，在偏遠的村莊度過了一個晚上，翌日便返回麗江，然後轉機往昆明，並與雲南紅十字會的同事舉行了另一次工作會議後便啟程回港。

雖然這些海外的人道工作可能令人神往，甚至帶一點點浪漫，但大多數的行程均非常緊密，在很短的時間內有很多會議和需要接觸很多人，對精神和體力均有一定的挑戰，有些工作亦帶有一定的危險性。由於在過程中往往會遇上不同的人事或官僚程序的問題，故從事這方面工作的人士須要具冷靜的性格和較成熟的處事手法，能夠在欠缺物資的情況下解決問題。過程中，會看到人性光輝的一面，亦很多時會遇上人性的最陰暗面，或許，這就是真正的人道主義工作。

對於前線的工作，我仍只是一個業餘的門外漢；對於一直在前線默默工作的同事，我謹致以萬二分的尊重和稱羨，他們在艱苦的環境下仍繼續堅持下去，所憑藉和依靠的往往只是他們的信念，一份對人的價值和尊嚴的信念。

23. 人身自由

在板栗樹濃茂枝葉的覆蓋下
我出賣了你，你也出賣了我
他們在那方瞞騙，我們在這邊說謊
一切都在板栗樹濃茂枝葉的庇蔭之下

　　　　　　　　——佐治・奧維爾：《一九八四》

　　年輕一代大多可能不知道 USSR 代表什麼：它是蘇維埃社會主義共和國英文名稱的縮寫。曾經是世界最大的一個國家，幅員遼闊，佔地球四分之一的土地，橫跨冰天雪地的西伯利亞，從西邊風景如畫的聖彼得堡，到東邊的海參崴和南邊阿富汗的邊界，與六個亞洲國家和六個歐洲國家的邊界接壤。它是馬克思列寧主義的實驗室，第一個將人類送上太空的國家，也是拿破崙和希特拉都無法征服的國家。可是，1991 年的聖誕節，這條巨龍戲劇性地崩潰，分拆成為多個不同的獨立國家。

　　蘇俄的文化、歷史和文學總是令人着迷的，當我第一次聽到蘇聯旅遊局將舉辦前往蘇聯的旅行團時，自然感到雀躍萬分。那時是 1983 年的晚春，我正在倫敦修讀碩士，該旅行團相信是蘇聯針對年輕人的宣傳活動之一。旅行團為期十五天，行程包括莫斯科、基輔及列寧格勒三個主要城市，在每個城市逗留五天，由倫敦出發，乘坐的當然是俄羅斯國際航空。在每個城市的第一天會有導遊陪同，餘下四天則是自由行。費用極為吸引，相信是得到政府資助，故名額在兩天內便售罄。

　　旅行團在復活節期間出發，全團約有三十人，絕大部分為學生。第一站是莫斯科，領隊是一位操流利英語的俄羅斯女士。我們抵埗後在機場隨即登上旅遊車，參觀莫斯科的著名景點：面積比我想像中細小的紅場、色彩鮮豔的聖巴士的大教堂、令人震撼的克里姆林宮和宏偉壯麗的升天大教堂等。我對蘇聯的第一個印象是，這個國家比當時的中國更富裕和更色彩繽紛，而中

國是當時我唯一曾到訪的共產主義國家。莫斯科市內的林蔭大道，路面寬闊，樹影婆娑。兩旁林立史太林風格的建築，不少建築門前屹立宏偉的雕像石柱，支撐着整幢建築物，令建築倍增氣派。公共巴士和汽車都是舊款的，街上沒有太多有趣的商店，但超市則貨源充足，看來不乏物資。人們的衣着色彩明亮，比當時中國不是灰色便是深藍色更為開朗。

我們入住紅場附近一間細小的酒店，我被分配與一位五十歲左右的男士同住一間雙人房，他告訴我他是一位牧者，明顯地他並不是第一次到訪莫斯科。

經過忙碌的第一天後，餘下在莫斯科的行程便是自由行。每天早餐的時候，我們一群年輕人雀躍地計劃當天的行程，或互換資訊並分享各人在前一天的經歷和遭遇。早餐後便各自上路，大部分人至深宵才返回酒店。莫斯科地鐵站以其大理石建築聞名於世，每個車站均有不同的設計，看起來甚至像一座皇宮。在街上，常常有人向我們兜售物品以換取美元，出售的物品五花八門，由來歷不明的文物到破爛的時尚牛仔褲等；這些褪色兼且穿了洞孔的牛仔褲是香港今天的時尚，卻是俄羅斯三十多年前的時尚服飾！有一晚，幾位來自利物浦的年輕團友觀賞完一場芭蕾舞表演後，在回程時其中一人遇上扒手，失掉了他的錢包。他沒有去報案，而是尋遍在失去錢包附近的垃圾箱，最後竟然在其中一個垃圾箱找回他的錢包！錢包內的紙幣當然不翼而飛，但幸好他的證件和一些珍貴的照片沒被拿走。

紅場是一個令人着迷的地方，廣場一端是顏色鮮豔的聖巴西爾大教堂，另一端是莫斯科最大的百貨公司。紅場一側便是令人感到氣色凝重的克里姆林宮，高牆背後的城樓，俯瞰着世界上最著名的廣場之一。紅場象徵着權力、政治、歷史和俄羅斯的身份。站在廣場上，人們可以感受到這個國家難以承受的歷史重擔和濃烈的政治氣氛。從酒店步行十分鐘便可抵達紅場，我在那裏流連了幾個晚上，單看紅場內人來人往，已經十分有趣。一個深夜，我看到一群年輕人從廣場遠處出現，他們大聲地唱歌呼喊。不久，一輛不知從何處駛來的警車出現，年輕人馬上變得安靜，幾名警察跟他們說話後，他們隨即離開紅場。當我正在筆錄我的所見所聞時，一對年老夫婦走到我面前，以流利的英語向我說：「這是伏特加酒的影響。」

第三天，我發現我的室友來莫斯科的目的是代表國際特赦協會探望一名良心犯，當時我正在倫敦修讀人權法，又怎會放過這樣的機會？經過一番唇舌，我終於說服他讓我同行。初時他建議我們第四天早上出發，但早餐時他又改變主意，建議我們下午出發。該名良心犯是一位批評蘇聯政權的作家，他成功地非法離開蘇聯，但在抵達芬蘭時被捕，並遭遣返蘇聯。其後他被送

往精神病院，拘留了數年，最近才獲釋，我們探訪的目的是希望了解他目前的狀況。

作家住在莫斯科郊區的公共房屋，它們的外型和香港的公屋相類似，但每層只有六個單位（香港的公屋每層可以有多達四十個單位），每座只有八層，每幢有獨立的入口，大約八至十座連成一排，但座與座之間並不相通。

作家住在一間約三百呎的一房單位，客飯廳外放置了一張木工凳子，看來他也是一位木匠，至少這是他從精神病院獲釋後所從事的工作。家具很簡單，牆上幾乎沒有任何裝飾。我們抵埗時見到一名小女孩，但她隨即退回臥室，之後也再看不到她。牧師只能說幾句簡單的俄語，而作家則只能說幾句簡單的英語，於是，我們只能盡量利用我們的智慧配以手語溝通。當我在地圖上指出我來自香港，他在書架上拿出一本譯成俄語的《三國演義》。我們交談了一會後，作家開始變得有點緊張和情緒不安，不停地踱步和抽煙。牧師邀請他以書面寫下任何要求或說話，作家遂寫了一封信交給牧師。我們在那裏停留大約半小時，離開前，作家送給我一把小小的青銅刀和象牙刀作為紀念品。

在莫斯科的最後一天，我決定前往參觀一座位於市郊的宮殿。可惜，該宮殿日久失修，顯得有點破爛，令人失望。在宮殿花園裏吃過自己帶來的三文治作午餐後，我決定乘坐公共巴士返回莫斯科。途中經過一座頗有趣的俄羅斯小村莊，我隨即下車，很快便來到小村莊的入口。這裏的房屋都是一些傳統的俄羅斯建築，窗框旁的花卉裝飾充分展現俄羅斯的傳統特性。我拍了幾張照片，正準備走進村裏時，兩名壯碩的俄羅斯女士忽然出現，攔着我的去路，並以俄語向我高聲呼喝。她們的態度看來並不友善，我心想，此地還是不宜久留。於是，我隨即從原路折返，回到我下車的巴士站。

那兩名女士亦緊隨着我來到巴士站，這是一個炎熱的下午，車站的氣氛顯得有點緊張。大約十五分鐘後，一輛單層巴士駛至，巴士的形狀與香港1960年代的巴士頗為相似。兩名女士嘗試阻止我乘搭巴士，但我早已預料她們會有此一着，順利避開她們的阻攔。她們要求車長不要開車，並命令我下車。我心想自己言語不通，又不知這是什麼地方，要是發生什麼事，還是返回莫斯科比停留在這偏僻的村莊來得妥當。於是我緊握扶手，拒絕下車。當時車上滿是乘客，有名乘客企圖推我下車但不成功。大家僵持了好一會，最終那兩名女士也上了巴士。巴士便繼續前行。

過了一會兒，巴士停下來。門打開了，我見到一名穿着制服的警察，他要求我下車。原來巴士駛往附近路邊的一個警察哨站。事情至此，我想還是遵從警察的要求下車。他帶我到路邊一個小小的警崗，並拿走我的護照和相

機。我要求一位翻譯，警察叫我坐下稍候。兩名女士亦下了車，警察給她們錄取了口供。

　　大約四十分鐘後，兩名穿着灰色西裝的男子抵達。初時我以為他們是翻譯，但他們只能説有限的英語。他們跟負責的警察交談後，告訴我跟隨他們走。當時我並沒有選擇，因為他們拿了我的護照。我們坐上了一輛由一名身穿軍人制服的司機駕駛的轎車，從那兩名男子的互相交談中，我發覺他們是俄羅斯的秘密警察（KGB），這回我恐怕真是惹禍上身了！

　　再過了大約四十五分鐘後，我們抵達一座建築物。這是一幢兩層高的樓房，好像座落在離開主幹道不太遠的一個叢林內。四周沒有其他建築物，所有窗戶都裝上鐵枝，這裏沒有任何標誌、旗幟或徽號顯示建築物的性質。他們告知我這是一間派出所，這裏確實有一些軍裝警員。在派出所內，我經過一些類似覊留室的房間，其中一間房間的門打開着，房內有一張單人床，當時不禁凜然顫抖！沒有人知道我去了哪裏，我亦不知自己身在何方。我會否在這裏度過餘生？會否從此人間蒸發？

　　他們引領我到接待處旁一個等候區等候。大約一小時後，他們帶我往另一間細小的會客室接受盤問，我感覺自己像個疑犯。不多久，兩位身穿黑色西裝的男士進來，他們均操流利英語，其中一人介紹他為國家旅遊局的代表，另一人則為蘇聯的代表，我想他應該是一位政府官員。他們嘗試了解為何我這樣一個陌生人會走到莫斯科以外一個偏僻的鄉村。我向他們解釋旅行團的性質，以及當時我正從宮殿返回莫斯科，幸好我還保存了宮殿的門券。

　　「你知道你的簽證只是局限於到訪莫斯科、基輔和列寧格勒三個城市嗎？」

　　「我知道，我們不能離開城市四十公里以外的範圍。」出發前，旅行團舉辦了一個座談會，向我們解釋簽證的性質和限制。「我相信我並沒有超越這範圍，」我補充説。我知道皇宮距離莫斯科大約三十六公里，而我是返回莫斯科。

　　「你可知道有些地方是不准遊客拍照的嗎？」

　　「我知道，遊客不能拍攝任何具有軍事價值的地方，包括機場、橋樑等。但我拍攝的只是一般的民居，相信不具有任何軍事價值。」

　　他們似乎並不滿足，繼續盤問為何一個不懂俄語的外國人會出現在莫斯科市郊的一個偏僻村落。忽然間，國家旅遊局的代表問我：「你可曾前往中國？」

　　「幾年前曾到訪中國兩次。」我不假思索的回答，但出乎我意料之外，這答案引發了一大堆新的問題：我什麼時候到訪中國？我去了哪些地方？為什

麼去？我曾接觸什麼人？我的家人來自何方？我在內地有沒有親人？他們幹什麼？住在哪裏？我上一次與他們會面是何時？當時中蘇關係有點緊張，難道他們懷疑我是中國間諜？

經過詳盡的質詢後，兩位代表表示要帶我返回案發現場，並會在現場再向我提問。當時已經夜幕低垂，我亦不知道自己身在何方，唯一有點釋懷的地方是兩位男士對我的態度，相比在開始盤問時顯得較為輕鬆。

抵達村落後，我向他們展示我拍照的位置，其中一人進入村落，相信是去接觸報案的兩名女士。我和國家官員在村口等候，大家開始閒談，他同意我的看法，窗框上的裝飾圖案確實是俄羅斯的傳統裝飾，他甚至開玩笑地問我，會否考慮迎娶一位俄羅斯女士？

過了一會兒，旅遊局的代表從村莊回來。他們兩人交談了一會，然後告訴我他們相信我，並警告我不要隨處徘徊，然後將護照和相機發還給我，但相機內的菲林已不翼而飛。他們告訴我，可以趕及最後一班巴士返回莫斯科。我抵達村莊時還只是下午三時前，我返抵莫斯科的酒店時已經是午夜十二時！

第二天我們離開莫斯科前往基輔，我的故事亦很快傳遍整個旅行團。抵達基輔後，我的室友客氣地告訴我，他想和同團另一位上年紀的團友同房，希望我不會介意。我們這團的人數是單數，故其中一人可以享有單人房。我相信他離開的真正原因，是因為我知道他身上有那位良心犯的信件。若果警察發現我在被捕前一天曾訪問該名良心犯，我實在不敢想像，自己將會有什麼遭遇！

基輔是烏克蘭的首府，距離幾年後發生切爾諾貝爾核災難的現場不太遠。市內聖索菲亞大教堂的拱形圓頂令人驚嘆，壁畫和根據拜占庭式精心設計定位的瓷磚，令它成為東正教的標誌性象徵。即使如此，在基輔停留五天似乎還是多了一點。

曾被稱為聖彼得堡的列寧格勒，現在又恢復了聖彼得堡的名稱。它與莫斯科和基輔截然不同，這個被譽為北方威尼斯的城市，是一座可愛、輕鬆和浪漫的城市。市內貫穿着運河和橋樑，既有與羅浮宮的建築和藏品齊名的Hermitage，亦有裝修豪華的夏宮和色彩繽紛的東正教救世主滴血大教堂，還有令凡爾賽宮也失色的彼得堡：綠樹成蔭的花園，黃金噴泉兩旁的大理石樓梯上，站滿了金色的雕像，背後是富麗堂皇的皇宮，前面是一直伸延至芬蘭灣的水池，水池兩旁的水柱，優美地展示不同的形態來迎接訪客。城內華燈初上，戀人沿着河邊漫步，情侶在街上翩翩起舞，除了屹立在遠處一個島上

囚禁了許多政治犯的彼得保羅堡壘以外，沒有任何事物會提醒你，這是一座社會主義的城市。

當我沐浴在這座可愛的城市的時候，我亦不斷考慮在離開這個國家前，應否丟掉莫斯科作家送給我的兩把小刀。猶記得抵達莫斯科時，機場的安全檢查非常嚴謹。最終我還是決定冒險，幸而聖彼得堡的機場安檢鬆懈得多。幾年後，我將青銅刀捐贈給同學拍賣，以籌集資金支持法律學院的同學前往華盛頓參加一個國際法模擬法庭比賽（Jessup International Mooting）的決賽，這把刀最後花落誰家已無法知曉。

多年以後，羈留室內的一幕仍然歷歷在目。每年我均會與法律學會的新任幹事聚首傾談，當他們就舉辦的活動徵詢我的意見時，我總會建議他們安排同學參觀我們的監獄。只有當你親身接觸一個真正的監獄，並且聽到叮噹的鑰匙轉動鐵門門鎖的回聲，你才會真正明白人身自由的可貴和價值。

X.

法律與政治

24. 整體不僅僅是其部分的 總和：神韻藝術團

　　與立法會和行政機關相比，香港司法機構近年一直受到公眾的高度評價。法院普遍受到市民的尊重，這無疑是因為法院的獨立性和公正性，而這些正是法治的核心價值。法院的認受性並非來自選舉的投票，而是來自其決策過程的透明性和其判決的合理性。司法獨立意味法院只會依據法律作出判決，法院只能處理法律而非政治問題，但這並不表示法院會完全漠視其判決的政治背景或政治後果。法律和政治之間的界線並不清晰，甚至可能相當模糊，但儘管如此，法院仍得在某個地方畫出界線，界線以外的是法院無法亦不該處理的政治問題。另一方面，某一個行政決定可能有政策或政治方面的影響，但這一點本身不能令該決定超越法院的管轄權範圍。當一個決定涉及政府在政策範圍內行使酌情權時，法院會充分尊重行政機關的決定，但同時有責任確保行政機關的決定符合法律，以及行使公權力時必須符合公法的要求。如果政府的決定是違法的，其引發的政策或政治後果並不能成為不合法決定的藉口，這是法治的基本要求。

　　大紀元國際有限公司（下稱「大紀元」）是《大紀元時報》的出版社，它同時舉辦多項活動，包括演藝文化活動，並參與香港法輪大法學會的多項公眾活動。香港法輪大法學會是法輪功在香港的追隨者的一個當地組織，法輪功在內地遭取締，但該學會是根據香港法律成立的合法組織，受到與香港其他合法組織相同的對待。

　　2009年，大紀元邀請了神韻藝術團來香港演藝學院演出。神韻藝術團2006年成立於美國紐約，雲集了大批精英藝術家，宗旨在通過中國古典舞、民族舞蹈、戲劇和音樂的演出，配合現代化的舞蹈、樂曲和樂譜，以復興與弘揚中國傳統文化藝術。它的編舞包括大型的民族舞蹈巡遊和個別舞者以傳統服飾互相配合的演出。表演的其中一個特色是透過先進的數碼科技和動畫，以動態的天幕、華麗的服裝、悅耳的曲目來配合故事的情節發展和突出舞蹈的優美。藝術團自2006年首演以來，一直享譽藝術界，並成為中國舞蹈

和音樂界首屈一指的藝術團體。每年在世界各地巡迴演出，並獲邀請在全球超過一百個城市表演，包括倫敦皇家音樂廳、華盛頓約翰甘迺迪中心，以及巴黎會議展覽中心。僅 2009 年，入場觀眾便超過八十萬人次。

我獲有關團體送贈兩張門券觀賞演出。演出原定於 2010 年 1 月 27 至 31 日。演出在 2009 年 10 月公布，12 月 2 日開始出售門券。短短幾天之內，七場演出的門券全部售罄。我早已聽聞神韻藝術團的演出，故相當期盼一睹藝術團的風采。可惜事與願違，演出在最後一刻被取消了。據說退回的門票所涉及的金額已超過五百萬港元。究竟發生了什麼事？

2009 年 10 至 12 月期間，大紀元代表神韻藝術團向入境處提交藝術團九十五名成員的工作簽證申請。對於這種來港作短期演出的團體，包括舞蹈團、管弦樂團、合唱團、歌劇團、流行樂團甚至運動團體，入境處均沒有特定的短期工作簽證。因此，神韻藝術團的成員必須根據「一般就業政策」以專業人士來港工作的理由申請工作簽證，而根據當時的入境政策，申請人必須「具備香港所需而又缺乏的特別技能、知識或經驗」。同樣的要求適用於舉世知名的足球隊如曼聯來港參加賀歲盃，或全球最好的交響樂團之一柏林交響樂團來港參與藝術節的演出。

截至 2010 年 11 月中旬，入境處處長批准了神韻藝術團大部分成員的簽證申請，但有六名成員除外。這六名成員主要參與後台工作，當中包括音響工程師、燈光及製作工程師、項目工程師、兩名兼任音響助理的舞蹈員，和一名兼任投影助理的舞蹈員。他們的申請在 2010 年 1 月 21 日距離演出僅有一星期才被拒絕，原因是這些工作有足夠的本地人才，故他們並不符合簽證的要求。

入境處的拒絕信件指出：

> 根據現行政策，前來香港特別行政區工作的申請人必須具備香港特區所需要而又缺乏的特別技能、知識或經驗。此外，其他因素包括該工作是否可以由當地人士填補及僱主是否有足夠原因輸入外地員工。
>
> 在考慮過閣下提交的資料及其他相關情況，本處並不認為該申請人能符合以上的條件，故拒絕他們的簽證申請。

大紀元和神韻均認為藝術團是一個整體，作為一個表演團體，他們來港前需要作出多次排練，雖然這些人士主要負責後台工作，但他們的參與對表演至關重要。事實上，他們當中三位更兼任舞者。藝術團向入境處處長提交進一步的資料，解釋有關人士的角色。經過兩輪的覆核要求，入境處處長仍

然堅持拒絕發出簽證。至此，大紀元和神韻均認為無法進行演出，唯有取消該次演出，他們其後提出司法覆核，質疑入境處處長的決定。

入境處處長解釋，入境處在處理這些申請時，會考慮有關表演團體的背景、擬在香港演出節目的性質及特點、場地設施及贊助人的財務安排等，以確定向海外表演藝術團作出的邀請是否合理。至於個別人員，則會考慮他們的學歷、相關工作經驗、職位細節及其在演出中的角色，每個人將分開作個別考慮，並須確保沒有保安的關注。

入境處所披露的內部會議紀錄，當中有些段落被遮蔽。鑒於大紀元和神韻藝術團與法輪功的密切關係，大紀元懷疑拒絕簽證的理由乃出於政治考慮，它們遂向法院要求披露被遮蔽的段落。入境處認為這涉及敏感資料，並與該申請無關而拒絕披露。沒有看過這些資料，法院很難對此爭論作出裁決，法官遂命令先向他提交這些資料，讓他作出考慮。閱覽了這些資料後，法官初步認為這些資料與申請有關，入境處遂提交一份補充誓章，進一步解釋資料的內容，並首度提出基於公眾利益作豁免（public interest immunity）的理由不作披露。這即是說，披露這類文件有違公眾利益。考慮過入境處的補充誓章和口頭陳詞後，法官認為他當初並不完全理解資料的內容，尤其是資料當中有多處的縮寫，因而決定這些資料與申請無關而無需披露。至於這些資料是否受公眾利益豁免權所保護，則無需作出裁決。解決了這方面的爭議後，法院排除了申請出於藝術團與法輪功的關係的政治理由，聆訊便集中在入境處所提出的理據。

在這方面入境處遇上莫大的困難。入境處的主要理據是藝術團這六名成員的技能，在本港亦有足夠的人才，故無需簽證輸入外勞。然而，從一開始已可清楚看到，以「一般就業政策」來決定一個巡迴演出的藝術團成員的簽證申請並不恰當。「一般就業政策」的規定旨在處理來香港長期工作的專業人士，因此申請人得證明「確實有該職位空缺」、「申請人已確實獲得聘用」，而從事的工作所需要的學歷或工作經驗，均「不能輕易覓得本地人擔任」，以及「薪酬福利須與當時本港專才的市場薪酬福利大致相同」。這些要求皆旨在保障當地勞工，但明顯不適用於處理一些巡迴表演樂團在香港停留一段短時間，並在表演完成後便離開香港的申請。就如代表申請人的資深大律師夏博義（Paul Harris SC）指出，入境處處長忽視了「能夠操作燈光、音響效果及舞台背景並不單單只是知道如何作出技術操作，還要知道何時操作。要知道何時操作只能通過與表演者的一起排練，並且非常熟悉整個表演的流程」。

入境處處長辯稱，法院不應輕率干涉他就入境政策所作的酌情決定，香港地小人稠，且有相當高的人均收入和生活水平，因而吸引不少移民。入境

處的任務是維持非常嚴苛的移民政策和人口管制。立法會賦予入境處處長相當大的酌情權管制出入境，法院應該只扮演一個監督的角色，不該越俎代庖，取代入境處處長的酌情角色。

然而，這些論據並不表示入境處處長的決定不受法院的管制，儘管他的權力相當廣泛，但在行使公權力時，他仍然受制於行使酌情權和決策過程的公法原則，這包括在行使酌情權時，他必須考慮所有相關的因素，以及排除所有無關的因素。他的決定必須符合公法的合理要求，亦即是說不能是不正當、不合理、任意、非法或出於不良的動機，決策過程亦必須公平。這是法治的要求，亦是行政權力和司法監督之間的分界。

就一個以光影和舞台效果聞名於世的舞蹈藝術團體為例，後台的工作對於舞台前的表演者的表現至關重要，這是明顯不過的。舞蹈團體是一個整體，整體中不同的成員有不同的角色，並不單是個別成員的個人表現，而是整體組合的表現，只有透過嚴格的排練和訓練，才能令他們成為一個整體。整體不僅是各部分的總和，否則，本地組織可以只邀請團體的部分成員來港表演，其餘部分的成員由本地人士取而代之，這會產生不協調的效果，甚至是一個相當無禮的邀請。打個譬如，足球總會邀請利物浦來港參與賀歲盃，入境處處長可以本港有足夠人才擔任龍門而拒絕利物浦龍門的入境簽證，這是令人啼笑皆非的。因此，問題並非申請人的工作是否可以由本地人士填補，而是他的角色是否團隊成員之間的組成部分，令團隊成員之間產生互信。有別於個人的工作簽證申請，本案中的每位簽證申請人皆是以被獲邀來港演出的藝術團的成員身份作出申請，而且他們只會逗留一段短時間，他們來港的目的並非尋求工作，以「一般就業政策」來考慮他們的申請，入境處明顯是沒有考慮本案中有關和特殊的因素，因而作出錯誤的決定。

雖然法院撤銷入境處拒絕神韻藝術團六名成員的入境簽證申請，但為時已晚，藝術團已無法恢復演出，因而向法院申請賠償。由於入境處在演出前一星期才拒絕該六名成員的入境申請，而法院認定他們是不可或缺的組成部分，藝術團要取消演出並非意外。儘管藝術團有責任盡量減低損失，但由於時間倉猝，藝術團能做的事情不會太多。故此，政府可能需要為其失誤而作出大額賠償，政府並沒有公布賠償金額，但單是門券收入已超過五百萬港元。因為政府的失誤而令納稅人須要支付龐大的經濟損失，實在令人氣結！

入境處處長的決定是否和法輪功有關？就證據而言，我傾向於認為這只是官僚體系的失誤。如果對一個欠缺常理的決定可以有明顯的解釋，一般都無需推測是否有政治或其他動機。歷史上一而再、再而三地告訴我們，不少這類的決定，是出於官僚體制僵化、採取過於謹慎、家長式甚至是傲慢的態

度，而非出於政治考量或惡意弄權。本案中，法院可以從容地將政治考量和決定是否合理分開處理。下一章，法院也是要處理一宗和法輪功有關的案件，但卻會面對更為敏感和具政治性的國家安全問題，法院又要再一次在法律和政治之間取得微妙的平衡。

25. 消失的檔案

　　一份重要文件離奇消失，這是偵探電影中常見的橋段，但若發生在現實生活中，政府聲稱一些重要文件已經消失，往往只會引來更多的猜測。

　　2003年2月21日，四位法輪功成員由台灣到港，準備參加隔天在喜來登酒店舉行的香港法輪功經驗分享大會。他們抵達香港國際機場後，入境事務處的官員以「保安理由」拒絕他們入境，並將他們原機遣返，部分人更被武力押上飛機。他們四人持有有效多次入境簽證，其中三人曾經多次來港，但均與法輪功事宜無關。當他們質問為何被拒入境時，入境處的答案只是「保安理由」。同日，另外七十六名法輪功成員從台灣來港參加同一會議，亦全部在機場遭遣返。

　　2003年4月3日，四名人士提出司法覆核，質疑入境處處長拒絕他們入境的決定。[1] 他們的理據很簡單，即入境處處長未能提供任何詳細資料，支持他所謂的保安理由。一直以來，入境處處長對拒絕入境的理由總是含糊其詞，顧左右而言他。鑒於入境處缺乏坦率的態度，他們認為法院可以推論根本沒有恰當的理由拒絕他們入境，他們相信被拒入境是因為他們的信仰，而港府在這方面受到內地的壓力。同一天內，有近八十名法輪功成員抵港並全部遭遣返，這清楚顯示處方正在執行一個不容許法輪功成員入境的政策。他們並指稱，他們無需證明拒絕入境的真正理由，只要他們能證明沒有合理或恰當的理由，或根本沒有任何理由拒絕他們入境，他們便該勝訴。

　　入境處處長的回應亦同樣簡單。鑒於保安資料的敏感性，他無法提供細節。他否認拒絕讓申請人入境的決定和他們作為法輪功成員或他們的信仰有

---

1. *Chu Woan Chyi v Director of Immigration* [2007] 3 HKC 168 (CFI); [2009] 6 HKC 77 (CA)。在司法覆核中，原告稱為申請人（Applicant），被告稱為答辯人（Respondent）。除了四位申請人外，香港法輪功大會及其主席簡鴻章其後加入，成為第五及第六申請人，但他們的論點與本章無關。

關，並認為不應該因此對他作出任何不利的推論。此外，由於申請人無權進入香港，處長沒有責任向他們提供拒絕入境的理由。

管制入境是一項重要的法定權力，這權力當然不應該任意行使。當入境處決定拒絕某人入境時，就必須有正當和合理的理由支持。申請人基本上說，入境處根本沒有任何正當和合理的理由，即使處長聲稱有保安理由，卻無法指出什麼保安理由。

於是，爭議的焦點便是拒絕申請人入境的理由，法院要考慮入境處處長的決定是否合法時，便得首先知道這決定的理據。法律要求政府有坦率的責任（duty of candour），即在公法訴訟中，對法院和其他訴訟人士保持充分坦率的責任。這其實只是良好管治和適當而透明的行政管理的體驗。正如沃克勳爵（Lord Walker）所說，坦率的責任是「採取合作的態度，透過誓章將有關事實坦率披露；若所披露的文件未能清楚透露理據，便得主動披露司法覆核所質疑的決定的理據。」[2]

這宗案件的問題在於政府不但採取極度迴避和防禦的態度，而且往往依賴於一些高度技術性和非常狹隘的觀點，這被上訴法庭形容為「令人極為不滿」，而其證供亦「充滿矛盾」。政府往往忘記，司法覆核是公民社會中保證政府問責的一個重要渠道，政府在處理訴訟的時候，不應採取如商業訴訟那種侵略性或防禦性的態度。可惜，政府在處理這宗案件的態度令人感到遺憾，亦遭原訟法庭和上訴法庭猛烈批評。要明白這些關注，我們得詳細闡述訴訟的程序，這是一條漫長和蜿蜒的道路，但卻同時展示不少香港政府和法律之間的關係。

保安風險的證據

針對司法覆核的申請，政府提交了三份誓章，其中兩份誓章由兩位高級入境事務主任作出，第三份誓章由入境處在機場分區的主管蔡先生作出。他們的證據指出，四位申請人因對香港特區構成安全威脅已被列在監察名單上。當某名人士被列在監察名單上，政府只會提供一般的理由，不會闡述保安風險的基礎，有關細節亦只局限於向有需要知道的人士披露。某個人被列入監察名單後，並不代表他必然會被拒入境，這只是作進一步查詢的起步點。會面時，據稱兩名申請人表現並不合作，拒絕透露他們的行程以及來

2.　*Belize Alliance of Conservation Non-Governmental Organizations v The Department of the Environment and Another* [2004] UKPC 6, para 86.

港參與的會議的性質；另外兩名申請人則說他們在香港會見法輪功大會的成員。結果，四人皆被拒入境。

時任署理保安局局長湯顯明提交另一份誓章。他指出保安局和其他政府部門經過評估後，才將申請人列在監察名單上。保安局對保安事務負有全面責任，並根據來自保安局及其他政府部門不同來源的資料作出評估。

這些2004年底和2005年初提交的誓章，並沒有披露任何關於保安風險的性質或嚴重性的細節，亦沒有提交任何文件支持申請人構成保安風險的說法。申請人的態度不能構成拒絕入境的足夠理由，因此，拒絕入境的主要理由只能是因為他們被列在監察名單上，但這些證據並沒有解釋為何他們會被列在監察名單上。簡言之，這些誓章除了重申他們構成保安風險外，根本就沒有說明什麼。

司法覆核申請的聆訊原定在2005年9月20日進行。2005年8月29日，申請人的律師何謝韋律師事務所致函律政司，要求披露所有有關申請人被拒入境的文件，尤其是與監察名單有關的文件。雖然這是一個遲來的要求，但後來被上訴法庭認為是一個完全合理、相關和適當的要求。

2005年9月8日，律政司回覆，指司法覆核的程序並沒有要求披露文件的權利，過往亦沒有任何案例，支持要求披露個別文件。面對這些毫無幫助的回覆，申請人遂於2005年9月12日透過律師事務所發出傳票，要求政府披露九類文件。第八類為記錄了申請人為何被列在監察名單的文件，第一類則為列載他們被列在監察名單的文件。（披露程序是指在正審前要求訴訟雙方披露相關文件的程序。）

法院在2005年9月20日進行披露傳票的聆訊。這一天本來是預留作司法覆核申請的聆訊。雙方達成協議，同意將披露的範圍局限於第一類及第八類的文件，並只限於兩位高級入境事務主任可以獲得的文件。上訴法庭其後對申請人這項妥協表示驚奇，因為明顯地這妥協未有包括一些重要和相關的文件，例如一些可以解釋為何申請人被視為構成保安風險，但卻非這兩位高級入境事務主任可以獲取的文件。在聆訊當中，夏正民法官對入境處未能提供任何當其時的文件感到關注，並清楚指出案件的關鍵問題是申請人被拒絕入境的原因。

為回應夏正民法官的質詢，入境處再提交兩份誓章，分別由機場分區主管蔡先生和署理保安局局長湯顯明提出。湯顯明先生在2005年9月22日所作

的第二份誓章非常有啟發性：在司法覆核程序進行了兩年半後，終於首次有些微弱的嘗試，解釋保安風險的性質。湯先生相關的證供如下：[3]

> 正如我在第一份誓章第3段所述，保安局及相關政府部門根據所得資料和情報，認為容許第一至第四申請人入境將會構成對香港特區的保安風險。這些情報指出，包括第一至第四申請人在內的部分人士，將聯同其他人士參與組織一些破壞性的活動，對香港公共秩序構成威脅。鑒於保安局及其他部門的意見，基於他們所參與的活動，批准這些人士包括第一至第四申請人入境將有違公眾利益。至於進一步的機密和敏感細節，例如涉及人士的身份和破壞性行為的詳情則不能在此披露，因為他們屬於公眾利益豁免權（public interest immunity）的範圍，因而可以豁免披露。

這段證供出現了幾個有趣的問題：第一，政府首次詳細指出何謂「保安風險」，即申請人將與其他人士參與一些破壞性的活動，危害香港的公共秩序。不過，誓章仍然沒有透露這些風險的性質、範圍和嚴重性。第二，這些指稱並沒有任何文件佐證。第三，政府首次提出公眾利益豁免權，這個論點至今才提出是比較奇怪的，它亦假設有些文件是存在的，但基於它們的敏感性，這些文件不能披露，否則有違公眾利益。

儘管政府提及公眾利益豁免權的要求，蔡先生在第二天仍提交誓章，確認政府願意提供經修訂後的第一類及第八類的文件，即兩名高級入境事務主任所能獲取涉及監察名單的文件，在這方面政府並沒有提出公眾利益豁免權的要求。

銷毀了的文件

2005年11月21日，案件的發展峰迴路轉。根據上述協議，律政司提供了該兩類文件，並附上文件的清單。根據慣例，清單的第一附表列出所提供的文件，但這一部分的文件，除了重申「保安理由」外，並無提供任何關於申請人被拒入境的細節。第二附表則列出一些和申請人有關的文件。隨清單附上的一封信件指出，「列於附表二內的文件檔案或電腦記錄已不存在，因為按照入境處的一般慣例，當相關人士的名字從監察名單剔除後，這些記錄便予

---

3. 見上訴法庭判詞第34段。

以銷毀。根據《機密登記冊》內『毀滅日期』一欄的資料，這些檔案和記錄在 2003 年 3 月 12 日已被銷毀。」[4]

這項披露令人驚訝，司法覆核程序進行了兩年和九個月後，政府才首次指出相關的文件已經被銷毀，而且是在 2003 年 3 月 12 日已經被銷毀，距離相關的決定只有三個星期。正如上訴法庭隨後指出：[5]

> 答辯人對這樣戲劇性的發展需要作出一個恰當的解釋，這不單源自答辯人需要承擔的坦率責任，亦因為在沒有合理解釋下銷毀這些文件，無可避免地令人質疑銷毀文件的目的以及被質疑的決定的恰當性，這些事情需要作詳細解釋。此外，若果重要的文件已被銷毀，那麼代表答辯人提交誓章的人士，他們是基於什麼資料作出誓章？由於拒絕入境的理由據稱是限於當時的時間和環境，這問題便更形重要。至於「入境處的一般慣例」，究竟所指為何？那些不在入境處保存但仍然存放於其他政府部門的文件又如何？

狹隘的觀點

入境處處長提出另一點論據，即答辯人為入境事務處處長，申請人所質疑的決定是入境處拒絕他們入境的決定，因此，處長所承擔的坦率責任只限於披露入境處所保存有關於該決定的文件，但並不要求入境處處長向其他部門查詢和披露存放於其他政府部門的文件。有鑑於此，申請人發出傳票，申請修改司法覆核的範圍，將擬質疑的決定伸延至將申請人列在監察名單的決定，入境處堅決反對這項修訂。2006 年 2 月 6 至 9 日，雙方就着此項修訂，在法院展開激烈的辯論。

夏正民法官並不認同這種高度技術性和分割式的論點。上訴法庭其後更稱這為令人「十分驚訝的論點」，而且毫無理據，更直指案件只限於入境處的建議是「離奇」和「空洞」的論點，[6]亦與事實不符，因為從一開始，署理保安局局長湯顯明已代表入境處處長提出證供。夏正民法官批准修訂，將司法覆核的範圍擴展至將申請人列在監察名單上的決定，他認為這一點一直是司法覆核的重點，故這修訂只屬形式上的修訂而已：[7]

---

4. 上訴法庭的判詞第 54 段。
5. 上訴法庭的判詞第 56 段。
6. 夏正民法官的判詞第 63 段，也引述於上訴法庭判詞第 63 段。
7. 同上。

我認為，處長及他的法律代表一定清楚明白這宗案件的真正爭議所在。若他們指出四名申請人被拒入境的原因是因為他們構成保安威脅，他們一定明白，這理由將無可避免地受到挑戰。

與此同時，在2006年6月6日的判詞中，對入境處處長這種零碎式的提交資料方法，夏正民法官再一次表達他的不滿：

夏博義資深大律師指出，若果處方一位高級主任可以在近期確認四位申請人被拒入境的理由是基於他們構成保安威脅，常理會告訴我們，他們的說法必定是基於某些書面的資料來源。可是，處長卻未能發現那些資料來源。夏博義先生認為，即使那些資料現時不在處長的管理、控制或權力範圍之內，但它們必定存在於政府某個地方的檔案。夏博義先生進一步指出，雖然入境處處長是該司法覆核的答辯人，但他是代表特區政府作為答辯人。

這方面，代表申請人的夏博義資深大律師明顯是對的。

進一步的混亂和自相矛盾

2006年6月6日，隨着法院在披露程序作出判決後，何謝韋律師事務所隨即致函律政司，要求披露在政府內所有顯示申請人參與組織破壞性活動的一切文件。

儘管夏正民法官已作出強烈表態，律政司的回覆仍然是晦澀和令人驚奇的。在2006年6月20日的回信中，律政司回覆已經提供了所有要求披露的文件，入境處處長已完全遵守了他作出披露的義務。這回覆是令人驚訝的，因為該要求是要入境處處長明確披露在所有政府部門內的相關文件，而直至2006年6月對司法覆核申請作出修訂之前，入境處處長的取態是他並不知道披露的範圍包括其他政府部門的文件。若果說除了入境處外，政府其他部門沒有一些相關的文件，這亦令人感到震驚。律政司的回覆亦沒有提及任何遺失或銷毀了的文件，也沒有提出公眾利益豁免的要求。

何謝韋律師事務所對律政司的回覆並不滿意，並在2006年6月另一封信中，重申要求披露相關的文件，並同時要求入境處處長確認，在準備他們的誓章時，蔡先生和湯顯明先生只依賴已經披露的文件，而沒有依賴其他文件。

2006年7月7日，律政司回覆，重申已經披露所有文件，但今次它提及有部分文件被銷毀。這封信最後這樣說：「你們認為蔡先生和湯先生只依賴我

們已經披露的文件，而沒有依賴任何其他在政府部門的文件或資料，這明顯是錯誤的。」這封信表示蔡先生和湯先生的確有依賴一些其他文件，或是説他們所依賴的文件已被銷毀，但後者便會相當奇怪，因為它先前表示所有文件在作出拒絕入境的決定的三個星期後已經被銷毀。

雙方繼續有一些書信往還，在 2006 年 8 月 2 日的一封信內，律政署聲稱蔡先生和湯先生沒有倚賴任何未經披露的文件，這和他們先前在 2006 年 7 月 7 日的信件的説法自相矛盾，亦沒有對這立場的改變作出任何解釋。

至此，申請人沒有作進一步的披露申請，亦沒要求盤問蔡先生和湯先生。案件已準備就緒，經過一連串的延期後，終於排期在 2007 年 3 月開審。儘管申請人向法院作出多次申請，雙方亦有大量文件往來，但自提出司法覆核四年以來，對於為何申請人被視為保安風險這問題，大家仍然一頭霧水。

劍拔弩張：原訟法庭的聆訊

原訟法庭的聆訊在 2007 年 3 月 5 至 8 日進行，入境處處長由前律政專員馮華健資深大律師（Daniel Fung SC）及後來成為基本法委員會委員的莫樹聯資深大律師（Johnny Mok SC）代表；申請人則由「香港人權監察」創會會員及前主席夏博義資深大律師代表。

對於仍然沒有任何當時的文件可以顯示被拒入境的理由，夏正民法官對此顯然感到非常困惑。在整個聆訊過程中，他多次表示對入境處處長關於披露文件的敍述感到難以置信，以及對入境處處長以零碎的方法陳述事實感到非常不滿。他對入境處處長欠缺坦率的態度表示關注，並曾兩度指出政府可能隱藏文件。聆訊開始時，他已作出這樣的提問：「政府所有文件和檔案突然全部被清洗，這是可能的嗎？」他要求入境處處長的律師在第一天聆訊的午膳時間進一步確認答辯人的立場。下午，馮華健資深大律師告訴法院他已向「最高層」作出查詢。以下是法院和律師之間的對答，顯示情況並不令人滿意：

法院 　：好吧。那你是説，根本沒有什麼資料，或在政府的檔案內
　　　　已沒有與這案件相關的資料，而這些資料，平情而論，即
　　　　使根據公眾利益豁免仍然需要向法庭披露的……關於八十
　　　　人被拒進入香港的決定，而司法覆核在六周之內已經提
　　　　出。這是否你的意思？

馮律師：法官閣下，我只能按照指示行事……我們在午膳時已一再
　　　　覆核這一點，並就法官閣下的問題向最高級別的負責人作
　　　　出查證。

法院　：嗯，我接受你所說的，我沒有理由不相信。

馮律師：我們甚至帶來《機密登記冊》，那是正本的登記冊。若法官
　　　　閣下有任何疑慮，我們可以向法官閣下證明並沒有作出任
　　　　何刪改。法官閣下，那是唯一的……

法院　：馮先生，不。我並沒有這個意思說有任何刪改。

馮律師：那……

法院　：其實〔今天早上〕我最後的說話的意思是你應該索取指示，
　　　　假若在一般情況下有些文件會被銷毀以保障個人，你在下
　　　　午可以向我解釋。我所提出的觀點是，從表面上看，一方
　　　　面說這些文件受公眾利益豁免的保護無需披露，但另一方
　　　　面又說這些文件沒有顯示任何東西，而你清楚知道這裏所
　　　　說的是整個政府而不僅是入境處處長，我感覺這種說法相
　　　　當奇怪。但如果你告訴我在政府檔案中，所有和這宗案件
　　　　有關的文件均已被移除、銷毀或清理……

馮律師：法官閣下，絕對不是這樣。讓我解釋一下，只是這樣……

法院　：你說「絕對不是這樣」，你的意思是他們已被銷毀或移除
　　　　……

馮律師：他們已被銷毀，但被銷毀的原因並非因為我們不想披露這
　　　　些文件……

法院　：假若二十五年後有人根據我們現在還沒有的《資訊自由
　　　　法》，希望整理這一段歷史，那人將被告知，對不起，所有
　　　　文件已經消失。

馮律師：嗯，我的意思是，他可以查閱所有電子和文件檔案……

法院　：但夏博義先生說，他們被拒入境的真正原因是因為他們的
　　　　信仰。你說不是這樣……

馮律師：不是這樣。

法院　：但夏博義先生說，政府缺乏坦率正好支持他的論點，這缺
　　　　乏坦率表現在竟然沒有一份文件可以說明相關決定的理由。

馮律師：不是這樣。

法院　　：這是為何我在 5 月 26 日的判決中特意指出，「至於其他文件
　　　　　的性質，明顯地它們必定記載了一些重要的情報或這些情
　　　　　報的撮要」，以及當我說，「我作出這樣的推論是錯誤的，
　　　　　他們沒有記載什麼。」但是，可能我和夏博義先生需要接
　　　　　受，這些資料並沒有一個保質期。為保護個人，這些資料
　　　　　會被清除，這就是你現在對我說的，我們得從這個基礎出
　　　　　發。

馮律師：不是說這些資料只有三個星期的神奇保質期。

法院　　：不，當然不是，如果你有當前的文件檔案，你不會銷毀它。

馮律師：對的，不太敏感的資料。

法院　　：或者如果它們特別敏感，你也不會銷毀它們。

馮律師：諸如此類，對於這些事情，並沒有千篇一律的做法。據我
　　　　　所知，檔案或相關資料如何被銷毀，或在電腦上的監察名
　　　　　單以保護香港的利益，不單是保安的考慮，還有各式各樣
　　　　　的利益，這都是不斷在改進──，

法院　　：當然。

馮律師：所以視乎檔案的性質，可能是被降級或銷毀；若是降級，
　　　　　這檔案便仍然存在……

法院　　：我已明白你給我的答案。你的說法是：從你的角度而言，
　　　　　你清楚確認，我已經知道的監察名單的列表項目，(我的判
　　　　　決並不涉及監察名單的列表項目)，在一段合理的短時間內
　　　　　已被銷毀。這是為何今天早上我提及其他的文件，不論是
　　　　　根據公眾利益豁免與否需要披露或不需要披露的文件，在
　　　　　所有的政府檔案內，根本沒有任何和這案件有關，涉及為
　　　　　何這些人士不被批准入境的文件。

馮律師：法官閣下，為回應你的觀點，我們已採取步驟向最高層求
　　　　　證，並可以向法官閣下確認，在披露程序中我們所說的，
　　　　　法官閣下會留意到我提及的信件和文件的表列，內容均是
　　　　　完全準確的。

法院　　：根據你的承諾，在經確認後，政府在它的所有檔案中，並
　　　　　沒有任何關於為何這八十多人被拒絕入境的任何資料。

　　馮律師：法官閣下，這是正確的。讓我這樣說，我們不單向入境處
　　　　　　確認⋯⋯

　　法院　：我所說的，亦是我今天早上所說的意思，就是撤除監察名
　　　　　　單，因為它其實與此無關，一名公眾人士會感到愕然，在
　　　　　　政府所有檔案中沒有任何文件證據，關於一件在六個星期
　　　　　　內發生的事情，涉及八十多人被拒入境，其中兩人更要以
　　　　　　武力押回原來的飛機，當中又是關於一個有些人會認為是
　　　　　　臭名遠播，另一些人會認為是相當敏感的組織。

　　於是，差不多四年之後，政府才首次清楚說明，所有有關文件，根據一般正常程序已全部給銷毀，它們包括關於為何申請人被視為會構成保安風險，以致他們被列在監察名單上，並在2003年2月20及21日被拒入境的相關文件，而這包括整個政府機關內所有有關文件。這些文件在2003年3月12日便已銷毀，距離拒絕申請人入境的決定不足一個月。值得注意的是這些證據由大律師取得指示後在庭上口述，在一般的情況下，大律師不能在代表當事人時，同時作為案中證人！

　　假若這是實情，為何要經歷四年之久，而不能一早向法庭解釋？夏正民法官有點惱怒：「為何我們要經歷這一切？為什麼不可以簡單地說：所有這些資料，包括監察名單，都會在某日之後被銷毀，這是正常程序，也是在這案中的實情？」

　　所有認識夏正民法官的人士都知道，他是一位非常有耐性和彬彬有禮的法官，也是一位我非常尊敬的法官。夏正民法官絕少在法庭內發脾氣或表現他的不滿。他接受大律師的解釋，並最終認為入境處處長沒有違反坦率的責任。不過，上訴法庭並不同意，而且對入境處處長的行為持更加懷疑的態度，包括向入境處處長提供法律意見的律師團隊的行為。

上訴

　　上訴由時任高等法院首席法官馬道立、上訴法庭副庭長司徒敬法官（Frank Stock VP）及鮑晏明法官（Barma JA）主審。馬道立法官後來成為終審法院首席法官，司徒敬法官在退休後獲委任為終審法院非常任法官。上訴原定在2008年1月22日進行，但當天，就申訴人被拒入境一事沒有任何細節和文件，上訴法庭對此深表關注。儘管馮華健資深大律師已向夏正民法官作出解釋，上訴庭仍然追問，在銷毀文件一事上，入境處處長在審訊前有充足

的機會作出解釋，為何要直至夏正民法官主審案件時才向法院解釋？馮先生指出入境處處長的理解是披露的要求只限於入境事務處處長，直至夏正民法官就申請司法覆核的修訂作出許可後，處長才知道監察名單亦是在聆訊範圍之內。馬道立法官即時駁斥這項解釋，認為是「完全不可接受」和「令人十分驚訝」，甚至「毫無理據可言」。[8] 入境處處長稱訴訟只涉及入境事務處，這是離奇和空洞的陳述，尤其是當入境處處長從一開始便找來署理保安局局長提交誓章證據。馬道立法官同時指出，整個政府之內竟然沒有一份書面紀錄，解釋為何申請人被視為構成保安風險，這是不可思議的。即使所有文件被銷毀，政府中必然仍有人可以提供這些文件當中的細節及申請人被拒入境的原因。再者，假若所有有關文件在 2003 年 3 月 12 日已經被銷毀，那湯顯明先生在 2005 年 9 月作出第二份誓章的時候，他是依據什麼資料呢？法院亦指出馮先生以大律師身份作證並不恰當，事後亦沒有任何政府官員確認馮先生在庭上的證供，但申請人亦沒有提出要求盤問代表入境處處長提交誓章的人士。

結果，聆訊押後至 2008 年 10 月 29 日。與此同時，雙方再提出不少申請，包括引入新證據的申請。所有申請皆遭駁回，在這裏我們無需細述這些申請。

上訴時，申請人再沒有律師代表，入境處處長則仍然由馮華健資深大律師和莫樹聯資深大律師聯合代表。有鑒於此，法院遂委任後來成為大律師公會主席的石永泰資深大律師（Paul Shieh SC）作為「法庭之友」（amicus curiae）。「法庭之友」一般由法院邀請，獨立地向法院提供協助。法院一般只會在案件涉及重大公眾利益而公義未能伸張的時候，才會任命「法庭之友」。就如這宗案件，涉及重大的法律問題而其中一方沒有律師代表。「法庭之友」並不代表任何一方，主要是向法院陳述法律理據，甚至有時向法院陳述雙方的理據，以協助法院作出判決。

上訴法庭對入境處處長選擇性地提出證供作為支持以保安理由拒絕入境的處理方法非常不滿。法院要處理兩個被質疑的決定，即拒絕入境的決定和將申請人列在監察名單的決定，後者只屬附屬性質，只為測試被告聲稱有保安風險的基礎。法院強調，由資深大律師在庭上向法院提交事實方面的證供和銷毀文件的解釋，事後入境處處長亦沒有以誓章確認這些陳述，這種處理方法十分不理想。除非雙方同意，否則由大律師向法院提交的文件不能構成呈堂證據。

8.　判詞第 63 段。

　　對資深大律師在庭上作出自相矛盾的陳述，法院亦深感沮喪。在夏正民法官面前，入境處處長予人的印象是政府內所有相關文件都已依照一般慣例被銷毀，這自然導致法院追問蔡先生和湯顯明先生在 2005 年 9 月作出他們的第二份誓章的事實基礎。他們的資料來自何處？湯先生在他的第二份誓章中指出，「申請人將聯同其他人士參與組織一些破壞性的活動，對香港的公共秩序構成威脅。」蔡先生亦作出相同論述，他們可曾閱覽 2007 年 3 月 12 日被銷毀的文件？還是基於他們自身的認知？還是這些事情源自一些其他來歷不明的來源？在 2008 年 9 月 23 日的一次聆訊中，當入境處處長要求提出進一步的證據時，法院被告知所有宣誓者所做的誓章，均是基於他們自己的記憶，因為所有相關的文件已被銷毀。2008 年 10 月 29 日，上訴的第一天，這問題又再次浮現：

> 司徒敬法官：由於事實變得如此複雜，文件的數量又如此龐大，我
> 　　　　　　已未能清楚記得，政府的說法是他知道仔細的原因，
> 　　　　　　但文件已被銷毀，還是因為文件已被銷毀，除了保安
> 　　　　　　理由外，仔細的原因已忘記了。
>
> 馮律師　　：是後者。

　　這是政府第二次改變事實基礎。政府原先的立場是文件是存在的，但由於它們的性質敏感，故政府提出公眾利益豁免權。隨後在夏正民法官面前，政府則說政府內所有相關的文件已被銷毀。來到上訴法庭，當被追問幾位宣誓者依賴什麼資料作出宣誓時，政府則說他們憑記憶作出宣誓，但仔細的理據已忘記了！這個解釋還是首次出現，和先前的解釋自相矛盾，亦和湯顯明先生的第二份誓章和大律師在 2008 年 9 月 23 日的聆訊中告訴法庭的立場並不相符。司徒敬法官認為這答案完全不可相信，在聆訊稍後時期他又返回這問題，並向馮大律師指出，這問題一直困擾着他。[9] 司徒敬法官其後在判詞中指出，「根據馮先生所言，答辯人只記得申請人構成公眾秩序的風險，但至於為何他們會構成這些風險，或基於什麼理由作出這樣的評估，則忘記得一乾二淨。湯顯明先生說不能透露詳情，因為這些詳情受公眾利益豁免權所保障，除了大律師的說法和湯先生的證供並不相符外，這種說法亦有違常理。我不能相信，除了基於特權獲豁免之外，政府內沒有一位官員可以指出詳細的理

9.　判詞第 150 段。

由，這亦非政府官員在誓章所說的。因此，一是馮先生誤解了他當事人的立場，或是馮先生無法清楚表達自己。」[10]

在上訴聆訊的第二天（2008年3月11日）中，馮先生告訴法庭，事實上除了入境處外，沒有任何政府部門存有任何相關的文件。這是另外一個奇怪的陳述，因為湯先生之前已表明，保安問題和保安風險的評估是保安局的責任，若說只有入境處才有所有相關文件，這是有違常識的陳述，亦和大律師先前對夏正民法官所說，整個政府所有文件都依照慣例被銷毀的說法自相矛盾，因為後者顯示其他政府部門曾經擁有相關的文件。在第三日的聆訊（2008年3月12日）中，馮先生再一次作出更正，指出入境處處長知道申請人構成保安風險的威脅的詳細理由，但若需要披露，他們會提出公眾利益豁免權的要求。最後，感到法院已經非常惱怒，而且這也是完全可以理解的，申請人在第四天的上訴（2008年3月13日）中提出，願意傳召四位宣誓人出庭接受盤問，包括湯顯明先生，這提議無疑太晚了。正如馬道立法官所說，「這裏沒有任何真正的解釋，為何申請人先前要求盤問證人時，入境處處長一直持反對態度，而且在整個訴訟過程中，入境處處長一直採取一個非常不合作的態度。儘管馮先生作出解釋，但我個人認為，現時才提出這個建議，純粹只是出於策略性的考慮，我看不到有其他原因。」[11]

於是，經過六年的時間，申請人因何被認為會構成保安風險，究竟有沒有文件支持這個說法，這些問題仍然如在五里霧中。法院批評入境處處長和他的律師團隊在訴訟中的表現「遠遠未能令人滿意，而且自相矛盾」，[12]法院以罕見的強硬措詞表達其遺憾。司徒敬法官形容上訴為「不具吸引力的經驗」，並指出「法院的不滿導致大律師不斷來回索取指示，作出片面的披露，部分更自相矛盾，最後終於要傳召官員接受盤問。」[13]馬道立法官則說，「答辯人對披露採取的遮掩態度，以及對相關文件是否存在的前後矛盾版本，再加上大律師在不同場合向法院作出不同的陳詞，均大大加劇原來已經令人非常不滿的情況。」[14]

上訴法庭一致裁定入境處處長違反坦率的責任。在一般的情況下，法院可以對入境處處長作出不利的推斷。在本案中，不利的推斷可以是拒絕申請人入境並無任何恰當或合理的理由，但法院認為在本案中未能作出這樣的

---

10. 判詞第 150 段。
11. 判詞第 116 段。
12. 判詞第 115 段。
13. 判詞第 154 段。
14. 判詞第 119 段。

不利推斷，部分原因是儘管入境處處長的證人在不同階段採取自相矛盾的立場，但申請人並無適時申請盤問這些證人。司徒敬法官這樣解釋：「這不是平衡申請人應該但沒有提出盤問證人或要求作進一步的披露，也不是懲罰申請人沒有作出應該採取的步驟。法院要處理的問題是在沒有採取這些步驟的時候，法院可以從已有的證據作出什麼推斷。」[15] 僅僅因為政府的態度閃縮，並不足以認為政府在說謊。政府所提交的宣誓證供說明拒絕入境乃基於恰當的保安理由，而這些證供沒有被質疑，法院不能在這些證供沒被質疑的情況下認為政府所說的並非事實。在這僅餘的基礎上，法院認為申請人並未能證明拒絕入境的決定是基於不合法的原因，即使政府有違坦率的責任。馬道立法官指出入境處處長非常幸運，因為「若申請人採取不同的步驟，例如提出進一步的披露申請或要求盤問證人，視乎這些程序所得出的證據，訴訟的發展可能會截然不同，法院亦絕對可能達致一個完全不同的結論。」[16]

明顯地，法院並不接受相關的文件已被銷毀，對於這個所謂「一般標準銷毀程序」，司徒敬法官表示不滿。他警告說：「若這項程序存在和仍然繼續，不論銷毀文件的目的為何，其結果是在申請司法覆核的限期屆滿前，有關決策程序的證據已經被銷毀，這樣的政策需要極強的理據支持，否則這樣的政策是否合法便成疑問。」[17]

這個疑問，為這場超過六年的官司畫上句號。當中我們可以有什麼反思？

案件給我們的啟示

法院嚴厲批評政府在處理個案時，儼如處理一般激烈的商業訴訟，採取對抗性和謀略性的手段，在訴訟的每一階段，處處作出攻擊或防禦。遺憾的是政府在不少司法覆核的案件中都是採取這種態度。作為問責的政府，適當的態度是盡量公平和坦率。就如在刑事檢控中，控方的責任不是不擇手段地謀求定罪；同樣地，在司法覆核中，政府的取態亦不該是不顧一切地為其行為開脫。司法覆核是改善管治的重要途徑，政府應該採取積極正面的態度來面對。在我們的司法制度內，法院的責任是處理行政決定的合法性，要履行這個責任，必須得到行政機關的合作和坦率的支持。無疑，有些時候法院

---

15. 判詞第 151 段。
16. 判詞第 131 段。
17. 判詞第 157 段。提出司法覆核的時限為三個月。

可能需要處理一些敏感的資料，但法律上亦有健全的規則保護這些敏感的資料，若果政府對司法覆核採取一種迴避的態度，法治是難以維持的。

至於律師團隊，這案件重新提醒我們，律師並非他的當事人的喉舌。在代表當事人的時候，律師當然要全力以赴，維護當事人的最佳利益，但在這過程中，律師亦會受到一些限制。律師沒有責任提出天方夜譚的論據，去支持站不住腳的行為，亦不應該採取不利於促進政府向市民問責和採取公開態度的步驟。上訴法庭在此案中對涉案的律師團隊所作的嚴厲批評，正是對所有向政府提供意見的律師敲響的暮鼓晨鐘。

公開的官方紀錄是任何公民社會的重要遺產，香港民間過往曾作出不少的努力，敦促政府修訂《公共檔案法》，但直至目前為止，政府對這些聲音仍是不聞不問。2012至2016年間，因為政府總部的搬遷，便銷毀了超過一億一千二百萬頁的文件，這是令人感到沮喪的。1997年起，幾乎沒有任何來自行政長官辦公室、政務司司長辦公室、財政司司長辦公室和保安局局長辦公室的文件存放於政府檔案處。一套完善的檔案系統，不單可以提升政府的透明度和問責性，亦可以增強市民對公眾決策的信心，並為下一代保存珍貴的記憶。英國公共行政系統最令人矚目的遺產是公務員自然而然的將一切事情記錄在案的習慣，我們只要看看在英國國家檔案室小心存放的大量手寫備忘錄，便可以感受到公務員制度那種幾乎神聖的保留紀錄的責任。可惜，回歸後這優良的傳統似乎漸漸式微。

2016年9月，政府與新界原居民就橫洲發展公屋問題舉行了四次會議，這項建屋計劃受到新界既得利益者的強烈反對，原來建議中的公屋單位數目，在第三輪會議中遭大幅削減。當這些會議給揭露時，政府在強大的政治壓力下，被迫透露討論的內容。雖然政府能夠複述這些談判的細節，但卻方便地無法找到最重要的第三輪會議紀錄！政府在其他會議上均保存了詳細紀錄，唯獨在最重要的第三輪會議卻沒有紀錄可尋，這是令人難以置信的。究竟只是負責談判的運輸及房屋局沒有保留紀錄，還是政府所有部門都沒有保存紀錄？政府可曾在先前的經驗中汲取教訓？不知幸運與否，2016年10月兩位立法會議員以侮辱的方法宣誓，迅速轉移了公眾的注意力。若果政府有責任保存公共檔案，以上的情況便可能不會發生。

26. 被拒入境澳門

　　香港和澳門都是在1990年代末期先後成為中華人民共和國的特別行政區,雖然兩地《基本法》的內容相當類似,但兩地的情況卻截然不同。作為葡萄牙殖民地接近四個世紀,澳門沿用歐陸法體系,大部分法律以葡萄牙文草擬。回歸前夕,能精通中文和葡萄牙文的本地律師寥寥可數。澳門是一個相對小型的經濟體,收入主要依賴博彩業,直至回歸前幾年才設立第一所公立大學。社會亦較為單一,是一個相對順從的社群。香港則由英國統治近一百五十年,沿襲英國的普通法制度,法制的發展以法院為中心。作為國際金融中心,香港是一個高度發展和社會結構相當複雜的大都會,人均收入足以媲美西方任何已發展國家,並在不同領域提供具國際競爭力和極高水平的專業服務。社會亦趨多元化,在眾多社會和政治問題上,民眾均有不同的取態,有一個相當活躍的公民社會。雖然香港沒有完整的民主選舉制度,但政府仍然透過不同的渠道作出一定程度的政治問責,包括接受立法會的質詢和辯論,自由的新聞媒體的監督,獨立的審計署和行政申訴專員公署的審核,以及由獨立的法院對公共機構的決定進行司法覆核。在之前兩章,我們看到政府的決定如何在法院給成功挑戰,這些決定均涉及訪客被拒入境香港,我卻從沒有想過自己竟然也會有相同的經歷。

　　我的一名前學生在澳門大學任教,他每年都會邀請我前往澳門大學作周年演講。儘管他相當熱情客氣,每次均給我提供在澳門住宿一晚,但我還是每次婉拒,在演講完畢後便即晚返回香港。2009年2月27日,我又再次應邀前往澳門大學作周年演講,以「公平審訊的憲法權利如何應用於行政決策」為題作公開的講座。演講在晚上六時半開始,我乘坐四時的飛翼船前往澳門,預計五時抵達。我的學生柏雷姆博士(Dr Perumal)會在碼頭迎接我,在演講完畢後,我將和澳大法律學院院長及幾位同事共進晚餐,然後即晚返回香港。

　　下午五時左右,我抵達澳門客運碼頭的入境處。入境處職員花了一些時間查核我的香港身份證,然後離開櫃位,顯然要去向另一名較高級的職員作

出請示。幾分鐘後，他們返回入境櫃位，並邀請我前往入境處一間細小的辦公室。在那裏，一位更高級的官員告訴我，我將被拒絕進入澳門，並請我稍候，等待他們準備好官方的文件。我向該名官員解釋我此行的目的，並告訴他我的學生正在入境大堂等候。該名官員同意，讓我在另一位職員陪同下進入入境大堂，向我的學生解釋發生什麼事情。柏雷姆博士很高興見到我，但當他知悉我被拒入境時，心情頓時變得沉重。公開演講在一小時後便要開始，他們作了廣泛宣傳，報名的人數非常踴躍，演講廳早已爆滿，座無虛席。可惜，情況並非我所能控制，講座恐怕得被迫取消。

作出簡單交代以後，我被帶返回入境處的辦公室。我查詢我被拒入境的理由，唯一的答覆是叫我靜心等候。大約十五分鐘後，同一名高級官員給我一份文件，指出我被拒入境的理由是因為澳門政府「有足夠理由相信我進入澳門將會從事一些危及澳門特區公共安全和公共秩序的活動」。我感到莫名其妙，詢問何以在大學作一個公開的學術演講會「危害澳門特區的公共安全和公共秩序」？並出示大學的邀請信和回程船票，證明我打算即晚便返回香港。事實上，在作出拒絕我入境的決定前，入境處的官員並沒有向我作出任何查詢。該名高級官員並沒有回覆我的詢問，只是告訴我他們會安排最快的下一班船遣送我返回香港。

不用多久，下一班船的船長被帶到入境處。入境處的官員交給他一個棕色公文袋，內有我的香港身份證和澳門入境處的一封信件。船長隨即帶我上船，並安排我坐在頭等艙，這當然是澳門政府的禮遇！在整個過程中，每位官員均很禮貌地對待我。抵達香港後，我被安排為最後一位落船的乘客，並在船長陪同下前往香港的入境處，船長將棕色公文袋交給香港的入境處官員後便離去，我則跟從一般程序入境，之後獲發還我的香港身份證。

我一直不知道為何被拒進入澳門，雖然我經常就香港的時事發表評論，但我卻絕少談及澳門的事情，更遑論批評澳門政府。我前往世界各地，包括內地和台灣，亦從沒遇上什麼困難。當我告訴朋友我的遭遇時，大家都感到很詫異。包致金法官則打趣地說，我前往澳門不花分文，不入賭場，對澳門的經濟毫無貢獻，還要人家請你吃晚飯，自然危害澳門的公共安全！不過，當傳媒發現這件事後，這事件迅即成為國際新聞，並獲西方媒體廣泛報導，包括《紐約時報》（*New York Times*）、《華盛頓郵報》（*Washington Post*）《衛報》（*Guardian*）、《倫敦泰晤士報》（*Times*）、英國廣播公司、美國廣播公司、美國之音、《亞洲華爾街日報》（*Asian Wall Street Journal*）、法新社、《國際郵報》（*International Herald Tribune*）、及《經濟學人》（*The Economist*），還有瑞士、荷蘭、澳洲、新加坡和印尼的媒體，當然還有香港、台灣、澳門和內地的主要

媒體。不少朋友對我的遭遇表示同情，有些朋友更主動表示可以和一些有影響力的人接觸，讓我可以重返澳門，我感謝他們的好意，但禮貌地婉拒了。

澳門大學為此事感到非常尷尬，他們之後多番邀請我再次訪問大學，並保證已獲所有有關部門承諾容許我入境。與此同時，我亦收到不少來自澳門不同機構的訪問邀請，包括澳門檢察院邀請我出席2010年初舉行的第十屆澳門檢察院十周年會議。最後，在多番邀請下，我決定2010年4月27日再次前往澳門大學，繼續我原擬定在一年前所作的演講。這次入境相當順利，當地傳媒亦全程拍攝。一如既往，在演講完畢後，我和大學法律學院院長和幾位同事共進晚宴後便隨即返回香港。

幾天後，我的同事林教授問我，可有興趣隔天與他在澳門共進午餐？他已在澳門一間高級餐廳預訂了午餐，由他請客。林教授和我在大學合教人權這一門課，當時正屆四月底，教學剛剛結束，於是我亦爽快地回答他說，樂於奉陪。

4月30日中午，我們抵達澳門，林教授和他的太太順利過關，當我向入境處的官員出示身份證後，官員猶豫了好一會，然後離開他的座位。不久，他和另一位官員一起回來，並邀請我去入境處的辦公室，然後告知我以同樣理由拒絕我入境！這一次我是來澳門消費，但仍然被視為危害澳門的公共秩序和公共安全。我告訴入境處的官員說我幾天前才獲准入境，但他們無動於衷。明顯地我仍然在被禁止入境的黑名單上，我建議林教授和他的太太按原定計劃在澳門午膳，但他們還是決定和我一起返回香港，並在香港請我吃一頓遲來的午餐。

這一次我決定寫信向保安局局長李少光投訴，我認為這是一個原則問題，當一名香港永久居民在毫無理由下在外地被拒入境，特區政府有責任為香港居民出頭。保安局的回覆令人沮喪，在2010年6月4日的回信中，保安局指出：

> 香港特區政府尊重其他司法領域的入境部門的權力，並不會嘗試干預它們對旅客出入境的決定。再者，根據一般國際慣例，入境當局會考慮當時的環境，就個別案件的情況決定是否批准入境的申請。
>
> 雖然如此，我們對香港居民的旅遊方便仍極為重視，我們亦曾接觸澳門當局，並得到他們的保證，澳門當局是考慮到當時的情況，及依據一般慣例來決定你的入境申請。

　　誠然，所有入境當局均有酌情權拒絕訪客入境，但這酌情權不該隨意行使，保安局的回覆清楚顯示，保安局並沒有切實要求澳門當局對一個表面看來完全是隨意的決定解釋，而所謂有關保證，只不過是敷衍了事。

　　同年11月，一位長居澳門的長輩邀請我們一家出席她女兒的婚宴，對是否出席婚宴我是感到非常躊躇的，但最後出於對長輩的尊重，我還是決定一試。澳門港澳碼頭的入境櫃位採取開放式設計，入境處職員的櫃位並無遮擋，當旅客經過櫃位後回望，可看到職員的電腦屏幕。我太太通過入境檢查後，她留意到當入境處職員掃描旅客的身份證時，他的電腦屏幕的畫面一般是綠色的，但當入境處職員掃描我的身份證後，電腦屏幕的畫面是紅色的。就如上次一般，入境處職員有點疑慮，離開櫃位向上司作出請示。我想我將會第三次被拒入境，但這次這位職員只是單獨回來，然後批准我入境。出席完婚宴後，我們即晚返回香港。這也是我最後一次訪問澳門。換言之，在兩年之內，我曾前往澳門四次，其中兩次被拒入境。

　　其後有人告知我，我之所以被拒進入澳門，可能和我對23條立法的立場有關。2003年，香港政府根據《基本法》第23條，試圖引進國家安全立法，法案中有不少細節極具爭議，而且相當嚴苛。由於法案內容頗為技術性，而魔鬼就在細節中，我和幾位法律界的朋友覺得有責任向公眾解釋我們對法案的憂慮。我們並不反對為國家安全立法，但我們的疑慮是香港需要怎樣的國家安全法，而我們認為相關的法案過於苛刻，嚴重威脅到人身自由。我們一共十人，包括五位前大律師公會主席，即張健利資深大律師、湯家驊資深大律師、余若薇資深大律師（Audrey Eu SC）、李志喜資深大律師和梁家傑資深大律師（Alan Leong SC）。其他成員包括吳靄儀、陸恭蕙，Mark Daly、戴維斯（Michael Davis）教授和我。能置身在這個星光閃耀的群組中，實在是自己的榮譽。我們決定其中七人分別就法案的七方面作出陳述，以一頁紙的長度呈現法案的問題和我們的建議。陸恭蕙則負責封面設計，並將這七份意見書變為七份小冊子，並以紅橙黃綠青藍紫七色區別，故這些小冊子又被稱為「彩虹小冊」。我們各人其後在港九各處街頭派發這些小冊子，並出席各式各樣的公眾論壇，解釋我們的擔憂。對我們大部分人而言，這還是第一次上街派發小冊子，我還記得當時不少人感到尷尬。不過，我們的努力還是引起了公眾的關注，而這小組被稱為「23條關注組」，由於當中成員的背景和資歷，「23條關注組」一度被譽為最具影響力的非政府組織。市民對法案的關注日益加深，2003年7月1日，一個非常炎熱的夏日，五十萬人上街反對政府的草案。儘管如此，董建華政府仍然堅持立法，直至自由黨黨魁和身兼行政會議成員的田北俊倒戈相向，政府才被迫撤回草案。自由黨當時在立法會擁有八票，

沒有他們八票的支持，政府將無法令法案獲得通過，不少人認為這是一次人民的勝利。

經此一役，第23條立法暫遭擱置，關注組亦將焦點轉移至《基本法》第45條，這一條指出特首最終由普選產生。關注組其後改名為「45條關注組」，並吸納了一些新的成員。不過，不多久後，部分原來23條關注組的成員決定組織政黨，公民黨便由此產生。我獲邀成為公民黨的創黨會員，但由於當時我已是港大法律學院院長，我覺得不適宜參與任何政黨而婉拒了朋友的好意。事實上，我從來沒有參與任何政黨，但可能因為「23條關注組」的關係，很多朋友誤以為我是公民黨的成員。公民黨不少創黨會員都是我的好朋友，大家相識超過二十年，亦對民主法治有共同的理念，但這和參與政黨是完全兩回事。

話說回來，2009年2月我前往澳門講學的時候，正值澳門政府引入澳門的23條（國家安全法）立法。在我被拒入境前，一些香港的立法會議員和政界的活躍分子，已經因為在香港參與反對23條立法而被澳門當局拒絕入境。因此，我相信我也是因為六年前和23條關注組的關係而被列入禁止入境名單之內。我不知這張名單是如何制定的，或是根據什麼資料作出的，除了澳門當局給我的一頁文件，當中指澳門當局是基於澳門《內部安全法》第17（4）條拒絕我入境，我從來沒被告知澳門當局是根據什麼證據將我列於拒絕入境名單之內，或為何相信我會在澳門參與危害澳門的活動。更可能的推論是我出席講座那一星期，正好是澳門立法會要通過他們的國家安全法，於是我的名字便出現在這名單之上。一旦名字在名單之上，便很難獲得剔除。

也有朋友告訴我，我並非被列入最敏感的名單上。於是，我只會是在敏感的日子被拒入境，我估計這些日子包括五一勞動節、六四、七一，也包括任何當澳門有重要訪客或澳門當局認為是敏感的日子。法治講求制度，人治則讓當權者任意而為。我是無法在事前獲知那些是敏感的日子，不過，對我而言，這並不重要，因為我已沒打算再踏足澳門，但這事件卻凸顯了一個不透明和沒有公共問責的政府，任意行使權力時所能帶來的惡果。

圖八：七色彩虹小冊。

XI.

當法律變得荒謬時

27. 可以衝紅燈嗎？

　　法治的基本要求是守法，但守法是否等如法治？在什麼情況下可以違反法律？數千年來，這個問題困擾了不少法學家和哲學家，近年在香港亦成為重要的課題。法治只是要求盲目遵守法律條文，還是追求更高的價值觀？如果是後者，這些更高的價值觀是什麼？每年學期開始時，我總會向剛入學的一年級同學提出這些問題。法律制度是一年級的必修科，由於不少新入學的法律同學剛開始上課便急不及待希望修習一些具體的法律原則或判例，故在第一課我便讓他們思考一宗案例：這是英國上訴法庭在 1971 年作出的判決。丹寧勳爵以他一貫精簡的作風，三言兩語道出案件的癥結：[1]

> 消防局多年來一直存在這樣一個爭議：當交通燈號亮起紅燈時，消防車車長的職責是什麼？消防隊工會說，他必須遵守法律。不管情況如何緊迫，他必須等到綠燈亮起才能通過。即使這意味着失去寶貴的時間，他也必須在交通燈前停車。倫敦消防局的主管不認同這觀點，他不會命令車長等待。如果道路無阻，車長只需稍停下來確保安全後，便可以越過交通燈，以便盡快到達火災現場。但是，如果車長認為等到綠燈亮起才越過，他也完全可以這樣決定。這個決定是由他一個人作主。

　　違反交通燈號駕駛是違法行為，消防員也不例外。衝越紅燈的消防車車長可能會遭檢控，如果他已經積累了足夠的交通違例分數，他的駕駛執照便會被撤銷，因而失去工作。車長應該守法還是可以違法，這爭論已持續了好一段時間，政府則拒絕介入。

　　1967 年 2 月，倫敦消防局主管在倫敦市議會的支持下向所有消防員發出命令。該命令指出，車長接獲緊急求助後，在趕赴現場途中遇上紅燈亮起

1.　*Buckoke v Greater London Council* [1971] Ch 655.

時，只要在安全情況下，可以不理會紅燈繼續前行，但必須合理地確定沒有碰撞的風險，消防車的響號須不絕響起，緊急燈號亦需正常運行。在這種情況下，避免事故的責任在車長身上。換句話說，車長自行決定是否遵守法律。

消防隊工會對這命令不以為然，他們認為這是鼓勵車長違法。一些消防員拒絕與車長一起出勤，除非車長確保他會遵守法律，並承諾不會衝紅燈。車長拒絕給予這種保證，這些消防員則因拒絕與車長一起出勤而遭紀律處分。他們提出司法覆核，質疑這命令是違法的。如果這命令是違法的，他們拒絕與車長出勤便不會構成違紀行為。

因此，案件的核心問題便是那鼓勵車長違反交通燈的命令是否合法。法律條文相當清晰，任何人均須遵守交通燈號，消防車亦不受豁免。聆訊期間，丹寧勳爵向代表工會的大律師提出了這個假設性的問題：「當消防車抵達火災現場附近時遇上交通燈，距離火災現場只有二百碼，一座房屋正火光熊熊，一名男子在樓上的窗戶旁正處於極度危險的情況。當時路上並無其他車輛，各個方向的路面情況亦清晰可見。這時候，紅燈亮起了。車長要等六十秒鐘以上待綠燈亮起才通過嗎？如果車長決定等待，那人將可能失掉生命。」在這種情況下，車長是否該遵守法律？如果他決定違法，那他應該被起訴還是應該被讚揚？局方認為，該命令已經解決了安全問題，因為命令明確指示，車長衝燈前必須採取足夠的預防措施。工會則認為這只是迴避問題，若法例並不合理，正確的處理方法是修改法例，將守法與否的責任放在車長身上並由車長承擔違法的後果並不公平。不幸的是，不久之前，一輛接獲緊急求助的消防車，在衝紅燈時撞倒了一名騎自行車的人，該人是聾啞障礙者，聽不到消防車的響號，也沒留意消防車閃爍的緊急燈光，更加不幸的是該緊急求助只是虛報！

工會認為，由車長決定是否遵守法律是不公平的。沒有人能超越法律，即使有崇高的目的，要求車長違反法律仍是錯誤的，守法是法治的根基。局方則表示，在生命受到威脅的情況下，停車等待綠燈亮起是荒謬的，而且在這種情況下，沒有消防局或警方會對車長提出起訴。工會則反駁說，這同樣只是迴避問題。無論是否提出起訴，衝燈均是犯法。局方亦不能保證不會起訴。如果有這樣的保證，那就等於拒絕執法，同樣有違法治。如果沒有這樣的保證，車長將面臨起訴的風險，如果他已累積了足夠的交通違例分數，他將依法喪失駕駛執照和工作。如果覺得車長不能遵守法律，應該修法而非縱容違法。在法律未作修改前，讓個人來決定是否應該遵守法律，或是否可以為更崇高的理由而選擇違法是錯誤的。法律便是法律，即使守法可能令無辜者失去生命，也不應該允許任何人選擇違法。

在丹靈勳爵所描述的情況下，如果你是車長，你會怎麼辦？不遵守法律來拯救生命，還是服從法律，讓無辜者犧牲？當守法變得荒謬時，應該遵守法律嗎？但是，如果因為法律變得荒謬而可以選擇不服從法律，那麼由誰人判斷法律是荒謬的？另一方面，若法律變得荒謬甚至違背良心價值時，堅持遵守這些法律會否等於縱容甚至認同違背良心價值？法治只是着重守法而不需理會法律背後的價值嗎？過去幾年，當香港政府不斷重申法治是要求人人遵守法律時，這是否過分簡化了法治呢？

諷刺的是，在這宗案件中，車長並不反對相關的命令，拒絕違法的卻是與拒絕遵守法律的車長一同出勤的消防員。

丹寧勳爵本來希望給予車長以有必要拯救生命作辯護理由，但雙方律師均同意必要性（necessity）在法律上並不構成辯護理由。於是他改變了問題：這個案件的核心問題不在於是否應該遵守法律，而是若果有人違法該怎樣處理？在日常生活中，我們許多人均可能在技術上觸犯了法例。例如當你在早上高峰時段嘗試推進擁擠的地下鐵車廂時，對被你擠擁的乘客而言，你可能在技術上已構成侵害他人身體甚至毆打罪。或者，當你沒有遵守交通燈號橫過馬路時，法律上已構成違法行為。不過，警方可能會酌情決定不提出起訴。執法人員每天都在行使這種酌情權，亦毫無疑問這是符合人情常理的，亦是法律所容許的。同樣地，在這宗案件裏，局方的命令不是告訴車長可以違反法律。相反，其效果是如果車長在命令規定的情況下選擇違反法律，局方將不會對車長採取違紀處分。如果警務處處長可以向警務人員發出政策指示，只要當時沒有危險，他們不必對執行職務而衝紅燈的消防車車長提出檢控，消防局應該同樣可以作出相關的政策決定，因此上訴法院認為，局方的命令並沒違法。[2]

這個聰明的演繹，解決了雙方的爭議，但對違法是否等如否定法治，和當法律變得荒謬時是否仍然堅持守法這問題，這判案提供了什麼啟示，還是只不過迴避了問題？拒絕盲目守法是否一定和法治背道而馳？對違背道德價值的法例，我們應該如何自處？法律與道德價值的衝突這問題又應由誰人決定？對違法行為以道德理由採取不檢控的政策又是否與法治相符？假若作出檢控，公民抗命又是否一個求情或獲減刑寬免的考慮因素？過往幾年，這些複雜和多元的問題一直纏繞香港社會，這是相當嚴肅和值得深思的問題，絕非以簡單的「是」或「非」便足以回應。法律可以是追求公義的門徑，也可以

---

2. 其後英國國會修改法例，容許消防車、救傷車及警車在符合一定條件下無需遵守交通燈號及車速限制。同樣的修訂見香港《道路交通條例》第77條。

是壓逼人民的政治工具，守法是法治的基礎，但將法治等同守法，是將法治過分簡單化，甚至有點誤導。

28.「讓我們幹掉所有律師！」：什麼時候鴿子不是鴿子？

　　法律上不時會出現一些令人感到迷惑，甚至令公眾發笑的案件，因為這些案件的判決似乎有違常理。有時候，法院這些尷尬的判決源於法律條文草擬不當，尤其是在立法過程中匆忙提出未經仔細考慮的修正案，或因政治原因任意否決一些合理的修正案。有時候，這些判決源於我們對預測未來的能力的局限。鴿子案便是這樣一宗有趣的案例。

　　《廢物處置條例》第15條規定，任何人不得在禽畜廢物管制區內飼養禽畜。「禽畜廢物管制區」包括所有市區，「禽畜」是指「豬或家禽」，「家禽」又被定義為「雞、鴨、鵝、鴿和鵪鶉」。任何人違反第15條即觸犯刑法。

　　擁有約三百八十名會員的香港賽鴿會是一個參賽鴿子的體育協會。鴿子經過訓練作長途飛行，有時會飛越超過一千公里，從香港往中國及其他國家。賽鴿會的會員對這項運動或嗜好非常認真，而比賽的鴿子身價極高，一隻純種的賽鴿可索價高達二萬元，尚未孵化的鴿蛋每隻也要一千元（1994年的價格）。因此，這些白鴿獲得非常周全的照顧。鴿舍清潔明亮，而且防乾燥、防水和防蟲，規模足夠讓一個人進入作定期清潔。長途飛行時，無可避免地有些白鴿會迷路甚至死亡，所以會員一般會飼養一定數目的白鴿，大約三十至四十隻左右，但他們卻遇上了一個難題：如要在市區飼養這些白鴿，便可能觸犯《廢物處置條例》第15條。

　　為了釐清法律上的責任，香港賽鴿會入稟法院，要求法院宣布，儘管《廢物處置條例》內家禽的定義包括白鴿，但該條例第15條所指的家禽，並不包括比賽用的白鴿。賽鴿會由錢純武大律師（Benjamin Chain）代表，他是我以前的大律師事務所的同袍。為支持他的論點，他向法院提供了大量資料。

　　首先，他指出「家禽」一般指那些用作繁殖或食用的禽鳥，雖然這些賽鴿也可以作食用，但飼養它們的目的是用作比賽而非食用。第二，這些賽鴿有異於一般的白鴿。鴿子來自一個很大的家庭，稱為 *Columbidae*，共有三百零六個不同品種，有些是我們常見的鴿子，有些是用作觀賞的花式鴿子，有

些是用作傳訊和比賽的鴿子。賽鴿和其他鴿子的主要分別在於賽鴿的體型較小,一般只有十五安士,普通鴿子則可以重達二點二磅。花式鴿子的尾巴花枝招展,賽鴿則嬌小玲瓏。第三,從立法會的相關立法辯論可見,立法的意圖是要防止在市區發展大型白鴿養殖場,供市民食用。在制定《廢物處置條例》第15條時,立法會明顯沒有考慮賽鴿的特殊情況。第四,英國上議院法庭曾在一宗判案中,就1926年的《肥料和飼料資料法》中的「家禽」一詞作出解釋,指該詞彙只包括那些在餐桌上和肉類或雞蛋一起供人們食用的禽鳥,但不足以涵蓋在野外的野生禽鳥。

最後,從公共衛生的角度而言,這些賽鴿均獲悉心照料,而且因為它們身價太高,它們的衛生狀況均保持在極高水平。如果人們可以在家園內飼養大量鸚鵡,卻不能在更好條件和更衛生的環境下飼養賽鴿,這是於理不合的。再者,大律師指出,市政局在市區的公園內飼養了大量供觀賞的鴿子,這不也是違反了《廢物處置條例》嗎?

對這豐富而又巧妙的論點,施偉賢法官(Sears J)明顯十分感興趣。在判詞中,他將這嗜好描述為一項「值得被認真看待的活動」。由於這是一項認真的消閒活動,而法例對違法行為作出刑事處罰,故法院在釋法時應該從寬處理。對他而言,考慮到乳鴿是香港人常吃的食物,他能否將「家禽」的定義局限於只供食用的鴿子?

他首先指出,英國上議院法庭的判案並沒有太大幫助,因為有別於香港的法例,英國的法例對「家禽」一詞並沒有作出定義。因此,他只能從香港的法例入手,而在香港的法例中,「家禽」一詞的定義包括鴿子。他注意到「家禽」一詞亦出現在《公眾衛生(動物及禽鳥)條例》中,「禽鳥」包括「家禽」和其他雀鳥,而「家禽」則包括「受飼養的雞、火雞、鴿及鵝」。雖然這條例對家禽有一個不同的定義,但條例背後的目的卻甚具啟發意義。這條例的目的是基於公眾衛生的理由,對公眾入口禽鳥作出管制,尤其是對那些來自一些受疾病感染地區的雀鳥。法官認為同樣的考慮亦適用於《廢物處置條例》。雖然他對賽鴿會十分同情,但他無法認為《廢物處置條例》中所指的鴿子不包括賽鴿,但令他感到欣慰的是律政署已決定放寬條例,讓該會會員可以在市區的物業內飼養二十隻或以下的賽鴿。法例的修訂會同時對市政局作出豁免,容許市政局繼續在市區公園內飼養可供觀賞的鴿子。基於這些理由,法官判定賽鴿亦屬於《廢物處置條例》中對鴿子的定義,而那些在市區飼養二十隻以上賽鴿的人士,將會根據第15條被檢控。

上訴時,上訴法庭認為無需參考《公共衛生(動物及禽鳥)條例》,因為這是一條完全不同和建基於不同背景的條例,對解釋《廢物處置條例》毫無幫

助。這時，賽鴿會由另一位大律師許家豪（Hui Ka-ho）代表。他引用《牛津英語字典》中對「家禽」的解釋，辯稱在英語中「家禽」一詞並不包括鴿子，而是指一般在餐桌上供食用的雀鳥。在考慮到香港人大量食用乳鴿，上訴法庭毫不猶豫便駁回這論點。黎守律法官（Nazareth VP）認為鴿子就是鴿子，這是一個明顯而普通的英文單詞，法院只能採納一般和自然的解釋，法例中的定義亦沒有含糊或晦澀的地方：鴿子一詞旨在涵蓋各種鴿子，無論是餐桌上的禽鳥、花式禽鳥、表演禽鳥或是比賽的鴿子，法例的目的在處理由各種牲畜的廢物所造成的污染，不論這些牲畜是豬、禽鳥或鴿子。廖子明法官（Benjamin Liu JA）補充指出，飼養白鴿的目的基本上毫不相干。相比之下，包致金法官對賽鴿會則明顯比較同情，但他指出法例中對家禽一詞的定義是清楚不過的，賽鴿會欲辯說白鴿不是白鴿，恐怕有太大難度了！

解釋法律並非一個機械式的過程，很多時候，由於文字本身有一定含糊的地方，法律的條文往往會容許一系列不同的解釋。法院在作出解釋的時候，除了要考慮文字本身，亦需要考慮法例的意圖和立法的背景。當然，法院亦必須考慮到公義和公平的問題。施偉賢法官的判詞富有人情味，亦完全符合常理。上訴法庭的判決也是無可挑剔的，儘管上訴法庭可能給予人相對冰冷和只考慮字面意思的印象。訴訟雙方從不同的角度出發，作出爭辯，甚至提出一些頗具創意的觀點。公眾在閱覽了這些判詞後，對沙士比亞名句深感共鳴的心情是絕對可以理解的。莎翁在名劇《亨利六世》中說：「我們首要做的，就是讓我們幹掉所有律師！」

XII.

法律與道德選擇

29. 生命誰屬？

　　有別於醫生，律師並不總是被看成為參與生死決策的人。然而，對於那些專注於家事法的律師而言，這並非罕見的情況。在那些情況下，律師往往慶幸他們只是辯護者而非決策者。

　　約翰滿眼飽含淚水地問：「親愛的，妳肯定嗎？」「是的，我肯定。」瑪麗答道，而淚水早已乾了。她把頭轉過去遠離丈夫的視線，凝視着醫院病房窗外灰藍色的天空。「這對她來說應該是最好的。」瑪麗自言自語地說。

三號法庭[1]

　　書記：「肅立！」

　　〔法庭內全體人士起立，三位法官進入法庭並就坐。〕

　　李資深大律師：「法官閣下，本人代表威爾斯醫院。這是就今早伊雲法官所作的一項裁決的緊急上訴。伊雲法官裁定父母的意願應該受到尊重，因而拒絕授權醫院對一名新生嬰兒進行緊急手術……」

　　陳資深大律師：「法官閣下，本人代表新生嬰兒的家長。這是一宗令人非常哀傷的案件，上天已作出安排，終止一條不會有結果的生命，人類不應干預這個大自然的安排。對父母而言，這是一個極之困難和痛苦的決定，但作為負責任和關心子女的父母，讓小孩安詳逝去是最佳的決定，法院應該尊重父母的意願……」

---

1. 這個故事是以 *Re B* [1981] 1 WLR 1421 為藍本，並參考 *Great Ormond Street Hospital for Children NHS Foundation Trust v Yates* [2018] 4 WLR 5。故事中的人物及醫院均純屬虛構。

三天前：威爾斯醫院婦產科 5B 病房

　　郭醫生走進病房。瑪麗剛完成一次剖腹產子手術，她有點蒼白，但面色看來還是不錯。麻醉藥的效果漸漸過去，她開始清醒，便急不及待想見她的孩子。約翰跟隨郭醫生進入病房，他剛和郭醫生交談，看來有點迷惑和不知所措。

　　「瑪麗，妳的情況不錯。妳做得很好，應該明天早上便可以落床。」郭醫生說。

　　「孩子怎樣？她還好嗎？我什麼時候可以見她？」瑪麗急切地問道。

　　「手術相當成功。」郭醫生回答說。「但恐怕我要告訴妳一個壞消息。」郭醫生略作停頓，約翰走到床邊，緊握着妻子的手。「孩子一出生便患有柏圖綜合症（Patau Syndrome），這是由一對額外的 13 號染色體引起的。這會導致孩子身體和精神嚴重殘缺，包括心臟缺陷、腦部發育不健全和智力遲鈍。此外，她還會有其他內部和外部的疾病。目前她的情況並非最嚴重，但仍處於頗嚴重的階段。現時我們無法估計她將來的生活會是怎樣的，暫時肯定的是她不會是植物人，但我很抱歉地告訴妳，妳的女兒會有嚴重精神和身體殘缺。患上這病症的孩子，百分之七十不能存活超過一年，能生存到成年是非常罕見的，迄今為止最長的存活病例也只是活到三十三歲。」

　　這噩耗有如晴天霹靂，剛成為母親的喜悅，一下子變成詛咒。瑪麗泣不成聲，問道：「醫生，有什麼可以做嗎？我們願意做任何事情！」

　　郭醫生顯得神情肅穆，「恐怕能夠做的事情並不多，她還患有腸梗塞，需要馬上做手術。若果不做手術，恐怕她只能存活幾天。請你們兩位仔細討論一下，不要急於決定，但我需要你們的同意才能進行手術。」

兩天前

　　「至少她會有一年或更長的生命，那時的情況誰能知曉？或許她的病情可能治愈，或許會有奇蹟，我會竭盡全力給她一個幸福的生命。」約翰說，並竭力表現得樂觀和有希望。

　　「若不能治愈時，那怎麼辦？」瑪麗的語調顯得悲傷，卻異常堅定。從昨天獲悉這個消息後她一直無法入睡。「約翰，我們要現實一點。要照顧一個有嚴重精神和身體殘缺的孩子，壓力是會很大的。你要工作支持這個家庭，我不知道我是否可以應付，不單是為了我自己，而是我無法忍受看着孩子經年累月地受苦，然後看着她慢慢離去。我們想見到她這樣生活嗎？」

夫妻兩人緊緊相依，哭了一會兒。

「親愛的，你肯定嗎？」約翰問。「是的，我肯定。」瑪麗答。「這樣對她來說應該是最好的。帶我看看我們的孩子，我想在她離去前多陪她一會。」

「這是郭醫生。」根據院方的程序，郭醫生向醫院管理層提交報告。「我必須向你們報告，孩子的父母拒絕簽署手術同意書。父母是清醒、冷靜和曾受良好教育的。他們明白自己正在做什麼，而他們認為，讓孩子平安離去是符合孩子的最佳利益。我告訴他們我們可以用麻醉藥物減輕孩子的痛楚，但作為醫生，我不會建議這樣做。若果不進行手術，孩子將會於日內離世。若果進行手術，可能會引起心臟併發症，以致她在兩至三個月內死亡。即使手術成功，她還患有柏圖綜合症，目前的估計她只能存活一至兩年。以目前的醫療科學發展而言，這並不是一段短時間。我的責任是拯救生命，不是終止生命。」

醫院管理層下午召開緊急會議，會後院方決定介入事件。

一天前

院方向法院提出緊急申請，要求法院頒令，使孩子成為受法院監護的人士，並授權醫院進行手術。法院考慮了郭醫生提出的書面證供後，決定作出這項臨時頒令。

孩子下午被轉送到香港兒童醫院，由顧問醫生王醫生進行手術。可是，當王醫生知悉家長反對該項手術的時候，她顯得有點猶豫。她決定聯絡孩子的父母，了解他們的意願。父母在電話中告訴她，鑒於孩子患有柏圖綜合症，他們不願意孩子進行這項手術。其後王醫生在一份法院誓章中指出：

> 我決定尊重父母的意願不進行手術。憑我行醫三十多年的經驗，我
> 相信大部分外科醫生在這情況下，也會作出同樣的決定。

今天早上

鑒於王醫生的決定，威爾斯醫院早上再向伊雲法官提出申請，並呈上另外兩位顧問醫生的意見書。戴醫生和雷醫生均認為應該進行手術。鑒於相互矛盾的醫學意見，伊雲法官要決定應否確認他先前所頒發的命令，還是撤銷該命令。這次父母皆接到通知，並上庭作出陳述。他們堅持不應進行手術。伊雲法官最後同意應該尊重父母的意願。

院方隨即提出緊急上訴，上訴法庭安排當天下午聆聽上訴。法定代表律師（Official Solicitor）[2]決定介入訴訟，並由張資深大律師代表。李資深大律師代表院方，陳資深大律師則義務代表父母。

今天下午：三號法庭

李資深大律師：「法官閣下，儘管醫生的專家意見對是否進行手術有分歧，但他們均同意，若手術成功，孩子最少可以存活一兩年，甚至更長的時間。根據醫學報告，過往亦確實有病人可以生存至成年。我們完全明白父母所面對的壓力，亦同時尊重他們的意願。但作為醫院，我們的責任是救死扶傷，能夠有一絲希望的，我們也會盡力搶救。孩子有生存的權利，不論機會有多微，我們也不應該剝奪她這個機會。況且，現今醫學發展一日千里，難保一兩年後，即使病情未能治愈，科技發展也可能令病人的生活變得更有尊嚴和意義。院方願意在這方面盡其所能，盡力讓孩子能夠有一個快樂的生命。」

張資深大律師：「法定代表律師的責任是保障未成年人士的最佳利益。法院要處理的問題是應否批准進行手術，讓患有柏圖綜合症的孩子可以存活一年或更長的時間，還是讓她因為小腸的併發症而終止她的生命。法官閣下，法院最重要的考慮因素必然是孩子的最佳利益。毫無疑問，法院必須慎重考慮父母的意願，並且給予重視。同樣無庸置疑，這件事情對愛護和關心子女的父母帶來莫大的打擊，亦可以肯定地說，作出這個決定，對父母而言也是極度痛苦和悲傷的。他們只有極短的時間作出這個決定，在這種悲傷的情況下，法院要重視父母的意願，但亦不能過分順從父母的意願，孩子已經成為法院的受監護者，確定對孩子的最佳利益的決定，已經落在法院而非父母或醫生身上。法院必須考慮所有證據以及父母和醫生的意見，但最終還是由法院決定：這孩子是否該被詛咒死亡，還是她的前路仍然充滿未知的因素，因而剝奪她生存的機會將會是一個錯誤的決定？

生命是孩子的，在這階段我們根本無法預知孩子的未來。醫學發展一日千里，誰人能夠保證一年後這病症仍然無法治療，或她的情況不會得到改善？我們是否要剝奪她這個機會？法官閣下，這孩子的情況和其他不幸患上柏圖綜合症的孩子並無多大分別，只不過她恰好有一個腸道問題需要做手

---

2. 法定代表律師是一位公職人員，其職責是在訴訟中保障未成年人士及弱智人士的最佳利益。法定代表律師為法律援助署署長。

術。她是否應該與其他患有這疾病的孩子一樣，讓她有權利生存下去？這方面，我們明白父母的憂心，社會福利署亦願意盡量提供協助，以減輕父母的負擔，甚至在有需要時安排收養，讓其他人分擔父母的憂慮。法官閣下，孩子的生命是她自己的，她的生死，不應該由我們決定。」

陳資深大律師：「抽象地辯論生命的權利是很容易的，但我們在談論怎樣的生命？法官閣下，父母的決定，毫無疑問是悲傷和痛心的，但也是平靜、理性和經過深思熟慮的，對孩子的最佳利益經過仔細的考慮。讓我首先澄清一點，他們這個決定，並非出於對他們自己帶來的困難。作為愛護和關懷孩子的父母，沒有任何困難可以迫使他們放棄對這個不幸的孩子的愛和關懷，但正是出於對孩子的愛和關懷與責任，他們不願意讓孩子一生繼續承受所有的痛苦。

所有醫生皆同意，即使手術成功，孩子也只會有一個很短的生命。百分之三十的孩子不能存活幾個月，百分之七十的孩子不能存活超過一年，能夠僥倖活至成年的只有極少數。醫生們亦同意，這孩子肯定會有嚴重的精神和身體殘障，還有其他內在和外在的疾病。這樣說可能很殘酷，但事實上她的存活只會是痛苦的，對她自己和對照顧她的人都是痛苦的。

誠然，從理論上而言，醫學在未來的日子肯定會有新的發展，但我們亦須面對現實，不能天真地樂觀。讓孩子經年累月受到我們已經確定及可預見的痛苦，而唯一的理由是在醫學上未來可能會有突破，但這只是一個假設，沒有任何人能夠肯定這遙遠的將來可以成真。不錯，沒人能夠預知患有柏圖綜合症的孩子，若能生存到成年時的生活會是如何，但有一點可以肯定的是，她會有嚴重的精神和身體殘障，亦沒有人預期她可以過正常的生活。的確，這個階段，我們無法預測孩子的未來，甚至無法預測孩子在幾個月後或一年後的情況，但醫生並不樂觀。

法官閣下，我們根本沒有理由預期孩子可以過上優質甚至正常的生活。生存的權利必須意味着有一定質素的生命，最少是可以忍受的生命，但孩子不僅不會有一個有意義的生命，還會為那些付出經年累月的心血照顧她的人，帶來難以忍受的重擔，還要在旅程終結時，接受那無可避免和令人心碎的命運安排。作為一個社群，我們是否有權要求父母承擔難以承受的擔子，以及讓孩子畢生承受苦楚，為的只是讓其他人在道德上感到良好？

我尊敬的朋友張資深大律師問，為何這個孩子與其他患有柏圖綜合症的兒童有不同的對待？我無意顯得冷酷無情，但這個孩子還有一個致命的腸道問題。上帝和大自然給了孩子一條出路，當大自然已為終止這個毫無結果的生命作出安排的時候，我們人類是不該作出干預。」

上訴法庭決定退庭商議判決。法庭將會怎樣判決？如果你是法官，你又會怎樣判決？生死應該由誰人決定？怎樣才會是一個公義的決定？和對誰人公義？

30. 當女人不是女人時：變性者案

　　1985年初的一個下午，一位女學生來到我大學的辦公室，問我會否願意當她的畢業論文導師，她打算探討變性人士的困境。這問題很有趣，學生也做了不少資料搜集的準備功夫，我一口答應了。由於這研究課題涉及不同學科領域，我建議她同時諮詢港大醫學院和社會科學院的同事，並介紹她認識社會工作及社會行政學系的曾家達博士。

　　幾個月後，我和曾家達博士在大學的高級教職員休息室（Senior Common Room）共進午餐，商討該論文，適逢醫學院精神科學系的吳敏倫博士在場，大家便談起變性手術這話題。那些日子，高級教職員休息室是來自不同學院和學科的同事聚腳的地方，在休閒的環境，討論有趣的問題，分享研究思想和心得。多年來，我訪問過不少頂尖大學，它們一個共通的地方，就是相當注重讓不同學科的學者可以有一些輕鬆敍談的地方。這些閒談和討論，往往能刺激新的想法或方向。可惜，近年港大只視高級教職員休息室為吃飯的地方，不願投放資源，讓它成為大學學術生活的一部分。

　　閒談之間，我們發現香港對變性手術服務的需求頗大。吳敏倫博士是這方面的專家，他指出有些病人不能接受自己的性別，會以種種方法紓緩因此引起的嚴重心理和情緒困擾。有些患者會自行注射激素，有些會自殘以擺脫他們所憎惡的性腺器官。我另一位同事 Sam Winter 教授多年後這樣形容這些人士的困境：「他們認為自己是被困在男性身軀的女性，反之亦然。」[1] 在醫學上，這種情況已被普遍認同，並自 1981 年起，香港公立醫院已提供相關的醫療服務。對這些病人，心理或精神方面的治療並沒有效用，唯一治愈的方法是進行變性手術。這項手術是相當痛苦、複雜和不可逆轉的，因此在進行手術前必須作出詳細和小心的評估。不幸的是，當時香港並沒有一套標準的評估方法和程序，市面上亦聽聞不少不良的醫療服務。午餐結束時，我們作出

---

1. Sam Winter 教授在 *W v Registrar of Marriage* 案的誓章證供：(2013) 16 HKCFAR 112 at 127。

了這樣的決定：由於這方面只涉及少數的專業人士，我們或可嘗試制定一些標準的評估程序。

經過幾個月的討論，我們組成了一個團隊，當中包括精神科醫生、心理學家和外科矯形醫生，當然還有吳敏倫醫生、曾家達博士和我自己。那時候，除了私人或海外診所外，香港只有瑪嘉烈醫院以及後來的瑪麗醫院提供變性手術服務，我們的團隊包括兩所公立醫院的外科矯形醫生。我們設計了一個長達一年的評估程序，在這個過程中，患者必須進行各種精神和心理評估，並須在這一年間以其選擇的性別生活，以確保他們適合進行這項不可逆轉的變性手術。我的角色是在評估初期向他們解釋性別在法律上的含意和對日常生活的影響，並在一年後的手術進行前，再次向他們就變性後的法律影響提供意見。香港當時的法律並不承認變性手術後的性別，因此會產生很多法律上的問題。

隨後兩年，我接觸了十多位希望變性的人士，他們大多數均已長期作另一性別的穿着打扮，並以另一個性別生活，其中絕大部分是男性變女性的人士，當中不少來自低下階層，有些從事街頭或舞蹈表演，當中亦有相當數量的人士曾遭性伴侶虐打。在我遇到的十多名人士中，只有一位來自中產階級的專業人士，也是唯一由女性變男性的申請者。雖然所有男性變女性的申請者均曾為自己注射荷爾蒙或接受激素注射，並且大部分均是濃妝豔抹，但她們的外觀仍然略為粗糙，聲音也較沙啞。她們一般均非常低調，在與人打交道時顯得有點害羞。法律學系的秘書便曾多次問我這些看來很奇怪的人士是誰。當時我們面對的一大困難是社會上對這批人士仍存有相當的歧見，故此在完成手術後，她們便會隨即隱匿，令我們很難跟進她們在變性手術後如何調整生活及解決所遇上的問題。

兩年後，我因學術休假離開評估團隊，後來我聽說我們的評估程序得到政府的認同，並經改善後成為公立醫院的標準程序，評估期亦延長至兩年。之後我再沒有參與這方面的工作，甚至幾乎忘記了這個領域，直至二十多年後當這個問題又再次出現。

W 案

W 是一位術後男性變女性的變性人士。她出生時是男性，但從小她已認定自己為女性。她被診斷患有性別認同障礙，並於 2005 至 2008 年間進行精神病學評估和激素治療。2007 年 1 月，她前往泰國進行生殖器官（睾丸）切除手術，回港後她透過法律程序更改了自己的名字，改用了女性的名字。她在專

業督導下成功通過生活經驗評估後，在香港一間公立醫院進行變性手術，切除她的陰莖和植入人工陰道，使她可以和男性進行性交。在獲得醫管局發出的確認函件後，她成功地將她的教育證書、身份證和護照的性別更改為女性。

2008年11月，她致函婚姻登記處，要求確認她可以和她的男性伴侶結婚。處方的回覆如下：

> 根據法律意見，一個人的生理性別是在出生時候已經決定，不能通過異性器官的自然發育，或通過醫療或外科手術作出改變。婚姻登記處無權締結兩位具相同生理性別的人士的婚姻。就婚姻而言，只能取決於個人出生時的性別，不會考慮手術後的性別。

這個決定成為隨後五年法律訴訟的主體，並促使了其後社會和法律政策方面的重大變化。

相關的法律看來相當簡單，《婚姻條例》第40條規定，「凡根據本條例舉行的婚禮，均屬基督教婚禮或相等的世俗婚禮」，亦即是說，法律上只承認「一男一女自願終身結合，不容他人介入」的婚姻。案件的核心問題便是「男士」和「女士」的定義。

從一開始，W的律師團隊便一再強調，這宗案件並不涉及極具爭議的同性婚姻，而是一個比較狹窄的問題，即就婚姻而言，「女士」是否包括術後男性變女性的變性人士？

英國法院的答案是否定的。在1971年一宗著名的案例 *Corbett v Corbett* 中，[2] 奧瑪羅法官（Ormrod J）認為，家庭建基於婚姻，並為生育的基礎，故自然的異性性交是婚姻的主要元素，這亦符合基督教婚姻的概念，即婚姻是為了生兒育女。法官確定了五個可能判斷性別的標準，即 (1) 染色體；(2) 性腺（睪丸或卵巢的存在與否）；(3) 生殖器官，包括內臟器官；(4) 心理因素；和 (5) 激素或其他次要的性特徵。然而，鑒於婚姻關係中雙性的特殊重要角色，法官認為決定性別的最重要因素必須為生理因素，因為從男性變為女性的人士始終無法自然分娩，難以執行女性在婚姻中的基本角色。

由於性別取決於生理因素，故此性別在出生時便已確定，不能其後更改。這宗案件成為以後四十年確定性別的主要案例，亦導致英國在1971年修訂《無效婚姻法》，令婚姻一方無法生育成為婚姻無效的理據之一，而該修訂其後亦反映在香港的《婚姻訴訟條例》和《婚姻條例》的修訂中。鑒於這段草擬歷史，香港涉案的九位法官均一致同意，從法律解釋而言，「男士」和「女

---

2. [1971] P 83.

士」必須指生理上的男士和女士，而就婚姻而言，性別是取決於生理因素，即主要為染色體。

餘下的問題是在 *Corbett* 案判決四十年後，我們是否仍然應該繼續採納這個狹隘的解釋。若果採納，這個解釋是否符合《人權法案》和《基本法》對婚姻權利的保障？在這問題上，各級法院的意見分歧。

原訟法庭和上訴法院

時任原訟法庭首席法官張舉能[3]以「基督教婚禮或相等的世俗婚禮」為出發點，認為根據英國教會的教義，「婚姻是一男一女一生至死不渝的恆久結合，婚姻雙方均不容許他人介入，並在自然本能和相互愛慕的基礎上，養兒育女，不論貧富順逆，長相廝守，互相扶持和慰藉。」[4]鑒於《婚姻條例》的草擬歷史與一般人對「男士」和「女士」的理解，法官認為 *Corbett v Corbett* 案中以生理因素界定性別的原則仍然代表當時的法律。雖然他接受在過去四十年醫學突飛猛進和社會對婚姻制度的態度有所改變，但他認為承認術後性別所引起的一連串問題並非法院所能解決，法院的角色不是填補社會政策的空缺。法官並指出這種根本性的法律改變所帶來的難題，這包括就結婚而言，在何種情況下性別的重新劃分才應受到承認？這涉及更加深遠的問題，不宜作個別處理。其他的困難還包括承認術後性別對同性婚姻的影響？根據什麼準則來確定和承認變性申請人所期望的性別？以及在什麼情況下需要披露性別的變更等。所有這些困難均指向同一結論，即這樣重大的法律改革應該由立法機關而非法院作出。雖然婚姻的權利必須符合一般社會的共識，但「憲法權利的柔韌性並不表示法院可以對婚姻制度作出重大的社會和法律改革。換言之，憲法所保障的是參與符合當代社會共識的婚姻制度的權利，在沒有任何令人信服的理由時，憲法的保障並不代表香港居民可以要求法院將結婚的權利闡釋至超越當代社會對婚姻制度的共識，從而徹底改變社會和法律上對婚姻制度的界定，以符合居民一己認為對婚姻制度的應有理解」。[5]換言之，法院不具推動影響深遠的基本社會改革的角色。上訴法庭基本上同意這理據。[6]

---

3. 2020年6月24日，張舉能法官獲任命為終審法院首席法官，接替2021年1月退休的馬道立首席法官。
4. HCAL 120/2009，第116段。
5. 判詞第192段。
6. CACV 266/2010.

終審法院則持不同的意見。

終審法院

終審法院多數法官認為，過去四十年，社會上對婚姻作為一種社會制度的性質出現了翻天覆地的改變，在今天多元文化的香港，生兒育女已不再被視為婚姻的要素，法律上從沒有要求婚姻雙方必須能夠和願意生兒育女，就如首席法官馬道立和李義法官在他們的聯合判詞中指出，「奧瑪羅法官認為生兒育女在基督教婚姻的重要性，已隨時日變更而大大減弱。今天男女決定一起生活時，他們可以有更多的選擇，可以決定是否結婚，是否有兒女，如何分配他們的財產，以及是否繼續維持一起生活。社會上無疑仍然有不少人認為生兒育女在婚姻中極為重要，但亦有不少人持有不同的看法，現在很多人結婚但沒有子女，也有很多人有子女但沒有結婚，而兩者都不會因此而受到社會排斥。」[7]

同時，隨着醫學知識的發展，我們對性別認同障礙已得到更好的理解，醫學界亦廣泛認同這是需要接受醫療診治的情況，世界衛生組織亦已通過了診斷的標準。醫學上對性別身份的最新界定包括心理和生理的因素，心理因素包括性別認同（自我認知為男性或女性）、社會性別的角色（以男性或女性生活）、性傾向（同性戀、異性戀、無性或雙性戀）和性別定型（以男性或女性培育長大）。性別認同障礙是指患者具有某一性別的染色體和其他生理特徵，但心理上卻深切地認為自己屬於異性。他們會經歷一段長時期的情緒困擾，感覺被困在一個他們堅信不屬於他們性別的軀體。這種病徵的成因仍然不能確定，心理壓力的程度亦因人而異，可以包括輕度性別焦慮以致嚴重的變性慾望，而對後者，變性手術是唯一的治療方法。這項手術包含不同元素，是一項痛苦的程序，從男變女或從女變男的程序亦各異。[8] 自1981年開始，香港公立醫院已提供這項手術。2007年10月1日至2009年9月30日期間，共有八十六名患者被診斷患有性別認同障礙，而2006年1月至2009年9月期間，共有十八名患者在公立醫院進行變性手術。當醫管局證明手術完成後，入境處一般都會向這些病人更換新的身份證，列出他們變性手術後的性別。

---

7. (2106) 16 HKCFAR 112, 154.
8. 見判詞第5–14段，葵涌醫院精神科副顧問醫生何培達和律敦治醫院外科手術主管暨顧問醫生袁維昌的證供。

　　法院對變性人士的困境深表同情。2003年，一位變性人陳露絲被媒體盯梢「出櫃」，她的生活大受影響，失去了工作，並在2004年9月21日自殺身亡。兩天之後，另外一位變性女士蒙莎莎亦自殺身亡。除了社會的歧視和壓力外，她們結婚的權利亦遭完全剝奪。庭上一方認為法律上並沒有限制他們結婚的權利，因為一位男變女的人士仍然可以和另一位女士結婚。法院駁回這不切實際的論據，並指出這違反變性手術作為治療性別認同障礙的目的。另一項反對理由是指一旦確認術後性別，便會打開同性婚姻的大門。法院強調，這宗案件僅涉及是否承認變性手術後的性別，法院不會因此對同性婚姻預設任何觀點或立場。法院亦駁回缺乏社會共識認同術後性別的理據，並指出這理據只會鞏固對少數人士的歧視。包致金法官在判詞中便鏗鏘有力地指出，「這案件涉及一項憲法保障的權利，而憲法保障人權的一項功能，也許是最重要的一項功能，便是保護少數人士。為什麼憲法要保障結婚的權利？畢竟，沒有一個社會會妨礙以大多數人採納的婚姻方式結婚，憲法保障最大和最迫切的需要便是保障一些少數人士，尤其是遭誤解的少數人士。」[9]

　　最後，法院指出國際間承認術後性別的趨勢，這不但包括西方國家如加拿大、美國部分州分和大部分歐洲國家，還包括不少亞洲國家如日本、印度、新加坡、南韓、印尼和中國大陸。歐洲人權法庭亦指出，*Corbett* 案對性別的界定違反《歐洲人權公約》下結婚的權利，並因此令英國在2004年修訂《性別承認法》（Gender Recognition Act）。

　　儘管這些理據強而有力，但上訴亦涉及法院的角色這個問題。陳兆愷法官便在他的反對判詞中同樣強而有力地指出，「就婚姻的目的，承認術後性別，將涉及重大的社會政策的改變，法院的角色是執行現行政策的改變，而不是引入新的社會政策。前者屬於司法程序，後者則屬於民主程序，社會政策不應該由法院決定。」他並不認同香港對男和女的一般定義，已改變到需要承認變性手術後的性別，最少法院並沒有任何證據指出社會對傳統婚姻態度的改變，或對變性手術的認受程度。他認同變性人士所面對的困境，並認為有需要作全面檢討，但這應該是立法會而不是法院的工作。雖然陳兆愷法官是終審法院唯一持反對意見的法官，但若連同上訴法庭及原訟法庭，涉及這宗案件的九位法官，便有四位採納陳兆愷法官的意見。

　　儘管如此，我們的法律制度就是這樣運作的。終審法院以四比一的多數通過對《婚姻條例》作出補救性的解釋，認為《婚姻條例》及《婚姻訴訟條例》

9.　第187頁，判詞第220段。

中「女士」和「女性」的涵義包括手術後由男變女的變性人士，而她經過變性手術後的性別已經獲得適當的醫療機構的證明。這是這宗案件的終局裁決。

與此同時，終審法院亦承認其判決具有深遠影響，並可能引起需要解決的問題。因此，法院啟動了一項特殊的權力，暫緩執行其判詞十二個月，以便給政府時間引入適當的法例。法院更罕有地列出立法機關需要處理的問題。首先是要處理在婚姻及其他事項如領養、繼承、稅務、財產、入境、針對性別的刑事罪行和社會福利等，如何界定男性和女性？法院認為，完成變性手術人士的術後性別應該得到承認，但這是否唯一合適的準則，則仍有待討論，與其就這問題在日後個別案件中作出裁決，倒不如成立一個專責小組來處理。這問題日後變得極具爭議，甚至令日後引進的法例胎死腹中。另一個問題是承認術後性別對現存婚姻的影響，例如在異性婚姻中其中一方在結婚後進行變性手術，這對其配偶及子女有何影響？毫無疑問，這些均是重要和有待解決的問題，法院指出這些問題將有助尋求解決的方法，但卻同時印證了陳兆愷法官的擔憂，即法院已進入制定法律而非解釋法律的領域。

後記

無論如何，這宗案件已成為香港法律發展的里程碑。經過長達五年的訴訟，法院的判決確認了變性人士的權利。然而，這只是故事的前半部分。

隨後十二個月，社會上對將要引入的新法例的內容展開激烈辯論。政府希望以英國的《性別承認法》為藍本，引入一項簡單的程序，建議承認手術後的性別。一些不認同法院判決的人士，尤其是來自教會的人士，仍舊堅持反對新法。爭取變性人士權利的一方則認為新法過於保守，未能照顧到那些患有性別認同障礙，但卻基於不同的原因不願進行痛苦的手術的人士。結果，建議中的立法遭到左右兩邊的攻擊。十二個月後，雙方未能達成任何共識，新的法例未能獲立法會通過。限期屆滿，法院的判詞正式生效。和 W 同樣處境的變性人士可以結婚，但因承認術後性別而引起的一連串問題卻仍然未獲解決。事後回顧，或許終審法院當初不把承認術後性別這問題交給立法會處理的決定還是對的！

雖然這宗案件不涉及同性婚姻，但卻為平權運動揭開了序幕。隨後十年，法院在多宗判案中指出，以性別作為不同待遇的基礎，是有違《基本法》和《人權法案》中對法律面前人人平等的保障。於是，在輸入人才計劃中，入境處拒絕承認申請人在海外結合的同性伴侶為配偶便有違憲法的保障。公務員福利方面，政府拒絕承認公務員在海外合法結合的同性伴侶為配偶，亦被

裁定為違反憲法的保障。在這些案件中，法院認為申請人配偶的性別和這些項目的目的並無關係，案件的判決建基於沒有合理理由以性別作為不同待遇的準則。執筆之時，第一宗質疑《婚姻條例》不承認同性婚姻的案件終於出現，原訟法庭認為這並沒有侵犯申請人法律面前人人平等的權利，案件仍在上訴階段，相信會是另一宗就平等平權和法院角色的問題引起社會激烈爭辯的案件。

中英人名對照

(按姓氏筆劃排列；由於時日變遷，人物的職銜均有所更迭，部分人士更已退休或離逝，這表列以 2021 年 1 月 15 日的職銜或相關人士的最後職銜為依據。)

註：「法官」指現任法官；「退休法官」包括仍出任終審法院非常任法官的退休法官。

中文	英文	章
丹寧勳爵	Lord Denning	16, 17, 27
王式英（退休法官）	William Waung J	16
王桂壎	Huen Wong	10
王葛鳴博士	Dr Rosanna Wong	1
王賡武教授	Wang Gungwu (Professor)	7
包致金（退休法官）	Kemal S. Bokhary NPJ	1, 3, 6, 15, 20, 26, 28, 30
司徒敬（退休法官）	Frank Stock NPJ	6, 17, 25
布思義	Andrew Bruce SC	17
田北俊	James Tien	26
白景崇教授	John Bacon-Shone (Professor)	8
石永泰	Paul W. T. Shieh SC	25
石黑一雄	Kazuo Ishiguro	1
列顯倫（退休法官）	Henry D. Litton NPJ	2, 3, 5, 18, 21
安德烈・班斯教授	Andrew Byrnes (Professor)	1
朱芬齡法官	Carlye F. L. Chu JA	4
米高・奧波爾	Michael O'Boyle	1
米高・積遜	Michael Jackson	8
佐治・奧維爾	George Orwell	8, 23
何沛謙	Ambrose P. H. Ho SC	3

中文	英文	章
余叔韶	Patrick S. S. Yu	13
余若薇	Audrey Y. M. Eu SC	26
吳敏倫博士	Dr Ng Mun Lun	30
吳靄儀	Margaret N. Y. Ng	15, 26
李志喜	Gladys V. Li SC	2, 7, 26
李定國	John R. Reading SC	13
李柱銘	Martin C. M. Lee SC	16, 20
李偉傑	Dennis W. K. Li	4
李國能（前首席法官）	Andrew K. N. Li (former CJ)	1, 3, 4, 10, 15, 17
李義法官	Roberto A. V. Ribeiro PJ	1, 6, 15, 16, 19, 30
沃克勳爵	Lord Walker	25
沈澄（退休法官）	Charles Ching PJ	2, 3
佳日思教授	Yash Ghai (Professor)	1
周家明法官	Anderson K. M. Chow J	7, 8, 15
彼得・達菲教授	Peter Duffy QC (Professor)	1
彼得・衛斯理・史密斯教授	Peter Wesley-Smith (Professor)	1
林文瀚法官	Johnson M. H. Lam VP	7
林雲浩法官	Godfrey W. H. Lam J	3
法蘭培根爵士	Sir Francis Bacon	1
肯特里奇	Sydney Kentridge QC	21
威廉・康沃爾教授	Bill Cornish (Professor)	
施偉賢（退休法官）	Raymond Sears J	28
柏雷姆博士	Dr Perumal	23
祈彥輝（退休法官）	Brian Keith J	16, 18, 21
祈禮士	John Griffiths SC	21
胡佛勳爵	Lord Woolf	15
胡漢清	Alan H. C. Hoo SC	16
韋利文教授	Raymond Wacks (Professor)	8
夏正民（退休法官）	Michael J. Hartmann NPJ	4, 8, 25
夏博義	Paul Harris SC	24, 25
徐立之教授	Lap Chee Tsui (Professor)	10
徐嘉慎	Winston K. S. Chu	4
馬菲森教授	Peter Mathieson (Professor)	1

中文	英文	章
馬道立（前首席法官）	Geoffrey T. L. Ma (former CJ)	1, 3, 6, 7, 25, 30
高奕暉（退休法官）	Gerald M. Godfrey JA	21
張健利	Denis K. L. Chang SC	3, 26
張達明	Eric T. M. Cheung	8, 10, 14
張慧玲法官	Juliana W. L. Barnes J	10
張舉能首席法官	Andrew K. N. Cheung CJ	6, 30
梁定邦	Anthony F. Neoh SC	4
梁家傑	Alan K. K. Leong SC	26
梅賢玉爵士（退休法官）	Sir Anthony Mason NPJ	1, 3
清洪	Cheng Huan SC	21
莫若智	Mok Yeuk-Chi	4
莫樹聯	Johnny S. L. Mok SC	25
許家豪	Hui Ka-ho	28
郭兆銘	Clive S. Grossman SC	3
郭榮鏗	Dennis W. H. Kwok	4
郭慶偉	Kenneth H. W. Kwok SC	1, 4
郭憬憲	Douglas K. H. Kwok	14
陳弘毅教授	Albert Chen (Professor)	1
陳兆愷（退休法官）	Patrick S. O. Chan NPJ	1, 15, 21, 30
陳振鴻法官*	Jerome Chan J	18
陳樂信	Anthony Chan	6
陸恭蕙	Christine K. W. Loh	4, 26
麥高義	Gerard McCoy SC	15, 17
彭力克勳爵	Lord Pannick QC	2, 6, 7
斯卡曼勳爵	Lord Scarman	7
斯諾登	Edward Snowden	8
曾家達博士	Dr Tsang Ka Tat	30
湯家驊	Ronny K. W. Tong SC	1, 3, 21, 26
湯顯明	Timothy Tong	25
程介明教授	Cheng Kai Ming (Professor)	1
菲利普斯勳爵	Lord Phillips	6

---

* 陳振鴻法官於任內離逝。

中文	英文	章
萊斯特勳爵	Lord Anthony Lester QC	2, 6
馮華健	Daniel R. Fung SC	25
黃仁龍	Wong Yan-lung SC	18
黃惠沖	Wesley W. C. Wong SC	17
奧瑪羅法官	Ormrod J	30
楊振權法官	Wally C. K. Yeung VP	17
楊鐵樑爵士	Sir T. L .Yang	1
萬茂勤	Malcolm Grant QC	4
董趙洪娉	Betty Tung	22
賈偉林	William (Bill) S. Clarke	8
廖子明（退休法官）	Benjamin T. M. Liu JA	28
賓漢勳爵	Lord Bingham	21
劉進圖	Kevin Lau	8
潘熙	Hectar H. Pun SC	6
談雅然	Tam Nga Yin	3
鄧國楨（退休法官）	Robert K. C. Tang NPJ	4, 6
黎守律（退休法官）	Gerald Nazareth NPJ	28
盧震宇	Toby Chun Yu Lo	4
錢大康教授	Roland Chin (Professor)	1
錢純武	Benjamin Chain	28
閻尚文	Lucy S. W. Yen	4
霍兆剛法官	Joseph P. Fok PJ	5
霍華德・格倫萊斯特教授	Howard Glennester (Professor)	1
鮑晏明法官	Aarif T. Barma JA	25
鮑進龍	Jin Pao SC	4
戴啟思	Philip J. Dykes SC	16, 17
戴維斯教授	Michael Davis (Professor)	26
戴耀廷	Benny Y. T. Tai	
謝澤權	Jeff T. K. Tse	4
顏希素女男爵教授	Dame Hazel Genn (Professor)	1
羅莎琳・希金斯教授	Rosalyn Higgins QC (Professor)	1
羅傑志（退休法官）	Anthony Rogers VP	21
蘇海文博士	Dr Helmut Sohmen	1